AF252202

COURS COMPLET

DE LANGUE FRANÇAISE

ET DE STYLE

DIVISÉ EN TROIS ANNÉES,

ET RÉDIGÉ SUR UN PLAN ENTIÈREMENT NEUF,

PAR

M. P. LAROUSSE

ANCIEN ÉLÈVE DE L'ÉCOLE NORMALE DE VERSAILLES.

On a comparé l'éducation du perroquet à celle de l'enfant ; il y aurait souvent plus de raison de comparer l'éducation de l'enfant à celle du perroquet. (BUFFON.)

Deuxième Année.

COURS LEXICOLOGIQUE DE STYLE.

PARTIE DE L'ÉLÈVE.
(DEUXIÈME ÉDITION.)

PARIS

LAROUSSE ET BOYER, LIBRAIRES-ÉDITEURS,

RUE PIERRE-SARRAZIN, Nº 2

(au coin de la rue de La Harpe).

1853

Chaque Exemplaire est revêtu de la signature des Éditeurs.

COURS LEXICOLOGIQUE

DE STYLE.

CHAPITRE PREMIER.

DES SYNONYMES.

PREMIÈRE LEÇON.

On appelle synonymes des mots qui ont une même signification. Cependant si, par synonymes, on entend des mots qui aient entre eux toute la rigueur d'une ressemblance parfaite, de manière qu'ils puissent toujours et indifféremment être pris les uns pour les autres, il n'y a point de mots synonymes en aucune langue. En effet, la plupart des mots sont propres à représenter deux espèces d'idées : l'une générale, les autres accessoires ; il suit de là que certains mots sont synonymes quand il s'agit seulement d'énoncer l'idée générale avec laquelle ils ont tous un rapport de convenance, et qu'ils cessent de l'être, s'ils doivent servir à exprimer certaines nuances délicates particulières à chacun d'eux, et que nous désignons sous le nom d'idées accessoires.

Citons quelques exemples :

INDOLENT, NONCHALANT, PARESSEUX, NÉGLIGENT.

Ces adjectifs expriment tous quatre cette idée générale, ennemi du travail, mais on est *indolent* par défaut de sensibilité, par indifférence, *nonchalant* par défaut d'ardeur, *paresseux* par défaut d'action, *négligent* par défaut de soin : ce sont les idées accessoires.

LARRON, FRIPON, FILOU, VOLEUR.

Ces quatre qualifications s'appliquent à gens qui prennent ce qui ne leur appartient pas, avec les différences suivantes : le *larron* prend en cachette ; il dérobe. Le *fripon* prend par finesse ; il trompe. Le *filou* prend avec adresse ; il escamote. Le *voleur* prend de toutes les manières, et même avec violence.

BEAU, JOLI.

Pour faire entendre qu'un enfant a une figure agréable, on dit indistinctement : *voilà un* BEL *enfant, voilà un* JOLI *enfant. Beau* et *joli* expriment ici l'idée générale ; mais si l'on passe aux idées particulières, on dira : *il est* BEAU *de mourir pour son pays*, et non *il est* JOLI. *Cette personne a une* JOLIE *main*, et non *une* BELLE main, parce que, dès qu'il est question des idées accessoires, le *beau* s'adresse à l'âme, le *joli* parle aux sens ; l'esprit fait les *jolies* choses, le génie crée les *belles*. C'est ainsi que madame de Sévigné, exprimant d'une manière aussi juste que piquante la nuance susceptible d'exister entre deux termes synonymes, a dit :

Les anciens étaient plus BEAUX, *nous sommes plus* JOLIS.

CREUX, PROFOND.

Les adjectifs *creux* et *profond* paraissent avoir, au premier aspect, la même signification. On dit en effet *un puits* CREUX, *un puits* PROFOND. Cependant si l'on y regarde de près, on trouve que *profond* se dit d'une cavité dont le fond est très-éloigné de la surface, et que *creux* s'applique spécialement à quelque chose de vide, au propre ou au figuré : *radis* CREUX, *ventre* CREUX, *tête* CREUSE, etc. (1)

Nous terminerons cette leçon importante par quelques extraits de l'excellent ouvrage de l'abbé Girard.

---

(1) Cette distinction nous remet en mémoire l'anecdote suivante : Quelqu'un disait à M. de Talleyrand, en parlant d'un intrigant de peu de moyens : « C'est un homme *profond*. — Oui, repartit le spirituel diplomate, *profond* dans le sens de *creux*. »

« GUIDER, CONDUIRE, MENER.

C'est la tête qui *conduit*, l'œil qui *guide*, et la main qui *mène*. On *conduit* un procès, on *guide* un voyageur, on *mène* un enfant. Vous *conduisez* un étranger, un client, un ami, en leur prêtant vos lumières, vos conseils, vos secours. Vous *guidez* un voyageur, un apprenti, un écolier, en leur montrant la route qu'ils doivent suivre. Vous *menez* des enfants, des aveugles, des imbéciles, en les tenant, en les faisant aller de gré ou de force.

La boussole *guide* le navigateur, le pilote *conduit* le vaisseau, et les vents le *mènent* ; de même l'itinéraire *guide* le cocher, le cocher *conduit* les chevaux ; les chevaux *mènent* la voiture.

FAUTE, CRIME, FORFAIT.

La *faute* tient de la faiblesse humaine, le *crime* part de la malice du cœur, le *forfait* vient de son entière corruption. Les emportements de la colère sont des *fautes*, les calomnies sont des *crimes*, les empoisonnements sont des *forfaits*. Il faut pardonner la *faute*, punir le *crime*, avoir horreur du *forfait*. Les lois n'ont point décerné de peines contre les *fautes*, elles en ont attaché à chaque *crime*, elles sont souvent obligées d'en inventer pour punir les *forfaits*. Il y a des *fautes* plus ou moins grandes, des *crimes* plus ou moins odieux, des *forfaits* plus ou moins atroces. »

Ce sont les synonymes d'une langue bien plus que le nombre de mots qu'elle renferme, qui en font la richesse et la précision. Une langue sera véritablement riche, si elle a des termes pour exprimer non-seulement les idées principales, mais encore leurs différences, leurs délicatesses, le plus et le moins de netteté, d'étendue et d'énergie.

La langue française possède ces qualités à un haut degré. Les ouvrages immortels de nos grands écrivains ont prouvé, d'une manière incontestable, que les mots suffisent amplement à toutes les idées. Si délicate que soit la nuance à exprimer, le terme propre existe, qui ne laisse place à aucune équivoque ; il ne s'agit que de savoir le trouver. Cette clarté admirable a placé, sans conteste, la langue française à la tête de toutes les langues modernes, et en a fait la langue universelle de la diplomatie.

Les élèves liront d'abord attentivement les développements qui suivent sur chaque groupe de synonymes, puis, dans les phrases qui servent d'application, ils remplaceront chaque tiret par le terme convenable.

ACCUSATEUR, DÉLATEUR.

L'*accusateur* dénonce une mauvaise action au grand jour et la tête levée ; le *délateur* épie et dénonce sourdement. L'*accusateur* peut être un honnête homme irrité, indigné. (*Ce mot se prend en bonne part.*) Le *délateur* est toujours un espion vendu. (*Ce mot se prend en mauvaise part.*)

APPLICATION. Le front du coupable est un terrible —. Les — abondent où la — est récompensée. Le — est un odieux personnage qui est à la solde d'un gouvernement soupçonneux et tyrannique. Quand les mœurs ont été outragées, tout bon citoyen doit s'ériger en — public.

FINESSE, RUSE.

La *finesse* peut être innocente ; la *ruse* est toujours répréhensible. Un honnête homme peut être *fin* ; il ne saurait être *rusé*. La *ruse* exige la *finesse* ; la finesse ne va pas jusqu'à la *ruse*. Il faut qu'un politique soit *fin*, et qu'un espion soit *rusé*. La *finesse* vient de l'esprit ; la *ruse* part d'un cœur déjà corrompu.

APPLICATION. Quand on est —, on est bien près de devenir fripon. On peut être plus — qu'un autre ; on n'est jamais plus — que tous les autres. Si vous ajoutez quelque chose à la —, vous tombez dans la —, voisine de la fourberie.

AJUSTEMENT, PARURE.

L'*ajustement* tient du nécessaire ; la *parure* tient du superflu. Un homme grave s'occupe de son *ajustement* ; une femme coquette songe à la *parure*.

APPLICATION. Un (1) simple — est plus avantageux à la beauté qu'un riche —.

(1) Quand l'élève aura à choisir entre deux synonymes de différents genres, nous mettrons toujours les modificatifs au masculin, afin que les désinences ne dispensent pas de la réflexion.

ARRACHER, RAVIR.

Arracher suppose la violence ; *ravir* suppose plutôt l'adresse. On *arrache* la vie ; on *ravit* l'honneur. Un enfant conduit par son pédagogue, dérobe une figue sèche à un marchand qu'il rencontre dans la rue ; le pédagogue en le reprenant aigrement de *ravir* le bien d'autrui, lui *arrache* la figue et la mange.

APPLICATION. Les loups rôdent autour des habitations, et — les animaux abandonnés. Quand un vice a pris racine dans le cœur, on parvient difficilement à le —. Philoctète s'aperçut en s'éveillant qu'on lui avait — ses flèches pendant son sommeil. Il vaudrait mieux — la vie à quelqu'un que de lui — l'honneur.

LÂCHE, POLTRON.

Le *lâche* recule ; le *poltron* n'ose avancer. Le premier ne se défend pas, il manque de valeur ; le second n'attaque point, il manque de courage. Il ne faut pas compter sur la résistance d'un *lâche*, ni sur le secours d'un *poltron*.

APPLICATION. Celui qui s'ôte la vie est un — qui abandonne son poste. Un soldat qui tremble avant la bataille est un — ; s'il se sauve pendant l'action, c'est un —. On dit proverbialement qu'il vaut mieux être — et vivre longtemps.

BAISSER, ABAISSER.

Baisser se dit des choses qu'on place plus bas, et s'emploie au propre : on *baisse* les yeux ; *abaisser* se dit des choses faites pour en couvrir d'autres, mais qui, étant relevées, les laissent à découvert : on *abaisse* les paupières. Dans le sens de *humilier* ou de *se mettre à la portée de quelqu'un*, c'est-à-dire au figuré, on fait toujours usage de *abaisser*.

APPLICATION. Les rivières — en été. La modestie — son voile ; la coquetterie relève le sien. Les bons maîtres sont ceux qui savent se — jusqu'au niveau de l'esprit de leurs élèves. Il ne faut ni se — ni chercher à — autrui. Le métier de l'orgueilleux est de — les autres ; mais il s'attire souvent des affronts qui l'obligent à — la tête.

BATTRE, FRAPPER.

Battre a plus de force que *frapper*. Il semble que pour *battre* il faille redoubler les coups, et que pour *frapper* il suffise d'en donner un seul. On n'est jamais *battu* qu'on ne soit *frappé*; mais on peut être *frappé* sans être *battu*.

APPLICATION. Un général — (*participe passé*) a toujours tort. Si quelqu'un vous — sur une joue, tendez l'autre, a dit Jésus-Christ. On — le blé dans les granges avec des fléaux. César, pour arriver à — ses ennemis, commandait à ses soldats de — au visage.

CHARGE, FARDEAU, FAIX.

La *charge* est ce que l'on peut porter ; le *fardeau* est ce que l'on porte, et le *faix* plus qu'on ne peut porter. On dit de la *charge*, qu'elle est forte ; du *fardeau*, qu'il est lourd ; du *faix*, qu'il accable.

APPLICATION. La vie est souvent pour le malheureux un — sous lequel il succombe. Le — d'un baudet ne saurait être celui d'un éléphant.

> Le chêne un jour dit au roseau :
> Un roitelet pour vous est un pesant —.

CHATIER, PUNIR.

On *châtie* celui qui a fait une faute, afin de l'empêcher d'y retomber ; on veut le rendre meilleur. On *punit* celui qui a commis un crime, afin de le lui faire expier. Les pères *châtient* leurs enfants; la justice *punit* les malfaiteurs.

APPLICATION. Dieu nous — en père pour n'avoir pas à nous — en juge. Les parents qu'un excès de tendresse empêche de — leurs enfants, sont souvent — de leur folle indulgence par l'ingratitude et le mauvais naturel de ces mêmes enfants.

COLLÈGUE, CONFRÈRE.

Les *confrères* sont membres d'un même corps scientifique, politique ou religieux ; les *collègues* travaillent conjointement, et souvent dans le même établissement, à une même opération. Le fondement nécessaire de l'union entre des *confrères*, c'est l'estime réciproque ; entre des *collègues*, c'est l'entente.

APPLICATION. Cambacérès et Lebrun étaient les — de Bonaparte au consulat. Quand un instituteur écrit à un de ses —, et qu'il commence par cette formule : *mon cher* —, il n'emploie pas le terme propre.

DEVIN, PROPHÈTE.

Le *devin* découvre ce qui est caché ; le *prophète* prédit ce qui doit arriver. La *divination* regarde le présent et le passé ; la *prophétie* a pour objet l'avenir.

APPLICATION. Perdait-on un chiffon, chez la — on courait. Longtemps à l'avance, la ruine de Jérusalem avait été prédite par les —.

DEUXIÈME LEÇON.

L'élève remplacera chaque tiret par le terme convenable.

CHEVAL, COURSIER, ROSSE.

Cheval est le nom simple de l'espèce, sans aucune idée accessoire ; *coursier* renferme l'idée d'un cheval courageux et brillant : c'est plus particulièrement un cheval de parade ou de bataille ; *rosse* ne présente que l'idée d'un cheval vieux et usé.

APPLICATION. L'Arabe est souvent plus attaché à son fidèle — qu'à sa propre famille. L'homme s'est servi du chien et du — pour dompter et vaincre les autres animaux. Quand un — se fait vieux, on le chasse de l'écurie en disant qu'il est aveugle. Le — le plus vigoureux n'est plus qu'un — à quinze ans.

DÉBRIS, DÉCOMBRES, RUINES.

Ces trois mots signifient en général les restes dispersés d'une chose détruite, avec cette différence, que les deux derniers ne s'appliquent qu'aux édifices, et que le troisième fait supposer que l'édifice était considérable. On dit les *débris* d'un pâté, d'un vaisseau ; les *décombres* d'une maison ; les *ruines* d'une ville, d'un palais.

APPLICATION. Carthage en — faisait encore peur aux Romains. Je plains les malheureux mineurs ensevelis sous les —. Le navigateur Dumont d'Urville retrouva quelques — des vaisseaux du malheureux La Peyrouse. Toutes ces grandes villes, Palmyre, Ninive, Babylone, ne sont aujourd'hui que des — solitaires. Pendant le tremblement de terre de Lisbonne, un nombre considérable de personnes périrent sous les —.

DEVANCER, PRÉCÉDER.

Devancer éveille une idée de rivalité; *précéder*, une idée de situation. Dans une course nous pouvons parvenir à *devancer* celui qui nous *précédait* au point de départ.

APPLICATION. Si cet écolier continue dans ses progrès, il — bientôt son maître. On pense généralement qu'Hésiode et Homère vivaient dans le même temps, mais qu'Hésiode a — Homère de quelques années. Dans une marche militaire, le tambour-major — tout le régiment. Marius a — Sylla au pouvoir; mais Sylla a ensuite — Marius dans la tyrannie.

PRÉSENT, DON.

Le *présent* se donne de la main à la main; le *don* est plus particulièrement ce qu'on lègue. Pour faire un *présent*, il faut déplacer la chose donnée; pour le *don*, on transporte la propriété sans déplacement. On fait *présent* d'un collier, d'une bague, etc.; on fait *don* d'un champ, d'une maison. Le *présent* est agréable; le *don* est utile. Le premier est ordinairement de moindre valeur que le second.

APPLICATION. L'usage de se faire des — à la nouvelle année est très-ancien. Les riches faisaient autrefois des — considérables aux églises. La fée fit à Florise un — funeste en lui accordant la beauté. Cérès prodigue ses — au cultivateur diligent. Dans l'Orient, on n'aborde les princes que les mains chargées de —.

ÉLOIGNER, ÉCARTER.

Éloigner est plus fort que *écarter*. Un prince doit *éloigner* de lui les traîtres, et en *écarter* les flatteurs.

APPLICATION. La nature ne se — jamais des lois que le Créateur lui a prescrites. La pauvreté — les amis.

ÉTUDIER, APPRENDRE.

On *étudie* pour *apprendre*, et l'on *apprend* à force d'*étudier*.

Les esprits vifs *apprennent* aisément, et sont paresseux à *étudier*. Plus on *apprend*, plus on sait ; et quelquefois plus on *étudie*, moins on sait.

APPLICATION. C'est avoir bien — que d'avoir — à douter. On — plus en — les hommes qu'en — les livres. Le plus savant n'est pas celui qui a le plus —, mais celui qui a le plus et le mieux —. Certains hommes — toute leur vie ; à la mort, ils n'ont rien —.

GAGES, APPOINTEMENTS, HONORAIRES.

Gages ne se dit qu'à l'égard des domestiques ; *appointements* se dit de tout ce qui est emploi ; *honoraires* a lieu pour les maîtres qui enseignent. *Gages* marque toujours quelque chose de servile ; *appointements* n'a point cette idée ; *honoraires* éveille l'idée contraire.

APPLICATION. Un domestique infidèle trouve cent moyens d'augmenter ses —. Les — des fonctionnaires publics doivent toujours être proportionnés aux revenus de l'État. Un instituteur communal donne des — à sa domestique ; il reçoit des — de ses élèves, et il touche des — de la commune.

GÉNIE, ESPRIT.

Génie a une signification plus forte que *esprit*. Le *génie* s'élève où l'*esprit* ne saurait atteindre. L'*esprit* imite plus qu'il ne crée ; le *génie* est plutôt créateur qu'imitateur. Racine et Corneille ont l'un et l'autre de l'*esprit* et du *génie* ; mais Racine a plus d'*esprit* que de *génie*, et Corneille plus de *génie* que d'*esprit*. L'*esprit* effleure ; le *génie* approfondit. L'*un* est brillant ; l'*autre* est solide.

APPLICATION. On n'aime pas ceux qui n'ont que *du, de l'*—. Le plus grand des sots est celui qui veut faire *du, de l'*—. C'est *le, l'*— qui fait les grands hommes. Les hommes *de, d'*— sont beaucoup plus rares que les hommes *de, d'*—. *Le, l'*— enfante des choses agréables ; il n'appartient qu'à, qu'au — d'en produire d'utiles.

FRIAND, GOURMAND, GOULU, GLOUTON.

Le *gourmand* aime à manger et à faire bonne chère ; il sait choisir ; tous les morceaux ne lui sont pas indifférents ; il a une préférence raisonnée pour les objets qui flattent le goût. Si la préférence du *gourmand* s'applique aux mets légers, délicats, de peu de valeur, aux pâtisseries, aux confitures, etc., il est *friand*. Le *goulu* mange si avidement qu'il avale plutôt qu'il ne mange ; il s'indigère, et c'est à lui que s'applique le mot *bâfrer*. Le glouton renchérit encore sur le *goulu* ; il avale les morceaux avec tant de voracité, qu'il ne mange pas, il *engloutit*.

APPLICATION. Lucullus est le roi des —. Les dames ont la réputation d'être —. C'est le propre du — de s'indigérer en mangeant. Le loup a un appétit si véhément pour la chair qu'il passe pour être le plus — des animaux.

HAMEAU, VILLAGE, BOURG.

Quelques maisons rustiques élevées les unes près des autres constituent un *hameau* ; ajoutez une église, vous aurez un *village* ; faites-y tenir un marché réglé, vous aurez un *bourg*.

APPLICATION. Le — se composait de trois ou quatre misérables huttes couvertes de chaume. On se repent presque toujours de quitter le — où l'on est né. Le dimanche, toute la famille allait à la messe au — des Pamplemousses. Nous remarquions des — qui égalaient des villes.

TROISIÈME LEÇON.

L'élève remplacera chaque tiret par le terme convenable.

NEUF, NOUVEAU, RÉCENT.

Ce qui n'a point servi est *neuf*. Ce qui n'avait pas encore paru est *nouveau*. Ce qui vient d'arriver est *récent*. On dit d'un habit qu'il est *neuf* ; d'une mode, qu'elle est *nouvelle* ; d'un fait, qu'il est *récent*.

APPLICATION. Il est d'usage dans les campagnes de donner à Pâques un habit — aux enfants. Un proverbe défend d'attacher une pièce — à un vieil habit. Voulez-vous réussir en France, débitez du —. Puisque tout dégénère, la noblesse la plus — doit être la meilleure.

PIRE , PIS.

Pire est adjectif ; *pis* est adverbe ; et cela détermine suffisamment l'emploi de ces deux mots. *Pire* est l'opposé de *meilleur* ; il modifie toujours un nom exprimé ou sous-entendu : *le* PIRE *défaut est de manquer de caractère. Pis* est l'opposé de *mieux* ; il se rapporte toujours au verbe : *dire* PIS *que pendre de quelqu'un.*

APPLICATION. Il y a de mauvais exemples qui sont — que des crimes. Le monde va de mal en —. La crainte de la mort est— que la mort même. L'égoïste est ennuyé, et, qui — est, ennuyeux. La timidité est un défaut dont il est dangereux de reprendre les enfants : le remède peut être — que le mal. Qui choisit prend souvent le —. Si ton voisin tombe dans le malheur, ne te contente pas de dire : Tant—. Il n'y a — eau que l'eau qui dort.

PLIER, PLOYER.

Employés au propre, ces deux mots ont une signification très-distincte. *Plier* c'est mettre en double, par plis, de manière qu'une partie de la chose se rabatte sur l'autre ; *ployer*, c'est mettre en forme de boule ou d'arc, de manière que les deux bouts de la chose se rapprochent plus ou moins. On *plie* à plat, on *ploie* en rond. *Plier* et *ployer* diffèrent donc comme le *pli* de la *courbure.* Le papier que vous plissez, vous le *pliez* ; le papier que vous roulez, vous le *ployez.* On *plie* de la mousseline, on *ploie* une branche d'arbre.

Au figuré, on emploie encore l'un et l'autre de ces mots, mais non pas indifféremment ; alors *ployer* signifie fléchir, faiblir ; et *plier* signifie céder tout-à-fait, succomber. Une armée commence par *ployer* et finit par *plier* entièrement.

APPLICATION. Un nombre considérable de femmes et d'enfants sont employés à Paris à — les journaux. On a dé — partout l'étendard de la révolte. Les convenances veulent que nous — notre serviette après le repas. Plus un jonc —, meilleur il est. L'homme faible — sous le fardeau qui fait — un homme fort.

MÊLER, MÉLANGER.

Mêler, c'est mettre ensemble sans ordre et avec une sorte de confusion ; *mélanger*, c'est assembler , assortir, combiner à dessein et avec art. Le joueur *mêle* les cartes ; le peintre *mélange* habilement ses couleurs.

APPLICATION. On corrige un vin trop couvert en le — avec un vin plus faible. Les enfants ne doivent boire le vin que fortement — d'eau.

QUALITÉ, TALENT.

Les *qualités* dépendent surtout du caractère de la personne ; elles peuvent être bonnes ou mauvaises. Les *talents* ornent plus particulièrement l'esprit, et ne se prennent qu'en bonne part. Des *qualités* sont excellentes ; des *talents* sont rares.

APPLICATION. L'éloquence est le premier des —. Le premier et le plus important — d'une femme, est la douceur. Tous les — réunis ne valent pas une vertu. Les — du cœur sont les plus essentiels. On se fait aimer ou haïr par ses — ; on se fait rechercher par ses —.

SONGE, RÊVE. (*Songer, rêver.*)

Le *songe* se rapporte toujours au sommeil ; le *rêve* se rapporte au sommeil et à la veille ; mais dans le premier cas, le *rêve* se distingue du *songe* en ce qu'il est plus vague, plus étrange , plus désordonné, sans aucune apparence de raison. Le *rêve* passe avec le sommeil ; le *songe* reste après lui : il semble que le *songe* provienne d'un esprit fortement préoccupé, et le *rêve* d'une imagination exaltée.

APPLICATION. Il y avait déjà longtemps que Télémaque était agité pendant toutes les nuits par des — qui lui représentaient son père Ulysse. Les — de Pharaon amenèrent l'élévation de Joseph. Chacun — en veillant ; il n'est rien de plus doux.

VAINCRE, SURMONTER.

Vaincre suppose un combat contre un ennemi qu'on attaque et qui se défend ; *surmonter* suppose seulement des efforts contre quelque obstacle. On se sert de *vaincre* à l'égard des passions, et de *surmonter* pour les difficultés.

APPLICATION. Le vice est un ennemi qu'on ne peut — qu'en le

fuyant. La religion nous fait — toutes les disgrâces. Celui qui a su se — lui-même, est bien fort contre les autres. Nos rameurs avaient de la peine à — l'effort des vagues.

SÉPULCRE, SÉPULTURE ; TOMBE, TOMBEAU.

Les *sépulcres* et les *sépultures* sont des fosses ou des souterrains creusés pour recevoir les restes des personnes décédées. Néanmoins la *sépulture* désigne plus particulièrement le lieu qui renferme le *sépulcre*.

La *tombe* et le *tombeau* sont des monuments élevés sur des sépulcres ; la *tombe* est proprement la simple pierre élevée sur la fosse ; le *tombeau*, plus grandiose, est un ouvrage de l'art érigé en l'honneur des morts.

APPLICATION. Abraham dit aux habitants du pays de Heth : Je suis parmi vous comme un étranger et un voyageur ; donnez-moi droit de — au milieu de vous. Un homme d'Arimathie, nommé Joseph, alla demander à Pilate le corps de Jésus, et le déposa dans le —. Une reine de Carie fit élever un — magnifique à son époux. L'Envie s'assied à côté du — des grands hommes, et remue leurs cendres avec un poignard. En Égypte, les mauvais rois étaient privés des honneurs du —. Dans nos cimetières de campagne, plus d'un — modeste marque la place d'un Homère ou d'un Cicéron ignorés.

ZÉPHYR, ZÉPHYRE.

Le *zéphyr* est un vent doux et léger ; *Zéphyre*, fils d'Éole, est le vent personnifié ; il s'emploie toujours sans article. *Zéphyre* commande aux *zéphyrs*.

APPLICATION. Tout vous est aquilon, tout me semble —. Le — folâtre caresse les fleurs. On n'entendait que la douce haleine des — qui se jouaient au milieu des arbres.

S'AMUSER, SE DIVERTIR.

Le temps passe quand on *s'amuse* ; on en jouit quand on *se divertit*. *Se divertir*, c'est se réjouir ; *s'amuser*, c'est seulement ne pas s'ennuyer. On peut *s'amuser* seul ; pour *se divertir*, il faut être plusieurs.

APPLICATION. La lecture —, la danse —. On va au spectacle pour —, et à la promenade pour —. Cette pièce m'a assez —, mais cette autre m'a fort —.

ANE, IGNORANT.

On est *âne* par nature, *ignorant* par défaut d'instruction. L'*âne* est celui qui ne peut rien apprendre ; l'*ignorant*, celui qui n'a rien appris.

APPLICATION. A quoi bon parler science devant des —? leurs oreilles ne sont point faites pour ce langage. Les princes despotes aiment les peuples —. Celui qui ne veut pas étudier restera — toute sa vie.

QUATRIÈME LEÇON.

L'élève remplacera chaque tiret par le terme convenable.

NOTA. Ces devoirs sont les mêmes que les précédents, sauf qu'il n'y a point de développements.

BEAUCOUP, PLUSIEURS.

—personnes croient que le bonheur est dans la richesse ; elles se trompent. La fortune ne se présente jamais — fois ; saisissez-la donc aux cheveux.

ANIMAL, BÊTE, BRUTE.

L'homme est un être raisonnable, le — un être sans raison. Le despotisme fait de l'homme un — de somme. Les noms ou substantifs sont des mots qui servent à nommer les hommes, les — et les choses. L'ivrogne, qui s'abandonne à tous ses penchants, ressemble à —. Le — vit, agit et se meut de lui-même.

CURE, GUÉRISON.

Opérer la — d'un phthisique, ce serait faire une — merveilleuse.

ENVIEUX, JALOUX.

Les républiques se sont toujours montrées — de leur liberté. Bion disait d'un — : Quand on le voit triste, on ne sait s'il lui est arrivé du mal ou du bien aux autres. Le général Walstein était — de la gloire d'autrui et — de la sienne.

FERMETÉ, ENTÊTEMENT.

Le — est la première qualité d'un chef. Le — est le vice des ignorants et des sots.

GARDER, RETENIR.

Le mauvais débiteur — ce qui ne lui appartient pas. L'avare — ses trésors. Il vaut mieux — son secret que de le donner à — aux autres.— pour soi une découverte utile, c'est — le bien d'autrui.

NUE, NUÉE, NUAGE.

Il n'est point de beaux jours sans —. L'empire romain fut envahi par une — de Barbares. On ne voyait au ciel que de petits — cuivrés, semblables à des vapeurs rousses, qui le traversaient avec plus de vitesse que celle des oiseaux. Cette mère élève ses fils jusqu'aux —.

JOIE, GAÎTÉ.

Les grandes — durent peu. Un homme enjoué jette de la — dans les entretiens. Un événement heureux répand la — jusqu'au fond du cœur. On peut mourir d'une trop grande —. On plaît aux autres par sa —. Ne faites pas votre — du malheur d'autrui.

JOUR, JOURNÉE.

La mort est une bête féroce qui fait sa ronde — et nuit. Le — est de vingt-quatre heures. Cet ouvrier a reçu vingt francs pour huit — de travail. L'hirondelle annonce le retour des beaux —. Le — de Malplaquet fut désastreux pour la France. Un seul — d'un sage vaut mieux que toute la vie d'un sot.

RISIBLE, RIDICULE.

On se rend — en parlant toujours de soi. L'histoire de Don Quichotte est très—. Si vous racontez des choses —, que ce soit d'une manière —.

SIGNE, SIGNAL.

La corruption dans les mœurs d'un peuple est un — certain de décadence. Dans toute condition, l'orgueil est un — de bassesse. La reine Catherine de Médicis donna le — de la Saint-Barthélemy. Tous les conjurés devaient se réunir à un — convenu. On voit souvent, dans un cercle nombreux, deux personnes se faire des — d'intelligence.

SURFACE, SUPERFICIE.

L'ignorance complète de certaines sciences vaut mieux que la —. L'homme va chercher au centre de la terre des biens imaginaires à la place des biens réels qu'elle lui offre d'elle-même à sa —.

CINQUIÈME LEÇON.

L'élève remplacera chaque tiret par le terme convenable.

AIMER, CHÉRIR.

Notre patrie est ce que nous devons — le plus. On ne — pas longtemps ceux que l'on n'estime pas. L'enfant — (*participe passé*) est souvent celui de la famille qui — le moins son père et sa mère. Il ne suffit pas qu'un prince — son peuple, il faut qu'il le —.

CHANTEUR, CHANTRE.

Les — d'église ont ordinairement la voix plus forte qu'harmonieuse. L'âne dit au coq : Viens avec nous, beau — à la crête rouge.

CHOQUER, HEURTER.

Certains hommes qui — tout le monde, ne souffrent pas même qu'on les —. Dans les discussions politiques, on commence par se —, on finit par se —. En ne voulant que — nos verres, nous les avons —, et ils se sont brisés.

LAID, DIFFORME.

Le vice nous rend —. L'habitude de faire des grimaces peut rendre un enfant très- —. Une maison sans proportions est une maison —. Ésope était — de visage et — de corps.

DIVISER, PARTAGER.

C'est doubler son bonheur que de le — avec un ami. Un père — également sa tendresse entre tous ses enfants. — pour régner, voilà tout le secret de la politique.

FÉCOND, FERTILE (*féconder, fertiliser*).

La France est — en blé, en vin et en fruits. La terre est une mère — qui nous ouvre ses entrailles pleines des plus riches trésors. Le laboureur — la terre ; la chaleur et la rosée la —.

GASPILLER, DISSIPER, DILAPIDER.

Les héritiers d'un avare — son héritage s'ils ont souffert de son avarice. Combien n'a-t-on pas vu de fonctionnaires — la fortune publique ! Les domestiques ont bientôt — les plus grands revenus d'une maison, si le maître n'en est pas le premier économe.

UNIVERS, MONDE.

Il s'en faut que le plus honnête homme de la cour soit le plus honnête homme du —. Notre terre n'est qu'un point imperceptible dans le —. De grands philosophes ont pensé que le — est un être qui a la matière pour corps, et pour âme, Dieu !

PROCHAIN, PROCHE, VOISIN.

La ruse est si — de la friponnerie que le rusé peut se tromper de porte. Regnard est l'auteur comique le plus — de Molière. Les astrologues politiques nous prédisent de grands événements dans un avenir très- —.

VERSER, RÉPANDRE.

— vos bienfaits, ne les semez pas. La Marne — ses eaux dans la Seine. La violette — un parfum délicieux. Les eaux du Nil se — périodiquement dans les campagnes de l'Égypte. Napoléon a — ses soldats dans toute l'Europe. Le maladroit ! il a — sur lui une partie de l'huile qu'il voulait — dans la lampe.

PORTER, APPORTER, EMPORTER.

En Asie, les personnes de distinction se font — en palanquin. Un chien — (*imparfait*) à son cou le dîner de son maître.

> Là-dessus, au fond des forêts,
> Le loup le — et puis le mange
> Sans autre forme de procès.

Le sage de Mitylène — (*imparfait*) tout son bien avec lui. Sésostris — (*imparfait*) tous ses soins à rendre son peuple heureux. Les naturels de l'île — (*imparfait*) au vaisseau des fruits, des cochons, des dents d'éléphant, et ils en — des verroteries et quelques pièces d'étoffe que nous leur avions données en échange.

SIXIÈME LEÇON.

L'élève remplacera chaque tiret par le terme convenable.

CASSER, ROMPRE, BRISER.

Il suffit de choquer légèrement un verre pour qu'il se — ; s'il
tombe de haut, il se —. Jésus prit du pain, le —, et le donna
à ses Apôtres. Notre navire, jeté sur un rocher par un vent im-
pétueux, se —. Un petit morceau de plomb — la plus importante tête du monde.

SÛR, CERTAIN.

L'homme ne vivrait pas, s'il connaissait l'époque — de sa
mort. Les amis — sont rares. L'astrologie n'est rien moins
qu'une science —. Cette nouvelle est —, car elle me vient d'une
voie très- —.

ENTRETIEN, CONVERSATION.

Le ministre a eu un — avec le roi. La liberté et l'aisance
doivent régner dans le —. Le — doit être comme ces jeux où
l'on jette sa carte chacun à son tour. Les personnes qui ont
l'esprit léger préfèrent les — aux —.

DANGER, PÉRIL, RISQUE.

Quand la patrie est en —, on place des drapeaux noirs sur les
monuments publics. Qui compte sur les souliers d'un mort court
— d'aller longtemps nu-pieds. A la guerre, le cheval voit le —
et l'affronte. Un général court le — d'une bataille pour se
tirer d'un mauvais pas, et il est en — de la perdre, si ses soldats l'abandonnent dans le —.

TROUVER, INVENTER, DÉCOUVRIR.

Plusieurs fous se sont vantés d'avoir — la pierre philosophale. Les ballons ont été — par Montgolfier. On — (*imparfait*) chaque jour de nouveaux plaisirs pour me rendre la vie
plus agréable. On a — des lunettes à l'aide desquelles la science
a pu — de nouvelles planètes ; peut-être — -t-on, par la suite,
le moyen d'apercevoir des hommes dans la lune.

PRÉSERVER, GARANTIR.

Les chevaliers avaient pour se — des coups de l'ennemi des
cuissards, des brassards et un bouclier. Les paratonnerres —

de la foudre. L'économie — de la misère. Les chaussures en caoutchouc — de l'humidité.

RECUEILLIR, RÉCOLTER.

— (*impératif*) comme autant de pierres précieuses les paroles du sage. On parvient difficilement à — les débris d'une armée en déroute. Celui qui parle sème; celui qui écoute —. Dans les provinces méridionales de la Russie, on — du blé en abondance.

SAVOUREUX, SUCCULENT.

Il faut à un convalescent une nourriture très- — pour réparer ses forces. Les palais blasés trouvent peu de mets —. Les plaisirs ressemblent à certains fruits — qui laissent un goût très-amer. Artaxerxès-Mnémon, réduit en fuyant à manger du pain d'orge et des figues sèches, ne put s'empêcher de reconnaître qu'il n'avait jamais rien goûté de si —; et cependant ce repas n'était pas —.

VENIN, POISON.

La vipère a le — dans les dents. Les minéraux ne sont pas des aliments; on n'en a tiré jusqu'ici que des remèdes et des —. Le plus mortel de tous les — est celui de la calomnie. La ciguë est un — dont certains animaux peuvent se repaître impunément. Auprès de la Mort, volait l'Envie, qui verse son — mortel autour d'elle. Qu'on apporte le — s'il est prêt, s'écria Socrate; et, s'il ne l'est pas, qu'on le broie au plus tôt.

VOIR, REGARDER, APERCEVOIR.

L'équité défend de — un coupable dans un accusé. Les Hollandais — la Nouvelle-Hollande en 1605. L'aigle, dit-on, — fixement le soleil. La faim — à la porte de l'homme laborieux. Quand on — la lune avec un fort télescope, on y — de hautes montagnes. Christophe Colomb promit une récompense à celui de ses compagnons qui — le premier la terre. Les hommes — les choses différemment, parce que chacun les — au point de vue de son intérêt particulier.

TÔT, VITE, PROMPTEMENT.

Si vous ne marchez pas plus —, vous n'arriverez jamais assez —. Nos moments les plus heureux sont ceux qui passent le plus —. Soyez longtemps à délibérer; mais, ensuite, exécutez —. Qui commence — et travaille —, achève —.

SEPTIÈME LEÇON.

L'élève fera entrer dans de petites phrases les synonymes suivants, en leur conservant la signification indiquée au développement.

TONNERRE, FOUDRE.

Le *tonnerre* est causé par une agitation violente de l'air ; c'est le bruit que l'on entend. La *foudre* est le trait électrique qui part du nuage et frappe la terre. Le *tonnerre* et la *foudre* sont donc deux choses bien distinctes. C'est le *tonnerre* qui fait explosion ; c'est la *foudre* qui écrase. C'est donc la *foudre*, et non le *tonnerre*, qui tombe, qui foudroie.

L'habitude très-naturelle que nous avons d'attribuer le mal à qui fait le bruit, est sans doute la seule cause de cette confusion. C'est le *tonnerre* que l'on entend ; c'est le *tonnerre* que l'on redoute ; c'est aussi le *tonnerre* que l'on fait tomber.

(L'élève pensera au rugissement du lion, à l'utilité du paratonnerre, à la promulgation de la loi sur le Sinaï.)

PLAIE, BLESSURE.

La *blessure* est, au propre ou au figuré, la marque d'un coup reçu. On reçoit une *blessure* en duel, dans une bataille. Une *plaie* est ordinairement le résultat d'une cause intérieure ; elle est produite par le sang, par la malignité des humeurs. La *plaie* peut provenir de la *blessure*.

(Penser à Job, aux soldats invalides, aux flèches d'Hercule, à Moïse en Égypte.)

BATAILLE, COMBAT.

La *bataille* est une action générale ; le *combat* est une action particulière. On dit la *bataille* de Pharsale, de Pavie, d'Austerlitz. On dit le *combat* des Trente, le *combat* des Horaces et des Curiaces, etc. *Bataille* est en quelque sorte un augmentatif de *combat*.

(Penser à Samson, au Philistin Goliath, à Napoléon, aux Thermopyles, etc.)

AMASSER, ENTASSER.

On *amasse* pour jouir ; celui qui *entasse* se prive.
(Penser à l'avare, à la fourmi.)

GROTTE, CAVERNE, ANTRE.

Une *grotte* est un réduit solitaire, enfoncé, mais agréable ; les deux autres termes sont pris en mauvaise part, et enchérissent l'un sur l'autre. Nous plaçons les voleurs, les brigands dans une *caverne* ; la Mythologie place ses monstres dans des *antres*.

(Penser à Calypso, à Polyphème, à Jésus chassant les vendeurs du temple).

AGRANDIR, AUGMENTER.

On *agrandit* en étendue ; on *augmente* en nombre. *Augmenter* sa maison, c'est ajouter au personnel de sa maison ; *agrandir* sa maison, c'est y faire ajouter une aile, etc.

HUITIÈME LEÇON.

L'élève lira attentivement les phrases suivantes, puis il fera ressortir, dans un petit développement, les différences qui existent entre les divers termes de chaque groupe.

VENIMEUX, VÉNÉNEUX.

Le suc de la ciguë est *vénéneux*. Il y a des araignées de cave qui sont *venimeuses*, et dont la piqûre est mortelle en certains cas. Déjanire envoya à Hercule cette fatale tunique, pleine du sang *venimeux* du centaure Nessus.

INHUMER, ENTERRER.

On *enterre* les pieds de salade afin de les faire blanchir. L'avare *enterre* son âme avec son trésor. Jacob recommanda à ses fils de ne pas l'*inhumer* en terre étrangère. Le savant Varron rapporte qu'on *inhumait* les morts sur le bord des chemins, pour servir d'enseignement aux passants.

EMPIRE, ROYAUME.

Un *royaume* ne doit être qu'une grande famille. L'État romain, qui fut d'abord un *royaume*, devint ensuite un *empire*. Le soleil ne se couche jamais dans l'*empire* des Czars : au moment où ses derniers rayons cessent de dorer les douze cents clochers de Moscou, la clarté du matin a déjà réveillé les chasseurs russes des côtes N.-O. de l'Amérique.

DÉSERTEUR, TRANSFUGE.

La plupart des *déserteurs* ont ce que l'on appelle *le mal du pays*. Léonidas fut instruit du projet des Perses par des *transfuges* échappés du camp de Xerxès. Le *déserteur* n'est souvent qu'à plaindre ; le *transfuge* est toujours odieux.

DÉTRUIRE, ANÉANTIR.

Le temps *détruit* nos plus fastueux monuments. Il n'y a que Dieu qui ait créé ; lui seul peut *anéantir*.

ACCOMPAGNER, ESCORTER.

Le jugement n'*accompagne* pas toujours l'esprit. Nos bonnes actions sont des amies fidèles qui nous *accompagnent* jusqu'au tribunal de Dieu. Quand une armée est en pays ennemi, les convois de vivres sont toujours *escortés* par un fort détachement.

NEUVIÈME LEÇON.

Les synonymes suivants sont rangés par ordre alphabétique, l'élève les disposera par gradation.

Prenons un exemple :

DIFFÉREND, DISPUTE, QUERELLE, RIXE.

Ces quatre mots ont rapport à une même idée générale, mais avec des différences sensibles dans les idées accessoires. Deux personnes ne sont pas d'accord sur un point d'intérêt, voilà un *différend*. Chacune soutient vivement ce qu'elle croit être son droit, voilà une *dispute*. Les deux partis s'échauffent ; la dispute s'anime et dégénère en *querelle*. Si la querelle a lieu entre gens grossiers et brutaux, on en vient aux coups, voilà une *rixe*. Ainsi le *différend* mène à la *dispute*, la *dispute* à la *querelle*, la *querelle* à la *rixe*. *Dispute* est donc plus que *différend*, *querelle* plus que *dispute*, et *rixe* plus que *querelle*. D'où l'on voit que dans l'exemple cité, l'ordre alphabétique est conforme à la gradation. L'élève n'aurait ici rien à changer.

Alarmé, effrayé, épouvanté.	Bête, idiot, stupide.
Accumuler, amasser, entasser.	Béatitude, bonheur, félicité, plaisir.
Anéantir, défaire, détruire.	
Abominable, détestable, exécrable.	Rivage, rive.
	Caducité, décrépitude, vieillesse.

Carnassier, carnivore.
Briser, broyer, casser.
Choquer, heurter.
Ferme, inébranlable, inflexible.
Content, satisfait.
Contraindre, forcer, violenter.
Approfondir, creuser.
Défaite, déroute.
Déconcerté, interdit.
Barbarie, cruauté, férocité.
Affliction, désolation, tristesse.
Effrayant, effroyable, épouvantable.
Consternation, étonnement, surprise.
Apprendre, étudier.
Excuser, pardonner.
Bannir, exiler.

Déraciner, extirper.
Fabrique, manufacture.
Instrument, machine, outil.
Fleur fanée, fleur flétrie.
Fatal, funeste.
Homme fortuné, homme heureux.
Esprit, génie, talent.
Bourg, hameau, village, ville.
Canton, commune.
Contrée, province.
Guère, pas, point.
Bottier, cordonnier, savetier.
Bourgeois, noble, roturier.
Gigantesque, grand, incommensurable.
Courir, marcher, voler.

DIXIÈME LEÇON.

*Les synonymes suivants sont rangés par ordre alphabétique;
l'élève les disposera par gradation.*

Disciple, écolier, élève.
Impertinent, insolent.
Grossier, impoli.
Fatigué, harassé, las.
Bandit, libertin, vagabond.
Accident, désastre, malheur.
Malicieux, malin, méchant.
Boucherie, carnage, massacre, tuerie.
Mensonge, menterie.
Art, métier, profession.
Artisan, artiste.
Manœuvre, ouvrier.
Mont, montagne.
Moquerie, plaisanterie, raillerie.

Obscur, sombre, ténébreux.
Odorant, odoriférant.
Blême, livide, pâle.
Fainéant, paresseux.
Indigence, pauvreté.
Frayeur, peur, terreur.
Lâche, poltron.
Prier, supplier.
Dissipateur, prodigue.
Avare, économe.
Émeute, insurrection, révolution.
Esclavage, servitude.
Extraordinaire, singulier.
Vélocité, vitesse.
Défaut, imperfection, vice.

Qualité, talent, vertu.

Ancien, antique, vieux.

Emporté, prompt, violent.

Château, chaumière, hutte, maison, palais.

Gratitude, reconnaissance.

Respect, vénération.

Indispensable, nécessaire, utile.

Funeste, inutile, nuisible.

ONZIÈME LEÇON.

L'élève ajoutera trois synonymes à chacun des termes suivants.

Courage, orgueilleux, craintif, historiette, hasard, bataille, Dieu, visage, Satan, haine, adulateur, terreur, ravager, bref, respect, instruit, tristesse, fantasque, badin, politesse, impertinent, importun, imprévu, indolent, bagatelle, obscur, injure, pâle, portion, sommet, maintenant, rivage, déguiser, flatter.

DOUZIÈME LEÇON.

L'élève joindra trois synonymes à chacun des termes suivants.

Casser, détroit, entêté, entourer, aride (*terrain*), assassiner, auberge, babiller, exiler, drapeau, festin, barque, maison, bâtir, benêt, biffer, bon (*fruit*), boue, caillé (*adjectif*), durillon, calèche, motif, vitesse, cloître, concurrent, enterrement, javelot, de sorte que, domicile, discorde, dictionnaire, impotent, emploi, obligeant, orage.

TREIZIÈME LEÇON.

Dans les phrases suivantes, l'élève remplacera les mots écrits en italique par leurs synonymes, de manière que le sens ne soit pas altéré.

Le rossignol est le chantre des *bois*. La colombe appelle son ramier d'une voix *gémissante*. *Songe* à ta mère, c'est la meilleure distraction contre les pensées *dangereuses*. Le jeune prince vit avec *étonnement* l'ordre, le soin et le travail de cette petite république. Dans la prospérité, il est *aisé* de trouver un ami. Le jour *baisse*. Le soleil *baisse*. Isaïe *prophétisa* les malheurs de Jérusalem. L'éléphant *craint* le serpent. La lionne défend courageusement ses *lionceaux*. Les canaux font la *fortune* des États. Les sables du Nil *renferment* des œufs de crocodile. La chaleur *gâte* la viande. Il ne faut pas *offenser* ses amis, même en *riant*. Le castor *bâtit* avec sa queue et ses pieds de devant. La plupart des hommes sont les uns envers les autres *dupes* ou *fripons*. La *façon* de donner vaut mieux que ce qu'on donne. Nul ici-bas n'est *content* de son *sort*. Le *trépas* vient tout guérir. *Plutôt* souffrir que mourir. Un astrologue se laissa *choir* au fond d'un puits. La soif *obligea* le renard et le bouc à descendre dans un puits. Remuez votre champ dès qu'on aura fait l'*août*. Il ne faut jamais se moquer des *misérables*. Rien ne sert de courir, il faut partir à *point*. La renommée est une grande *causeuse*. La charité est la *première* des vertus. Le doigt de Dieu a marqué des *bornes* à la *mer*. Mon malheur *croissait* toujours; je n'avais plus la misérable consolation de *choisir* entre la *servitude* et la mort. Cet esclave se *nommait* Butis. Les cieux *racontent* la gloire de Dieu. La douceur *apaise* la colère. Le vrai courage nous *met* au-dessus du sort. Je ne *conçois* pas l'athée. Cette lecture est *attachante*. Les hommes s'*habituent* au mal comme au bien. La médiocrité *donne* le bonheur. Mes malheurs commençaient à me rendre expérimenté sur tout ce qui *regarde* la navigation. Le *moment* où je parle est déjà loin de moi. Tout ce qui *brille* n'est pas or. Il faut *rendre* à César ce qui *appartient* à César. Un homme *averti* en vaut deux. La grandeur et les richesses ne font pas la *félicité*. On n'a jamais vu personne *se repentir* d'avoir fait une bonne action. On fait son bonheur en s'occupant de celui *des autres*. La crainte du *Seigneur* est le *principe* de la sagesse. La *compagnie* des honnêtes gens est un trésor. Une grenouille *vit* un bœuf qui lui *sembla* de belle taille. La modestie *ajoute* au mérite. Le *défaut* de jugement fait l'obstination. Chaque *soldat* a dans son sac le bâton de maréchal de France. C'est moins la vérité qui *blesse* que la manière dont on la dit. Une excellente femme *s'écriait :* « Je n'ai pas d'enfants, malheureusement pour eux! » Les oiseaux *s'attaquent* aux meilleurs fruits. Deux renards *entrèrent* la nuit dans un poulailler. On *prend* plus de mouches avec du miel qu'avec du vinaigre. Il n'est bon cheval qui ne *trébuche*. Dis-moi qui tu *hantes*, je te dirai qui tu es. Quelle que soit l'origine d'un bienfait, il ne *sied* pas à la reconnaissance d'en scruter les motifs.

Je compris alors par expérience ce que j'avais souvent *ouï* dire à Mentor, que les hommes mous et abandonnés aux plaisirs manquent de *courage* dans le *danger*. L'ambitieux veut tout, *partant* il n'aura rien. Le rat de ville *invita* le rat des champs à manger des *reliefs* d'ortolans. *Nonobstant* sa toute-puissance, Dieu ne peut rien *produire* qui ne soit infiniment au-dessous de lui. La mort de Jean Lapin *derechef* est vengée. Le temps *détruit* les erreurs. On *conduit* les buffles au moyen d'un anneau qu'on leur passe dans le nez. Le vice est une plante étrangère qui *périt aisément,* si l'on se donne quelque peine pour l'*extirper*. Cet enfant *cause* de la peine à sa mère.

QUATORZIÈME LEÇON.

L'élève remplacera les mots écrits en italique par leurs synonymes. C'est le plus souvent un membre de phrase à substituer à un autre.

La vertu et la santé *rendent plus beau* le soir de la vie. Les fruits hâtifs n'*ont* pas *de saveur*. Calypso *ne pouvait se consoler* du départ d'Ulysse. Si tu es élevé, *fais en sorte* que les autres ne *désirent* pas de te voir tomber. *Aucun* n'est prophète *chez soi*. Il ne faut pas vendre la peau de l'ours avant de l'avoir *mis par terre. Donner* promptement, c'est *donner deux fois.* En tout, un peu de bon sens est *plus utile que* beaucoup de finesse. La prière est la *respiration* de l'âme. On a souvent besoin d'un plus *petit* que soi. Le printemps *vient après* l'hiver. Les talents *produisent* suivant la culture. Les talents produisent *suivant* la culture. Les hommes faibles ne *plient* jamais quand ils le doivent. Périclès s'applaudissait en mourant de n'avoir *répandu le sang* d'aucun citoyen. Les amis devraient se *donner le mot* pour mourir *le même jour*. Il n'y a rien qui *rafraîchisse le sang* comme une bonne action. L'avare *doute de tout le monde.* Diogène ayant vu un *tireur d'arc* maladroit, *s'assit* sur le but en disant : De cette façon, il ne m'*atteindra* pas. J'*ai la conviction* que le bonheur dépend du travail. Le désœuvrement *est le père* des soucis. La fierté du paon est *devenue un proverbe.* Le temps et la patience *viennent à bout de* tous les obstacles. Son courage le poussait au hasard, et la sagesse ne *tempérait* point sa valeur. Les courtisans *empoisonnent* par leurs flatteries les plus *beaux* naturels. La fierté est permise *dans l'infor-*

tune. La *gastronomie* date de loin : Esaü *vendit* son droit d'aînesse *pour* un plat de lentilles. La gloire est *éphémère.* Le sage *commande à* ses passions. Dans la *route* de la vertu, plus on *avance,* moins on est *las.* La vertu n'est solide que quand *les principes religieux lui servent de base.* La gloire n'*est due* qu'à un cœur qui sait *souffrir* la peine et *fouler aux pieds* les plaisirs. La mauvaise plaie se guérit, la mauvaise réputation *ne se guérit pas.*

QUINZIÈME LEÇON.

L'élève exprimera en d'autres termes les phrases suivantes. C'est la forme seule qui change, le fond de la pensée doit rester le même.

Nota. Pour plus de commodité, nous donnons à la suite de chaque alinéa les premiers mots de la nouvelle phrase à composer.

Les retraites des écureuils sont impénétrables au froid. — Le froid...

Où règne l'amour de Dieu, il ne reste point de place pour la haine du prochain. — Celui qui aime...

La langue d'un muet vaut mieux que celle d'un menteur. — Il vaut mieux être...

Le travail est une ressource contre l'ennui.—On ne s'ennuie...

L'homme est esclave de ses passions s'il n'en est pas le maître. — Si les passions...

Nos premières impressions s'effacent difficilement. — Nous nous rappelons...

Promettre et tenir sont deux. — On ne tient pas...

Il n'y a point d'accident si fâcheux que les habiles gens ne tournent à leur avantage. — Les gens habiles profitent...

Les actions sont plus sincères que les paroles. — Fiez-vous...

Mourir est la seule bonne action d'un avare. — L'avare ne fait...

La vertu trouve plus d'admirateurs que d'imitateurs. — On admire...

Dieu a posé le travail pour sentinelle de la vertu. — Le travail...

Il n'y a rien de si fâcheux que l'étude n'adoucisse. —L'étude...

Le plus adroit l'emporte toujours sur le plus fort.—L'adresse...

Travaille et économise, tu n'auras besoin de personne. — Le travail et l'économie...

La politesse n'est souvent que de l'or étendu sur du fer. — Un cœur très-dur se cache souvent sous...

Perdre ses enfants, c'est mourir sans descendre au tombeau. — Une mère qui voit mourir...

Le pain se change en gravier dans la bouche de celui qui l'a mal acquis. — Le bien mal acquis...

La langue du cœur est la langue universelle. — On entend...

Ne laissez échapper aucune occasion de faire du bien. —Saisissez...

L'ennui préfère les hôtels aux chaumières. — Le pauvre...

Ne laissez pas croître l'herbe sur le chemin de l'amitié. — Ne négligez pas...

Les pas des conquérants sont marqués par des monceaux de ruines et d'ossements. — Les conquérants...

Rien n'est hideux comme l'ingratitude envers les parents. — Un fils ingrat...

Faites un bon usage du temps. — Employez...

Les richesses font perdre la mémoire. —Quand on est riche...

SEIZIÈME LEÇON.

Exprimer les pensées suivantes en employant d'autres termes. Ce devoir diffère du précédent, en ce qu'ici l'élève est entièrement abandonné à lui-même.

Tout périt par la sécheresse. La peur est une mauvaise conseillère. La fortune est toujours la bienvenue. La glace ne se forme jamais dans les fontaines d'eau vive. L'espérance nous crie sans cesse : En avant, en avant; et elle nous attire ainsi jusqu'au tombeau. Cet homme est l'artisan de sa fortune. Le mensonge peut être regardé comme le marchepied de tous les vices. Dans l'esprit de l'ambitieux le succès couvre la honte des moyens. La raison du plus fort est toujours la meilleure. L'homme est souvent victime de son propre artifice. Le bel âge n'est qu'une fleur. Un vieil ami est une chose toujours nouvelle. Dieu est, fut, et sera. Il n'y a pas de fardeau plus pesant que celui de la paresse. On jouit toujours de l'idée de ne s'être pas vengé. La mort frappe également aux chaumières et aux palais. L'âme ne meurt pas avec le corps. Le rire du sage se voit, mais ne s'entend pas. L'estime de soi-même est la première condition du bonheur. L'expérience tient une école où les leçons coûtent cher. La sévérité n'exclut pas la bonté. Nous apercevrions plus facilement des étoiles en plein midi qu'un défaut dans notre caractère. Assieds-toi au banquet de la vie, mais ne t'y accoude pas. La fortune se lasse de porter longtemps le même homme sur son dos.

DIX-SEPTIÈME LEÇON.

L'élève remplacera les mots écrits en italique par leurs synonymes.

L'ACADÉMIE SILENCIEUSE.

Il *y avait* à Amadan une Académie *célèbre* dont le premier statut était conçu *en ces termes :* « Les académiciens *penseront* beaucoup, écriront peu, et ne parleront que le moins qu'il sera possible. » On *l'appelait* l'Académie silencieuse, et il n'était point en Perse de *vrai* savant qui n'eût *l'ambition* d'y *être admis.* Le docteur Zeb, auteur d'un petit *livre* excellent, intitulé le Bâillon, *apprit,* au fond de sa province, qu'il vaquait une place à l'Académie silencieuse. Il part *aussitôt ;* il arrive à Amadan, et, se présentant à la porte de la salle où les académiciens sont *assemblés,* il *prie* l'huissier de *remettre* au président ce billet : « Le docteur Zeb *demande* humblement la place vacante. » L'huissier s'acquitta *sur-le-champ* de la commission ; mais le docteur et son billet *arrivaient* trop tard, la place *était* déjà *remplie.*

L'Académie fut *désolée* de ce contre-temps ; elle avait *reçu* un peu *malgré elle,* un bel esprit de la cour, dont l'éloquence vive et *légère* faisait l'admiration de toutes les ruelles, et elle se voyait *réduite* à refuser le docteur Zeb, le *fléau* des bavards, une tête si bien faite, si bien *meublée !* Le président, chargé d'*annoncer* au docteur cette nouvelle *désagréable,* ne pouvait presque s'y *résoudre,* et ne savait comment s'y prendre. Après avoir un peu *rêvé,* il fit remplir d'eau une grande *coupe,* mais si *bien* remplie, qu'une goutte de plus eût fait déborder la *liqueur ; puis* il fit signe qu'on introduisît le *candidat.* Il *parut* avec cet air simple et modeste, qui *annonce* presque toujours le vrai *mérite*. Le président se leva, et, sans *proférer* une seule *parole*, il lui *montra* d'un air *affligé* la coupe *emblématique*, cette coupe si *exactement* pleine. Le docteur comprit qu'il n'*y avait* plus de place à l'Académie ; mais, sans *perdre courage*, il songeait à faire *comprendre* qu'un *académicien* surnuméraire n'y *dérangerait* rien. Il *voit* à ses pieds une feuille de rose : il la ramasse, et la *pose délicatement* sur la surface de l'eau, et *fait* si *bien* qu'il n'en *échappe* pas une seule goutte.

A cette réponse *ingénieuse*, tout le monde *battit des mains;* on laissa dormir la *règle* pour ce jour-là, et le docteur Zeb fut reçu avec *acclamation*. On lui *présenta* le registre de l'Académie, *où* les récipiendaires devaient *inscrire* leur nom. Il s'y inscrivit donc ; et il ne lui restait plus qu'à *prononcer, selon l'usage,* une phrase de remercîment. Mais, en académicien *vraiment* silencieux, le docteur Zeb remercia sans *dire mot*. Il *écrivit* en marge le nombre 100, c'était celui de ses nouveaux *confrères* (1) ; puis, *mettant* un zéro devant le chiffre (0100), il écrivit au-dessous : Ils n'en vaudront ni moins ni plus. Le président répondit au modeste *docteur* avec autant de *politesse* que de *présence d'esprit*. Il mit le chiffre 1 devant le nombre cent (1100), et il *ajouta :* Ils en vaudront dix fois *davantage*.

CHAPITRE DEUXIÈME.

DES ACCEPTIONS ET DES CONTRAIRES.

Jusqu'ici nous avons étudié les mots sous leur rapport étymologique et purement grammatical ; nous allons les envisager maintenant eu égard à leur signification, au sens, à l'idée qu'ils expriment ; enfin, au point de vue lexicologique. Les devoirs suivants tiennent donc de près à la composition proprement dite.

Il nous serait bien difficile, sinon impossible, de faire précéder ce travail d'une théorie, et de le soumettre à aucune règle fixe ; tout dépend ici du choix des mots. L'élève qui a acquis, par la

---

(1) Les élèves doivent savoir qu'ici *confrères* n'est pas le terme propre.

conversation, une certaine habitude de la langue ; qui s'est formé, par quelques lectures choisies et raisonnées, un petit vocabulaire de mots dont il sait distinguer le sens, peser la valeur, comprendre la différence ou la synonymie ; cet élève assurément éprouvera moins de difficultés que celui qui n'a pu acquérir, dans les causeries intimes du foyer domestique, l'habitude précieuse d'un langage pur. Quoi qu'il en soit, nous avons gradué ces devoirs de telle sorte que ceux mêmes qui n'ont pas eu l'avantage de l'éducation de la famille, en viendront facilement à bout, s'ils ont soin de ne pas prendre les mots au hasard, si leur choix est toujours déterminé par la réflexion.

DIX-HUITIÈME LEÇON.

L'élève indiquera en regard les contraires des mots suivants.

Remarque. Il est indispensable que les deux mots soient de même nature ; l'élève opposera un substantif à un substantif, un adjectif à un adjectif, un verbe à un verbe, etc.

Vrai, long, fort (*adjectif*), joyeux, laid, affamé, abondance, lourd (*fardeau*), naître, absent, le tout, ouvert (*livre*), ouverte (*guerre*), large, protecteur, protéger, pleurer, la naissance, guerre, belliqueux, précéder (*quelqu'un*), avancer (*horloge*), avancer (*lutteur*), allumer, récompenser, résister, augmentation, augmenter, mauvais, malédiction, maudire, je le maudis, ici-bas, lentement, avec (*lui*), tôt, toujours, beaucoup, trop, moins, bien, loin, y compris, inférieur, intérieur, partout, claire (*eau*), claire (*définition*), clair (*robe bleu-*), clair (*tissu*), le passé, maigre (*jour*), maigre (*faire..... chère*), sévère, dormante (*eau*), glorieuse (*mort*), nécessaire, sauvages (*peuples*), sauvages (*animaux*), tranquille (*vie*), publiques (*vertus*), réussir, blanc (*pain*), blanc (*vin*), blanc (*linge*), blanc (*sel*), blanche (*peau*), blanches (*armes*), blanches (*viandes*), blanc (*papier*), blanche (*encre trop...*), s'approcher, se montrer, se taire, richesse, riche, richement, s'enrichir, fausse (*voix*), faux (*diamant*), fausse (*nouvelle*), faux (*avoir le jugement...*), fausses (*dents*), profond (*esprit*), profond (*sommeil*), acheteur, captif, captivité, jeunesse, perfidie, perfidement, condamner, descendre, méfiance, se méfier de, méfie-toi de lui, à gauche, civile (*guerre*), civile (*autorité*), louange, louable, louer, sur-le-champ, souvent, minimum, forte (*terre*), planter, offensives (*armes*), glorieuse (*mort*), la vengeance, se venger, le doute, distrait, pâle.

DIX-NEUVIÈME LEÇON.

L'élève indiquera en regard les contraires des mots suivants.

Ennuyer, ennuyeux, ami, sobriété, sobre, accorder, froid, froid (*accueil*), la sécheresse, fécond, adroit, semblable, paraître, régulier, mortel, mortel (*péché*), originel (*péché*), facile, content, constant, avantageux, légal, enterrer, inhumer, sanguinaire, lâche, tendre (*pain*), impie, imbécile, agile, infirme, partial, effrayer, consoler, échouer, commencer, fortifier, la clarté, la lumière, prompt, arriver, accélérer, de mieux en mieux, de bon cœur, la civilisation, permettre, permission, perdre (*au jeu*), perdre (*un objet*), secs (*fruits*), sec (*terrain*), sec (*cœur*), hier, la veille, l'avant-veille, le jour, le soir, midi, hiver, printemps, devant, avant, dessus, oui, l'estime, estimable, estimer, tu l'estimes, estimons-le, la fatigue, en mouvement, vide, stérilité, stérile, fondateur, fonder, la paix fonde, les douceurs de la paix, vieux (*vin*), vieux (*homme*), vieux (*meuble*), épaisse (*encre*), épaisse (*langue*), épaisse (*planche*), doux (*fruit*), douce (*haleine*), douce (*eau*), douce (*peau*), douce (*pente*), douce (*vie*), doux (*caractère*), doux (*regard*), doux (*animaux*), douce (*mort*), doux (*vin*), gai, gaîté, gaiment, égayer, modeste, adoucir, applaudir, sur (*fruit*), sûr (*chemin*), sûre (*réussite*), grossier (*homme*), grossière (*étoffe*), grossière (*faute*), petit (*sou*), petit (*logement*), sain (*fruit*), sain (*jugement*), sain (*temps*), saine (*doctrine*), propre (*enfant*), propre (*c'est le terme*...).

VINGTIÈME LEÇON.

L'élève indiquera en regard les contraires des mots suivants.

Nota. Ce devoir renfermant un assez grand nombre de termes techniques, avec lesquels les enfants sont par conséquent peu familiers, il sera bon de préparer au travail écrit par un exercice oral.

Géant, s'épanouir, pupille (*enfant*), opaque, péroraison, débiteur, scandaleuse (*conduite*), aphélie, apogée, exotique

(*plante*), absolu (*roi*), absolu (*terme*), principale (*proposition*),
monarchie, la fable, fabuleux (*récit*), prolixe, houleuse (*mer*), la
prose, multiplication, addition, entier (*nombre*), infernal, mé-
chanceté infernale, boréal, nouvelle (*lune*), nord, septentrional,
l'est, orient, oriental, le levant, un nègre, en particulier, par-
ticulariser, cisalpine, majuscule, campagnard, obligatoire, fa-
vorables (*vents*), durable (*bonheur*), sympathie, synthèse, décadence, roturier, sacrée (*histoire*), ancienne (*histoire*), ancienne
(*méthode*), lac, détroit, golfe, source (*d'un fleuve*), concave,
un thème, initiale (*lettre*), dièse, temporel, nomade, se lever
(*de son lit*), se lever (*de sa chaise*), physique (*douleur*), en-
flammé (*volcan*), serein (*ciel*), ange, créer, précédent (*chapitre*),
antérieurement, exclusivement, subséquent, majeur, majorité,
grave (*maladie*), grave (*son*), bonne (*lieue*), le célibat, vieux
célibataire, frais (*air*), frais (*hareng*), fraîche (*rose*), frais (*œuf*),
fraîches (*troupes*), rares (*visites*), rare (*air*), rare (*chose*), dur
(*lit*), dur (*bois*), dure (*oreille*), bas (*lieu*), basse (*Bourgogne*),
basse (*expression*), faible (*lumière*), faible (*vue*), faible (*voix*),
faible (*père*), la moitié, le tiers, le quart, le cinquième, le
sixième, le dixième, le centième.

VINGT-ET-UNIÈME LEÇON.

*L'élève transposera les phrases suivantes, en prenant les contraires
des mots écrits en italique.*

Le plus *fort* a toujours *raison*. *Pauvreté* n'est pas *vice*. La
richesse est fille de l'*économie*. En *été*, on recherche l'*ombre*.
Évitez la société des *méchants*. Dieu *accorde* ses biens aux
hommes *vertueux*. Celui qu'on *aime* n'a point de *défauts*. On
retient ce que l'on a *bien* appris. Les *méchants* meurent toujours trop *tard*. Un bienfait *mal* placé est une *mauvaise* action.
Le *riche dissipateur* n'en a *jamais* assez. Le *prodigue* est
pauvre parce qu'il *ne* se prive de *rien*. *Peu* d'hommes sont
bons. Une *facile* conquête offre *peu* de gloire. Voltaire a dit :
Soyons *indulgents* envers les *vivants*. C'est la *plus mauvaise*
roue du carrosse qui fait le *plus* de bruit. Le plus *libre* des
hommes est celui qui *commande* à ses passions. La terre *ne*
refuse *rien* au *travail*. Les occasions de *mal* faire sont *nombreuses ; évitez*-les. Le souvenir d'une *mauvaise* action revient

à tout moment nous *punir* de l'avoir faite. Il y a des personnes à qui certains *défauts* siéent *bien*. Vous *n'aurez jamais* besoin de richesses, si vous êtes *instruit*. La *guerre* est le plus grand des *maux*. On *s'ennuie* presque toujours avec ceux que l'on *ennuie*. Il est *consolant* pour un père de voir ses enfants se porter au *bien*. Le cœur de l'homme *indiscret* est un livre *ouvert* où *tout le monde* peut lire. Ces demoiselles sont fort *jolies*, mais *malheureusement* fort *sottes*. Le *soir*, le soleil se *couche* à l'*occident*. Les livres qui *amusent* le plus les enfants ne sont pas toujours les *plus* utiles. *Haïr* est un *tourment*. Le *bonheur allonge* la vie. La *mort* est *la fin* de nos maux. Quelque *grande* que soit votre fortune, elle sera *insuffisante* si vous en usez *follement*. Les *méchants* te chercheront des *défauts* qu'ils puissent *critiquer*. La *bonne* foi *débrouille* les affaires les plus *compliquées*. La *jeunesse* regarde en *avant*. Les *jeunes gens* sont *heureux*, parce qu'ils regardent l'*avenir*. L'*enfance* est *heureuse*, parce qu'elle sait *peu*.

1. *Rien ne* plaît à celui qui est *mécontent* de lui-même.
2. *Rien ne plaît* à celui qui est mécontent de lui-même.
3. Rien ne *plaît* à celui qui est *mécontent* de lui-même.

VINGT-DEUXIÈME LEÇON.

L'élève transposera les phrases suivantes, en prenant les contraires des mots écrits en italique.

La main qui *hait* le travail produit l'*indigence*. A la *ville*, on se *couche tard*. Les hommes *sobres* ont une *longue* vie. Ce sont toujours les *meilleurs* fruits que les oiseaux becquettent les *premiers*. L'esprit *sans* la raison *n'*arrive à *rien*. On *loue* la *modestie* du *savant*. Le *savoir* est *modeste.* Notre *corps* est *mortel*. L'enfant qui *obéit* à ses parents et qui les *respecte* sera un *bon* citoyen. La *jeunesse* est le temps propre au *travail*. Le *pauvre* est *souvent* charitable. Il n'y a rien de si *timide* qu'une *mauvaise* conscience. Nous devrions *aimer* des *ennemis sé-vères*. Lorsque le soleil est *levé*, les chauves-souris *rentrent* dans leurs trous. On ne *hait* pas tous ceux que l'on *méprise*. La vie la plus *longue* est souvent la *moins* remplie. La *reconnais-sance ennoblit* l'homme. Dans l'*adversité*, on *se ressouvient* de ses amis : l'*infortune rend* la mémoire. *Fuyez* les plaisirs *coupables.* Ce qui est *inutile* est *toujours* trop cher. Les *honnêtes gens* se lient par leurs *vertus* et s'accordent pour faire le *bien.* La *vertu* est un *bien ;* or la *tempérance* est une *vertu :* donc la *tempérance* est un *bien.* Le *pauvre* est souvent malade par *manque* de nourriture. Celui qui *regorge* peut mourir d'*indigestion.* Il y a de la *lâcheté* à *craindre* la mort. Le *travail* cause *moins* de peine que de plaisir. Les richesses *mal* acquises sont *fragiles.* Les *petits* États se *fortifient* par la *concorde. Blâme en secret.* Une femme qui apporte *beaucoup* dans la maison la *ruine* bientôt, si elle y introduit une *folle prodigalité.* L'*indigence* est la juste *punition* de la *fainéantise. Souviens-toi* d'un service *reçu. Méfions*-nous de la *déloyauté. Louons* le *bon,* le *vrai,* le *bien,* le *beau.* Cet enfant a été le *premier* en *thème.* L'*enfer* est un lieu de *supplices.* Le vent du *nord* est *froid* et *sec.* Celui qui sème la *paresse* récoltera la *famine.* Ce qui est *utile* se place *facilement.* Un *bon* fils reçoit la *bénédiction* de son père. Dieu *bénit* et *récompense* les *bons* cœurs. Le temps *mal* employé paraît *long.* Le *riche* a ses *peines.*

1. Les *méchants* se *réjouissent* du malheur d'autrui.
2. Les *méchants* se réjouissent du *malheur* d'autrui.
3. Les méchants se *réjouissent* du *malheur* d'autrui.

VINGT-TROISIÈME LEÇON.

L'élève transposera les phrases suivantes, en prenant les contraires des mots écrits en italique.

Le *pauvre vend* le *nécessaire.* Le *courage* excite l'*admiration.* Le *travail fortifie* et *délasse* le corps. Parler *beaucoup,* réfléchir *peu* est la preuve d'un esprit *étroit* et *superficiel.* Un *bon* cœur ne conçoit pas l'*égoïsme.* Le langage de la *vérité* est *clair* et *facile.* La *société* d'un ami dans le malheur *diminue* le mal de *moitié. Taire* un service rendu, c'est *ajouter* au bienfait. Les âmes *faibles cèdent* à leurs passions. Je *plains* le sort de celui qui est l'*esclave* de ses passions. Le *sage craint* la richesse. Celui qui désire *toujours* est *pauvre.* Les *pauvres* ont aussi leurs jours de *tranquillité,* de *joie* et de *bonheur.* Nous *végétons loin* des personnes qui nous sont chères. L'*éco-*

nomie est un *raisonnable* emploi de son bien. On redresse *facilement* un *jeune* arbre. Le langage de la *vérité* est *hardi*. Une faute *involontaire* est *excusable*. La *chaleur dilate* les corps. A mesure qu'il *chauffe*, un corps *augmente* de volume. Quand le temps est *humide*, les portes se ferment *difficilement*. Vous *commencez tout*. La *vérité* inspire de la *confiance*. Quelque méchants que soient les hommes, ils n'osent paraître *ennemis* de la *vertu*. *Oublie* ce que tu *donnes*. Un enfant *studieux* s'acquitte avec *plaisir* de ses devoirs. Une *mauvaise* conscience *n'est jamais* tranquille. La mort est *cruelle* pour celui qui a *mal* vécu. Ceux qui parlent le *mieux* sont ordinairement ceux qui parlent le *moins*. Souvent le *riche n'a pas assez* avec *beaucoup*. Un *bon* fils fait l'*orgueil* et la *consolation* de ses parents. Le règne d'un prince *guerrier* est toujours trop *long*. Le *vice* est *effronté*. *Riche* et *heureux* ne sont pas synonymes. Quand on est *unis* on est *forts*. L'*union* fait la *force*. S'*unir*, c'est se *fortifier*. L'armée a été *victorieuse* parce que ses chefs étaient *unis* entre eux. Le vieillard dit à ses enfants : Vous romprez *difficilement* ces dards parce qu'ils sont *unis*.

1. Il est *agréable* de passer l'*été* à la campagne.
2. Il est *agréable* de passer l'*été* à la *campagne*.
3. Il est agréable de passer l'*été* à la *campagne*.

VINGT-QUATRIÈME LEÇON.

L'élève transposera les phrases suivantes, en prenant les contraires des mots écrits en italique.

Sois *sévère* pour *toi*. L'*oisiveté* et l'*intempérance* sont *nuisibles* à la santé. La justice doit *condamner* les *coupables*. La *vie* est *amère* pour le *coupable* que l'on *absout*. Le *sage* trouve la cause de ses fautes en *lui-même*. Les enfants *laborieux*, *honnêtes*, *obéissants* et *propres* seront *récompensés*. La *propreté* est la plus *précieuse qualité* des enfants. Les peuples les plus *heureux* sont ceux dont parle le *moins* l'histoire. J'envie le sort des peuples dont l'histoire est *ennuyeuse*. Ce que l'on conçoit *bien* s'énonce *clairement*, et les mots pour le dire arrivent *aisément*. L'infortune fait *fuir* les *faux* amis. On *réussit* malgré ses *ennemis* quand on joint le *travail* à la *bonne* conduite. On n'est jamais si *bien* qu'on ne puisse être *mieux*. Que l'*amitié* ne t'empêche pas de reconnaître les *défauts* de ton *ami. Se venger* d'une offense, c'est se mettre *au-dessous* de l'offenseur. Le *savant* est *riche* au milieu de sa *pauvreté.* Une *joie* partagée *augmente* de moitié. On *envie* le sort d'une *jeune* fille *riche* et *belle.* Un *honnête homme* a *toujours* assez d'esprit. Punir *rarement* et *à propos,* c'est le moyen de se faire *aimer* et d'être *toujours* obéi. Le *sage* compte sur *soi.* Les *bons* livres *vivent.* J'aime, je *recherche,* j'*achette* (1) les livres *amusants.* Adam disait à Ève : *Avec* toi, le *travail* même me semble *doux.* Tous les *biens* que Dieu nous envoie ne sont pas des *récompenses.* Les hommes *vertueux* font *aimer* l'humanité. Le *repos* est la *mort* de l'ambitieux. J'apprends avec *joie* tout ce qui vous arrive de *favorable.* La *reconnaissance* est la *vertu* des âmes *élevées.* Une âme *ingrate oublie* les services. *Cherchez* toutes les occasions de *bien* faire. *Heureux* l'élève auquel son *travail,* son *application* et sa *bonne* conduite ont mérité l'*affection* de tous ses maîtres ! Il y a *peu* de gens qui vaillent *mieux* que leur réputation. La *liberté relève* l'homme. Il est *facile* à l'homme *éclairé* d'échapper à l'ennui. Un père se *réjouit* du *bonheur* et des *succès* de ses enfants. *Honte* au *mauvais* cœur qui se *réjouit* du mal d'autrui. Il est *fier* parce qu'il est *riche.* Il y a des personnes qui se montrent d'autant plus *fières* qu'elles sont plus *pauvres.* Nous *louons* tout en *nous,* même le *mal. Heureux,* nous nous rappelons avec *plaisir* nos *malheurs* passés. Si vous êtes *bon,* vous serez *aimé.* La *pauvreté* est féconde en *vertus.* La *liberté* est le plus grand de tous les *biens.* En sacrifiant *tout* à son devoir, on devient *bon* citoyen et *honnête* homme. Les marchands en *gros achettent* à *crédit.* Les *anciens* nous paraissent *grands* jusque dans le *crime.* L'*aigreur révolte* les caractères les plus *doux.* La *modestie* accompagne presque toujours le *vrai* mérite.

1. Tu ne seras jamais *pauvre* si tu vis *simplement.*
2. Tu *ne* seras *jamais* pauvre si tu vis *simplement.*
3. Tu *ne* seras *jamais* *pauvre* si tu vis simplement.

---

(1) L'Académie écrit *achète.*

VINGT-CINQUIÈME LEÇON.

L'élève transposera les phrases suivantes, en prenant les contraires des mots écrits en italique.

Nota. Le contraire d'un mot ne doit pas toujours être pris, comme on dit vulgairement, au pied de la lettre ; il se présente des cas nombreux, surtout dans les deux devoirs suivants, où il est essentiel de consulter l'idée générale de la phrase plutôt que le sens particulier du mot. Par exemple : *Écrivez les injures sur le* SABLE *et les bienfaits sur le.* . . . . . Il s'agit de compléter cette phrase en prenant la contre-partie du substantif *sable*. Or ce terme, considéré seul, dans sa signification absolue, n'a point, à proprement dire, de contraire ; c'est donc le sens de la phrase qu'il faut examiner : *Écrivez les injures sur le* SABLE, c'est-à-dire, que le souvenir d'une offense ne demeure point dans votre âme ; qu'il s'efface aussi promptement que les caractères tracés sur le sable. Quant aux bienfaits, gardez-en au contraire un éternel souvenir ; imprimez-les en lettres ineffaçables ; en un mot, qu'ils soient gravés *sur le* MARBRE, *sur l'*AIRAIN.

Rien n'est plus *doux* que le souvenir du *bien* qu'on a fait : une *bonne* action est un *doux* oreiller. Le sommeil du *juste* est *paisible*. Les œuvres de l'*homme* sont *périssables*. Une naissance *obscure* est souvent un *bonheur*. La *présence* du maître *engraisse* le cheval, *remplit* le grenier, *enrichit* la maison et *fonde* la fortune. La *solitude attriste* la vie et *augmente* les peines. Tu *dépiteras* ton ennemi si tu parais *indifférent* à ses offenses. L'autorité qui s'appuie sur la *crainte périra*. Les *mauvaises* fréquentations *corrompent* le *meilleur* naturel. L'*âme commande*. La *louange chatouille* et *gagne* les esprits. L'*ignorance* est la *nuit* de l'esprit. La *gaîté* est la *santé* de l'âme. L'*amitié* du méchant est une *injure*. S'il tonnait à *gauche*, les anciens croyaient que c'était un *heureux* présage. La nature *brute* est *hideuse* et *mourante*. La *cruauté* est *contraire* à la nature de l'homme. La *vertu* sous un habit *modeste* commande le *respect*. Si tu *sais, parle*. On se repent *souvent* d'avoir *parlé*. L'histoire *flétrit* la mémoire des princes qui ont fait le *malheur* de leurs sujets et la *ruine* de leurs États. On est toujours *content* de sa situation, quand on la compare à une *plus mauvaise*. Le *peuple* est *brutal*, mais il est rarement *méchant*. L'air est *vif* sur les *hautes montagnes*. Puisque la *ri-*

chesse n'*ennoblit* pas, pourquoi l'*honore*-t-on ? L'*amour* et le
pardon sont *descendus* du *ciel*. La prière du *juste* est *agréable*
à Dieu. Un empire est *chancelant* quand les lois sont en *oubli*.
La meilleure marque de la *prospérité* d'un empire est le *respect*
des lois. Le bonheur des *honnêtes gens* est *durable*. On a vu
des armées se *fortifier* par une *défaite*. *Ouvrir* son âme à
l'ambition, c'est *renoncer* au repos. *Ignorant* et *présomp-*
tueux, ce *méchant* enfant fait le *désespoir* de ses *malheureux*
parents. Une âme *noble* ne peut pas comprendre la *fourberie*.
Mon fils, tu te *repentiras* un jour de ton *oisiveté*. La *paresse*
et la *prodigalité* mènent les hommes à la *ruine*. La *modestie*,
qualité rare, ajoute au mérite.

1. *Loin* d'un ami le *bonheur* que nous éprouvons semble moins
doux.

2. *Loin* d'un ami le bonheur que nous éprouvons semble *moins*
doux.

3. Loin d'un ami le *bonheur* que nous éprouvons semble *moins*
doux.

VINGT-SIXIÈME LEÇON.

L'élève transposera les phrases suivantes, en prenant les contraires
des mots écrits en italique.

Les *paroles s'envolent.* Tout *sourit* à la *jeunesse*. Le *vaincu*
sortit *blessé* du combat. La fortune fait tourner tout *en faveur*
de ceux qu'elle *favorise*. Nous entendons avec *plaisir* dé-
précier le mérite de nos rivaux. Un arbre *dépouillé* de feuilles
est l'image de la *vieillesse* et de la *décrépitude*. La *terre* est
un *exil*. Nous devrions *fuir* des *amis indulgents*. Un *men-*
songe flatteur caresse l'amour-propre. La *liberté enflamme* et
vivifie le génie. La vie du *pécheur* est *misérable*. L'impie
blasphème et *se venge*. La *vengeance* est le *vice* des *petites*
âmes. Le temps *use l'erreur*. Ce que l'on fait *malgré soi* est
toujours *difficile*. *Évitez l'affectation*. Le *bonheur* est une
chimère. Les hommes écrivent les *bienfaits* sur le *sable*. Le
sang-froid d'un accusé ne prouve pas qu'il soit *innocent*. La
science nous *affranchit* des préjugés. La porte *large* mène à
la *perdition*. La joie du cœur *augmente* si on la *communique*.
La *résignation allége* l'infortune et *adoucit* les maux. L'or

agit *puissamment* sur les âmes *vénales*. La *douceur*, la *justice* et la *patience soumettent* les *plus mauvais* caractères. Tu es *libre* si ton cœur est *pur*. Les *vieilles* gens sont *soupçonneux*. Quand on est *rassasié*, les mots les plus *délicats* semblent *mauvais*. La *foi sauve* l'homme. Toute autorité est *chérie* et *respectée*, quand elle est fondée sur la *justice* et exercée *paternellement*. Les *qualités* du langage sont la *brièveté*, la *clarté* et l'*harmonie*. La vie est *longue* pour l'*infortuné*. Le *courage affermit* un trône. Un *compliment immérité* nous *flatte*. La *fausse* grandeur est *dure* et *inaccessible*. Sous la constitution la plus *libérale*, un peuple *ignorant* reste toujours *esclave*.

VINGT-SEPTIÈME LEÇON.

Transposer le sujet suivant, en prenant la contre-partie des mots en italique.

L'ÉCOLIER *paresseux*.

Je *hais* un *mauvais* élève, toujours *oisif, distrait, inappliqué;* il trouve que les heures s'écoulent trop *lentement*, car le temps *mal* employé paraît *long;* l'étude l'*ennuie*, la lecture le *fatigue*, le travail est une *peine* pour lui ; il trouve tout *difficile*, et il *échoue* dans les choses les plus *simples ;* aussi ses camarades le *méprisent*, son maître le *punit ;* sa mère, qui est *malheureuse* de sa *mauvaise* volonté, lui adresse des *reproches :* ce sera plus tard un *ignorant orgueilleux;* car l'*orgueil* est le compagnon ordinaire de l'*ignorance*, ou, pour nous servir des paroles du sage : L'*orgueil* et la *sottise* marchent toujours de compagnie. Je *plains* le sort d'un semblable enfant; et qui ne le *plaindrait*, si l'on considère qu'une *mauvaise* éducation est la source du *vice* et le germe de tous les *maux?*

VINGT-HUITIÈME LEÇON.

Transposer le sujet suivant avec ce nouveau titre : L'HIVER*, en prenant la contre-partie des mots en italique.*

LE PRINTEMPS.

Le *joyeux printemps* est une saison de *vie* et de *mouve-*

ment; les premières *chaleurs* sont le signal du *réveil* de la nature : tout *renaît;* les arbres se *couvrent* de leurs feuilles, et les bocages, *égayés* par le *chant* des oiseaux, *reprennent* leur verte parure. La sève, longtemps *captive, circule* dans les vaisseaux et *va* nourrir les branches; les troupeaux *quittent* leurs étables et se *répandent* dans les campagnes; le laboureur s'arrache au *repos* et *retourne* aux travaux champêtres. Les jours sont plus *longs,* les nuits plus *courtes;* le soleil reste *plus* longtemps sur l'horizon , et nous envoie plus *perpendiculairement* sa lumière et ses rayons. Quels *riants* tableaux présente alors la nature *embellie!*

VINGT-NEUVIÈME LEÇON.

Dans le parallèle suivant, l'élève prendra l'opposite du caractère du Français pour en composer celui de l'Arabe.

NOTA. Quand l'opposition est dans les mots et non dans la pensée, nous écrivons ces mots en italique.

LES FRANÇAIS ET LES ARABES.

Notre brave armée a vaincu l'ancienne régence d'Alger ; mais nous n'avons pas conquis le cœur des Arabes. Il existe entre les deux peuples une grande dissemblance de caractère, de mœurs, de coutumes, de religion. Entre l'Arabe et nous, tout est contraste. Nous allons donner quelques-unes de ces oppositions; elles sont curieuses :

1 Nous sommes *chrétiens.*

2 Les Arabes. . . . .

1 *Jésus* nous promet un paradis tout *spirituel.*

2 . . . .

1 L'*Évangile défend* de verser le sang humain : celui qui se sert de l'épée périra par l'épée.

2 . . . . à ses sectateurs de tuer le plus grand nombre d'ennemis possible.

1 Le Français ne peut épouser qu'une *seule* femme.

2 . . . .

1 Le Français se marie le plus *tard* possible.

2 . . . .

1 Les femmes françaises marchent la figure *découverte* et sont *souvent* dans les rues.

2 Les femmes arabes sont. . . . . dans leurs maisons; et, si elles sortent, ne peuvent sortir que. . . . . . .

1 Le Français qui frappe une femme est déshonoré.

2 L'Arabe, si la paix est troublée dans son ménage, y ramène la paix. . . . .

1 Demander à un Français, quand on le rencontre, des nouvelles de sa femme, c'est lui faire une *politesse.*

2 Demander à un Arabe des nouvelles de sa femme, c'est...

1 Nous buvons du vin.

2 Le vin est. . . . . aux Arabes.

1 Nous portons les habits *serrés.*

2 . . . .

1 Nous disons qu'il faut avoir les pieds *chauds* et la tête *froide.*

2 . . . .

1 Nous saluons en *ôtant* notre chapeau.

2 Ils saluent en. . . . . leur. . . . . sur leur tête.

1 Nous sommes *rieurs.*

2 . . . .

1 Nous demeurons dans des *maisons.*

2 Ils séjournent. . . . .

1 Nous mangeons avec une *fourchette.*

2 Ils mangent avec. . . . . . .

1 Nous buvons *plusieurs* fois en mangeant.

2 . . . .

1 Notre jeûne est *doux.*

2 . . . . Depuis la pointe du jour (c'est-à-dire depuis le moment où l'on peut distinguer un fil blanc d'un fil noir) jusqu'au soir (c'est-à-dire jusqu'au moment où il n'est plus possible de distinguer, etc., etc.), l'Arabe ne peut ni boire, ni manger, ni fumer, ni priser.

1 Nous *enfermons* les fous et nous en faisons un objet de *moquerie* et de *risée.*

2 . . . .

1 Nous sommes *familiers* avec nos parents et nous les *tu-toyons.*

2 L'Arabe est plein de. . . . . pour son père; il ne peut ni

. . . . ., ni. . . . ., ni. . . . . devant lui, ni un frère. . . . .
devant son frère aîné.

1 Nous aimons les voyages de *fantaisie*.

2 L'Arabe ne fait que des voyages d'. . . . .

1 Nous *connaissons* toujours notre âge.

2 . . . .

1 Nous attachons notre honneur à *ne pas reculer* d'un pas
dans la bataille.

2 . . . .

1 Nous mangeons la viande des animaux *assommés*.

2 L'Arabe ne mange que la viande des animaux. . . . .

1 Notre façon dé rendre la justice est *lente* et pleine de *for-
malités*.

2 . . . .

1 Nous écrivons en allant de *gauche* à *droite*.

2 . . . .

1 Nos lettres sont *petites* et *déliées*.

2 . . . .

1 Nos lois *défendent* l'esclavage.

2 . . . .

1 Notre gouvernement paye ceux qu'il emploie.

2 Autrefois les chefs arabes. . . . au dey l'honneur d'exercer
un commandement.

1 Nous parlons *beaucoup* et souvent *tous à la fois*.

2 . . . .

1 Nous avons la parole *vive*, *légère* et *accompagnée* de grands
gestes.

2 L'Arabe parle. . . . , ... et sans. . . . .

1 Nous chérissons au même degré nos fils et nos filles.

2 L'Arabe n'aime que. . . . : ses filles sont. . . . . . . que
la plupart du temps il en ignore le nombre.

1 Le Français a souvent la faiblesse d'accorder une petite
préférence au *plus jeune* de ses enfants, à son Benjamin, comme
on dit proverbialement.

2 . . . .

1 Nous nous inquiétons de *tout*.

2 . . . .

1 Nous sommes curieux, avides de nouvelles.

2 L'Arabe est. . . . . . pour tout ce qui ne concerne pas sa
tribu.

1 Nous sommes *providentiels*.

2 . . . . S'il lui arrive quelque grand malheur: *Hakoun-Erbi*, dit-il; ordre de Dieu.

Un Arabe disait : Mettez un Franc et un Arabe dans la même marmite; faites-les bouillir pendant trois jours, et vous aurez deux bouillons séparés.

TRENTIÈME LEÇON.

L'élève achèvera les phrases suivantes, en mettant à la place de chaque trait la contre-partie des mots écrits en italique.

NOTA. Entre ce devoir et les précédents, il existe cette seule différence qu'il n'y a ici qu'une phrase à achever, au lieu d'une phrase nouvelle à écrire.

Certains oiseaux de proie *dorment* le *jour* et — la —.

> Et le *riche*, et le —; et le *faible*, et le —,
> Vont tous également de la *vie* à —.

Les *petites causes* produisent souvent de — —.

Les *mauvais* exemples *scandalisent* plus que les — exemples ne —.

De *loin*, c'est *quelque chose;* et de —, c'est —.

Les hommes sont si frivoles qu'une *petite joie* leur fait oublier un — —.

Il y a du *courage* à *pardonner* une injure, et de — à — d'une injure.

La *fin* du règne de Louis XIV fut aussi *honteuse* pour la France que le — avait été —.

Un *petit* gain qui est *sûr* vaut mieux qu'un — gain qui est —.

Tel est *riche* avec *peu;* tel autre est — avec —.

Tu *gagneras* beaucoup si tu — une fausse espérance.

Tel *commence bien*, qui — —.

Le *bien* succède au —; les *ris* succèdent aux —.

Les lois sont faites pour défendre la *faiblesse* contre —, la *simplicité* contre —, la *probité* contre la —.

L'*amitié* les a *joints*, la — les —.

Les hommes *arrogants* dans la *prospérité* sont — dans la —.

La *richesse attire* les amis, et la — les —.

L'amitié *finit* où la défiance —.

Si tu obtiens l'*amitié* des *gens de bien,* tu te moqueras de —
des —.

Quel est le puissant architecte qui fait *lever* et — le soleil,
qui donne la *lumière* du *jour* au *travail,* et — de — au —?

Il entre quelquefois dans les vues mystérieuses de Dieu de
rendre *fécond* ce qui paraissait —, de donner la *force* et la
raison à ce qui n'était que — et que —.

Tous les enfants ont dans le cœur des germes de *vertus* et
des germes de —; c'est aux instituteurs à *développer les uns*
et à — —.

Quand je dis *oui,* on ne doit pas répondre —; et si je *commande,* il faut —.

Un décor et un paysage sont *beaux* de *loin* et — de —.

Le misanthrope *fuit* les hommes sans les *haïr;* l'égoïste les
— sans les —.

L'*ami* qui nous *cache* nos défauts nous sert moins que —
qui nous les —.

Selon que vous serez *puissant* ou —, *riche* ou —, *grand*
ou —, les jugements de cour vous rendront *blanc* ou —.

L'eau qui *dort* est pire que l'eau qui —.

La religion défend de faire le plus *petit mal* pour faire
réussir le plus — —.

Crains plus la *louange* que la — : celle-là te *voile* tes défauts; celle-ci te les —.

Celui qui aime *tout le monde* n'aime —.

Les flacons *se vidèrent,* et les têtes —.

Les plus *grands* et les plus *forts* ont souvent besoin des
plus — et des plus —.

Celui qui croit *tout* savoir ne sait —.

Celui qui s'ennuie du *bien* tombe dans le —; il cherche le
mieux et trouve —.

Que d'hommes qui *s'étaient endormis riches,* se — —!

On dort mieux sous le *chaume* que dans —.

A cuisine *grasse* testament —.

Un bon père *punit* avec *peine,* et — avec —.

Les fruits *tardifs* sont meilleurs que les fruits —.

Le sot ne sait ni *parler* ni —.

Ils sont *nés,* ils sont — : Seigneur, ont-ils vécu?

TRENTE-ET-UNIÈME LEÇON.

L'élève achèvera les phrases suivantes, en prenant l'opposite des mots en italique.

Lâche qui veut *mourir*, — qui peut —. Qui peut dire : *Pauvre* je *suis venu*, — je — ? Cette femme qui est un *diable* chez *elle*, est — chez —. Charles XII, roi de Suède, éprouva ce que la *prospérité* a de plus *doux*, et ce que la — a de plus —, sans avoir été *aveuglé* par *l'une* ni — par —. Les plaies du *corps* se *ferment ;* celles de — restent —. Arrière ceux dont la bouche souffle le *froid* et le —! Quand l'admiration cesse d'*augmenter*, elle —. Voici le code de l'égoïste : *Tout* pour *moi*,— pour —. J'aime mieux, disait Louis XII, voir mes courtisans *rire* de mon *avarice*, que mon peuple — de —. Les caves sont *froides* en *été* et — en —. Les hirondelles *arrivent* au *printemps* et — en —. Nous avons *applaudi* les *bons* acteurs et — les —. Pardonne *beaucoup aux autres*, et — à —. Il *emprunte* à *tout le monde* et ne — à —. *Les uns affirment* ce que — —. Le monde est *économe* d'*éloges* et — de —. On *estime* les *gens de cœur*, et on — les —. L'intolérance n'a jamais *fortifié* une *vérité* ni — —. Partout le *petit* nombre qui *commande* vit aux dépens du — nombre qui —. On *monte lentement* à la roue de la fortune, et l'on en — —. Il vaut mieux savoir *peu* et *bien* que de savoir — et —. Il vaut mieux risquer d'*absoudre* cent *coupables* que de — un —.

> Notre vie est un champ qu'il nous faut cultiver ;
> Les *fleurs* sont au *printemps*, les — sont en —.
> Le *travail* pour l'*été*, le — pour —.
> Des lauriers du *matin*, le — fait sa couronne.

Les lois sont semblables à des toiles d'araignées, qui *retiennent* les *petites* mouches et — —. Un *vieil* ami est un trésor toujours —. Certaines fleurs *naissent* le *matin* et — —. Il vaut mieux *maigrir* dans l'*honneur* que de — dans—. Je préfère être *blâmé* par les *bons* que — par —. La *chaleur* de l'*été* n'est pas aussi incommode que — de —. L'adversité, qui *abat* les âmes *faibles*, — les âmes —. Dire que *peu* d'hommes sont prophètes chez *eux*, ne signifie pas que — le soient chez —. L'homme est de *glace* aux *vérités ;* il est de — pour les —. La langue est *la meilleure* et — des choses : si elle est l'organe de la *vérité* et de la *raison*, elle est aussi l'organe de — et de —; par elle, on *loue* et on — les dieux, on *bâtit* et on — les villes, on *excite* et on — les querelles.

TRENTE-DEUXIÈME LEÇON.

L'élève achèvera les phrases suivantes, en prenant l'opposite des mots écrits en italique.

Le *luxe* du *riche* insulte à — du —. On écrit d'un style *extraordinaire* parce qu'on n'a que des choses très- — à dire. La *crainte* et — étendent les *maux* et —. L'occasion est *difficile* à *trouver*, — à —. Il vaut mieux respirer le *bon* air de la *campagne* que le — air de la —. Les lois sont faites pour *effrayer* les *méchants* et — les —. L'*ignorance affirme* ou —; la — doute. L'économie est *vertu* dans la *pauvreté* et — dans —. Il n'y a jamais eu ni *bonne guerre* ni — —. Ce que l'on *retranche* à ses *nuits*, on le — à ses —. Les hommes désirent *allonger* leur vie en *gros* et la — en —. Justinien se montrait aussi *petit* devant les Perses qu'il était — devant les Goths. L'*humilité* n'est souvent qu'un artifice de l' — qui ne s'*abaisse* que pour s' —. Que de gens resteraient muets, s'il leur était défendu de dire du *bien d'eux-mêmes* et du — de — ! Un *petit* chez *soi* vaut mieux qu'un — chez —. Les hommes *condamnent* le *soir* ce qu'ils ont — le —. La vie est une chaîne de soie entrelacée de *biens* et de —. Quand vous avez les yeux fixés sur une carte de géographie, le *nord* est en *haut*, le — en —, l'*est* est à votre *droite*, et — à votre —. Il n'y a rien de *meilleur* ni de — qu'une *bonne* ou une — femme. Parlez *peu* avec les *autres*, mais — avec —. Les gens qui se *divertissent* trop s' —. L'*erreur* et la — dorment côte à côte dans les bibliothèques. La *mort* est *douce* pour ceux à qui la — est —. Les *zéphyrs* du *printemps* et de l'*été* sont toujours suivis des — de — et de —. Le malheur *empire* les *mauvais* caractères et — les —. La mort rit en voyant une *vieille* faire —. Ceux qui se flattent de faire *envie* font souvent —. *Jeunes* ou —, *petits* ou —, *riches* ou —, *savants* ou —, *nobles* ou —, *citadins* ou —, nous devons tous mourir un jour. Un fat disait en parlant d'un homme de peu d'esprit: « On ferait un *gros* livre avec ce qu'il *ignore*. Et vous, lui répondit-on, on en ferait un fort —

avec ce que vous —.» Le temps est un vrai brouillon *rangeant,*
—; *imprimant,* —; *approchant,* —; et rendant toutes choses
bonnes ou —. On *commence* par être *dupe,* on — par devenir —.
Le *prodigue répand* l'or comme le fumier, et l' — — le fumier
comme l'or. Le grand Frédéric a dit : « La *perte* ou le — d'une
bataille ne dépend souvent que d'une bagatelle. » Les gens *gais*
dehors sont ordinairement — chez —.

TRENTE-TROISIÈME LEÇON.

*L'élève achèvera les phrases suivantes, en prenant l'opposite des
mots en italique.*

L'Histoire de la *grandeur* et de — des Romains est un des
chefs-d'œuvre de notre langue. L'égoïste vous *fait* un *petit*
cadeau d'*une main* pour en — un — de —. Les hommes
passent comme des fleurs, qui sont *épanouies* le *matin* et — le
—. Où la *vertu finit* le — —. Les hypocrites sont *vertueux* au
dehors et — au —. Tel *arrive bon* à la cour qui — —. La
parfaite amitié est une union de *biens* et de —, une société de
pertes et de —, un commerce de *bonne* et de — fortune. L'homme
ingrat oublie les services ; l'homme — —. La *chaumière* du
pauvre renferme autant de bonheur que le — du — : le bonheur est un breuvage plus souvent versé dans des *verres de fou-*
gère que dans des — —. Quiconque *s'abaisse* sera —, a dit Jésus-
Christ. Dieu fait lever son soleil sur ceux qui *sanctifient* son
nom et sur ceux qui le — ; il fait pleuvoir sur le champ du *juste*
et sur celui du —. L'homme doit *travailler* dans sa *jeunesse*
pour avoir le droit de — dans —. Que l'amitié qui te fait *louer*
les *qualités* de ton ami, ne t'empêche pas de — ses —. Je préfère un *petit* feu qui dure *longtemps* à un — feu qui dure —.
Celui qui *sème* le *mal* ne peut pas — le —. Nous nous souve-
nons plus longtemps des *outrages* que des —. *Souviens-toi* des
faveurs que tu *reçois,* — celles que tu —. On juge les autres
non sur leurs *bonnes* ou leurs — qualités, mais sur les raisons
justes ou — que l'on a de s'en *louer* ou de s'en —.

> Le *bien* nous le faisons ; le — c'est la Fortune.
> On a toujours *raison,* le Destin toujours —.

Un *jeune ange* peut devenir un — —. On voit tant de gens

parler contre leurs sentiments, qu'on est tenté de croire que la parole a été donnée à l'homme pour — et non pour *exprimer* sa pensée. Il ne faut jamais ni trop — ni trop *désespérer*. En matière de religion, il est *facile* de *tromper* les autres, et — de les —. Toutes les opérations de la rhétorique se rapportent à trois objets : *louer* ou —, *conseiller* ou —, *accuser* ou —. Puisque c'est la médiocrité qui donne le bonheur, et que pour être heureux il ne faut ni le *trop* ni le —, nous devons *plaindre* le sort du *pauvre* et ne pas — celui du —. Le vent est *chaud* ou —, *sec* ou —, selon qu'il nous vient du *midi* ou du —, de l'*est* ou de —. Le mal *vient vite* et — —. Il vaut mieux être *heureux* par l'*erreur* que — par le —. Ce que j'appelle moi, a dit Fénelon, c'est quelque chose qui *connaît* et qui —, qui *croit* et qui —, qui *affirme* l'*erreur* et qui — —, qui aime tour à tour le *bien* et —, qui a du *plaisir* et du —, qui se *réjouit* et qui —; qui est *grand*, qui est —; qui *rampe*, qui —; que l'on *admire* — et que l'on —; dont on est *fier* et dont on —; qui *menace*, qui —; qui mêle des *hauteurs* ridicules à des — indignes.

TRENTE-QUATRIÈME LEÇON.

L'élève achèvera les phrases suivantes, en prenant l'opposite des mots en italique.

L'*argent* est un *bon* serviteur et un — —. Le sens *commun* est plus — qu'on ne pense. Le plus *heureux* en *apparence* est souvent le plus — en —. En fait de louanges, la vanité dit comme cet enfant gourmand : Donnez-m'en *trop*, et je n'en aurai —. Certaines personnes *généreuses* dans l'*indigence*, deviennent — dans —. Il y a des choses dont on guérit par la *privation*, d'autres par la —. Dans les guerres civiles la *victoire* même est une —. Le fanatisme change en religion de *haine* une religion de —. L'hyperbole est une exagération *en deçà* ou — de la vérité. Le soleil engendre par sa *présence* le *jour*, la *chaleur*, le *mouvement* et la *vie*, et par son —, —, —, — et —. Tel *résiste* à la *violence* qui — à la —. *Tout le monde* dit du bien de son *cœur*, et — n'ose en dire de son —. L'hypocrite, tour à tour *agneau timide* et — —, vous *flatte* par *devant* et vous — par —. *Maison de paille* où l'on *rit* vaut mieux que — où l'on —.

Tel *brille* au *second* rang qui —au —. Les richesses et le monde *passent*, mais les bonnes actions —. Un fermier paye son propriétaire en *argent* ou en —. Nous voyons les *effets;* Dieu seul connaît les —. Les mêmes manières qui siéent *bien* quand elles sont *naturelles*, siéent — quand elles sont—. Si l'homme est le *vassal* du *ciel*, il est le — de la —. Le gourmand n'a que deux affaires en tête, savoir : son *déjeuner* du *matin* et son — du —. Le fat est un être qui en voulant *s'élever au-dessus des autres*, est —— de —; c'est un *homme d'esprit* pour les *sots* qui le *recherchent* et l'*admirent;* c'est un — pour les — qui le — et le —. Les larmes des femmes, dit un proverbe espagnol, valent *beaucoup* et coûtent —. Il y a deux espèces de marines, la marine *militaire* et la marine —. On divise les langues en *analytiques* et en —. Le langage de l'*esprit s'épuise*, mais celui du — est —. Les synonymes sont des mots qui ont entre eux de *grands rapports* et de — —. Le *matin incrédule*, il est — le —. Le roi d'Yvetot se *levait tard*, se — —.

TRENTE-CINQUIÈME LEÇON.

L'élève achèvera les phrases suivantes, en prenant l'opposite des mots en italique.

Certaines douleurs aiguës font qu'on regarde la *mort* comme une *consolation*, et la — comme un —. On s'imagine que les couleurs *sombres* sont plus agréables à Dieu que les couleurs —. On est plus souvent dupe par la *défiance* que par —. Dans le commerce du monde, ce n'est pas la *foi* qui sauve, mais la —. La *tranquillité* dans un *trou* vaut mieux que — dans —. Parlez *peu* de vous au *superlatif*, afin qu'on n'en parle pas — au —. Pour connaître une physionomie, il faut l'étudier d'en *haut* et d'en —, de *face* et de —. L'ennui préfère les *hôtels* aux —. Il y a des *économies ruineuses* et des — —. C'est le propre des grands esprits de dire *beaucoup* de *choses* en — de —. Il y a deux morales, l'une *passive*, qui *défend* de faire le *mal*, l'autre —, qui — de faire —. Dès qu'il veut dominer, l'art *gâte* la nature au lieu de la —. Nous allions par *monts* et par —; nous courions de la *montagne* à la —. La lecture des romans *échauffe* la *tête* et — le —. Dans la vie, le *bonheur* est une *exception*, et le — la —. En sortant des *rigueurs* de la *servitude*, on jouit avec délices des — de la —. La foudre *frappe* le *chêne orgueil-leux* et — le — —. Il y aura *beaucoup* d'*appelés*, mais — de —. Les statues qu'on dresse aux *vivants* sont d'*argile*; celles qu'on dresse aux — sont de —.

> Dieu, maître de son choix, ne doit rien à personne :
> Il *éclaire*, il —; il *condamne*, il —.

Plus on approfondit l'homme, plus on y démèle de *faiblesse* et de —. Quand on considère la *beauté* de son *esprit* et la — de son —, on ne saurait dire si Ésope eut sujet de *remercier* la nature ou de s'en —. Je préfère une *honorable pauvreté* à une — —. Les hommes ne jugeant des *vices* et des — que par ce qui les *choque* ou les —, sont aveugles et sur le *mal* et sur le —. Le désordre règne dans les chants du rossignol : il saute du *grave* à —, du *doux* au —; il est *lent*, il est —; il est *varié*, il est —; et sa voix est aussi souvent la marque de la *tristesse* que celle de —. L'armée des Croisés offrait un mélange confus de toutes les conditions et de tous les rangs : des *femmes* paraissaient en armes au milieu des —; on voyait la *vieillesse* à côté de —, l'*opulence* près de —; le *casque* était confondu avec le —, le *seigneur* avec les —, le *maître* avec ses —. Jésus-Christ n'est pas né dans la *pourpre*, mais dans —; il n'a point été annoncé aux *grands* et aux *superbes*, mais les anges l'ont révélé aux — et aux —; il n'a pas réuni autour de son berceau les *rois* et les *heureux* du monde, mais les — et les —.

TRENTE-SIXIÈME LEÇON.

L'élève complètera les phrases suivantes, en prenant l'opposite des mots en italique.

Les hommes ont des goûts différents : *les uns cherchent* les honneurs, — les —; *ceux-ci* aiment la *campagne*, — préfèrent la —; *aux uns* il faut le *bruit* de la vie *publique*, — il faut le — de la vie —. Exempts de maux *réels*, les hommes s'en forment de —. Autant la pitié qui *s'offre elle-même* est *douce*, autant celle que l'on est forcé de — est —. Un *roi* est mille fois plus malheureux qu'un simple —. A Rome, il y avait deux classes de citoyens, les *patriciens* et —. En médecine tout est *généralité* dans la *théorie*, et tout est — dans la —. On peut avoir *raison* au *fond* et — par la —. L'esprit de l'homme ne peut concevoir un *effet* sans —, la *créature* sans —. Combien de personnes doivent leurs *vertus* à la *nature,* et leurs — à —! Les *animaux* sont souvent mieux servis par leur *instinct* que les — par —. Sous la peau d'un *agneau* souvent se cache un —. La *lettre tue,* mais — —. Le navigateur préfère la *tempête* qui le *pousse* au — plat qui le —. Le *naturel* plaît toujours plus que —. Les époux parcourent une route arduc : l'*union* les *soutient;* la — les —. L'avare *jouit* en *imagination;* il — en —. En politique, un *démenti* équivaut très-souvent à un —. Le gouvernement de *droit* et le gouvernement de — sont rarement d'accord. Jésus-Christ joignit le *précepte* à —. Au dernier jour, Jésus-Christ séparera l'*ivraie* du —; il mettra les *agneaux* à sa *droite* et les — à sa —. L'*esprit* est souvent *copiste;* le — est toujours —. Tout paraît *merveilleux* au *jeune homme* qui *entre* dans le monde; tout paraît — au — qui en —. On met les *anciens* et les *étrangers* bien haut pour abaisser ses — et ses —. On voit des siècles *savants* et d'autres qui sont —; on en voit de *naïfs* et de —, de *sérieux* et de —, de *polis* et de —. Il y a des *vérités* qui *affligent* et des — qui —. La *jeunesse* vit d'*espérance* et la — de —. Voilà Biron ; je le présente volontiers à mes *amis* et à mes —. L'orgueil *détruit* l'intérêt que le malheur —.

TRENTE-SEPTIÈME LEÇON.

L'élève achèvera les phrases suivantes.

Tout l'artifice de ce devoir consiste à retourner les deux termes écrits en italique de manière que l'un remplisse la fonction de l'autre, et réciproquement. Exemple :

> En France jamais l'Angleterre
> N'aura vaincu pour conquérir :
> Ses *soldats* y couvrent la *terre;*
> . . . .

C'est avec les mots *soldats* et *terre* qu'il faut former l'antithèse, en les soumettant à une sorte de permutation, c'est-à-dire en faisant que le substantif *terre*, qui remplit la fonction de complément, occupe la place du substantif *soldats*, et que ce dernier, qui est sujet, remplace le complément *terre*. On a alors :

> Ses *soldats* y couvrent la *terre*;
> La *terre* doit les y couvrir (1).

Quelquefois on voit figurer dans la phrase un troisième terme dont on doit prendre l'opposite. Pour signaler ce troisième terme à l'attention des élèves, nous l'écrivons en petites majuscules. Exemple :

La *vertu* est la *richesse* du PAUVRE; trop souvent...

Ce sont les mots *vertu* et *richesse* qui formeront l'antithèse; là, pas de difficulté. Quant au troisième terme *pauvre*, écrit en petites majuscules, son opposite étant *riche*, on obtient :

La vertu est la richesse du pauvre; trop souvent la richesse est la vertu du riche.

Les phrases de cette nature offrant une complication de plus, nous les avons reléguées à la fin du devoir.

L'*avare* ne possède pas son *or;* c'est. . . . . Il faut *penser* tout ce que l'on *dit;* mais on peut ne pas. . . . . Sans m'*aimer* il me le *disait;* moi, je. . . . . Nous devons *manger* pour *vivre*, et non pas. . . . . On peut *estimer* quelqu'un sans *l'aimer*, de même que l'on peut. . . . . A force d'avoir *peur* de *mourir*, on finit par. . . . . Pour vaincre ses défauts, l'homme *peut* tout ce qu'il *veut ;* mais il ne. . . . . Il ne faut pas *soupçonner* ceux que l'on *emploie*, ou ne pas. . . . . Le plus faible *atome* est un *monde*, et le. . . . . peut n'être que . . . . . Au lieu d'accorder leurs *penchants* avec la *religion*, les faux dévots voudraient accorder. . . . . Courbe la tête, fier Sicambre; *adore* ce que tu as *brûlé*, ... C'est le *pâté* des *rois* et. . . . . Mon amie, disait madame de La Tour à Marguerite, *chacune* de nous aura deux *enfants*, et chacun de. . . . . Il vaut mieux ne *rien dire* que de. . . . *Personne* n'est *content* de ceux qui ne sont. . . . .

---

(1) Cette figure de rhétorique se nomme *régression*. Elle a pour but de faire revenir les mots sur eux-mêmes avec des sens un peu différents.

La *raison* doit être la PREMIÈRE *autorité*, et . . . . . . des rois. L'homme GÉNÉREUX *oublie* de *se souvenir;* . . . . . Les *grands hommes* sont SOUVENT *despotes*, et . . . . . L'homme FORT *souffre* sans *se plaindre;* l'homme . . . . . . La fortune fait passer les *crimes* des GENS HEUREUX pour des *bagatelles*, et . . . . . . pour . . . . . . *Ceux* à qui TOUT LE MONDE *convient* ne . . . . . Le SAGE est *magnifique* sans *orgueil;* . . . . . . est . . . . . sans . . . . . . Les *enfants* sont de PETITS *hommes*, et souvent les . . . . . Le *juge* est une *loi* PARLANTE, la. . . . .

TRENTE-HUITIÈME LEÇON.

L'élève achèvera les phrases suivantes.

NOTA. Ce devoir est la répétition du précédent.

> Ici, l'*habit* fait valoir l'*homme;*
> Là, ...

Les *peuples* ne sont pas faits pour les *rois*, mais . . . . . On devrait placer cette inscription sur la porte de tous les cimetières : *J'ai été* comme *tu es;* . . . . . Vivez pour *les autres*, si vous voulez que . . . . . Socrate était aussi *vaillant* que *sage;* Turenne était aussi . . . . . . L'essentiel pour certains philosophes est de penser autrement que les autres : chez les *croyants* ils sont *athées*, chez . . . . . Le grand-duc de Bade vient d'envoyer au préfet de police de Paris le cordon de l'ordre du Lion, avec ces mots qui accompagnaient l'envoi : « Personne n'est plus digne de l'*ordre* du *Lion* que . . . . . » Dieu *élève* celui qui s'*abaisse* et . . . . .

> Pauvre Didon, où t'a réduite
> De tes maris le triste sort!
> L'un en *mourant* cause ta *fuite;*
> L'autre en . . . . . cause ta . . . . .

On peut *écouter* sans *entendre*, comme on peut . . . . . On voit des personnes *étudier* continuellement sans rien *apprendre;* on en voit d'autres . . . . . Il y a des gens qui sont *petits* dans les *grandes* choses, et . . . . .

> Lorsque Lubin me dit, pour se faire encenser,
> Qu'il n'est qu'un ignorant dans l'art de bien écrire,
> Il me le *dit* sans le *penser*,
> Je. . . . .

Rien ne ressemble plus à des *plantes* que certains *animaux*, et rien ne ressemble plus à . . . . . *L'histoire*, dit-on, doit respecter les *rois ;* ne serait-il pas plus juste de dire que . . . . ?

> Mille maux à la fois te déclarent la guerre,
> Mortel ! ta vie est courte et bientôt finira ;
>   Aujourd'hui *tu* couvres la *terre ;*
> Demain . . . .

Rien n'est si *sot* qu'un *méchant*, ni si . . . . . Les maux de ce monde dureront jusqu'à ce que les *philosophes* deviennent *rois*, ou jusqu'à ce que. . . . . .

TRENTE-NEUVIÈME LEÇON.

L'élève terminera les phrases suivantes, en prenant l'opposite de la partie en italique.

Dans les devoirs précédents, les élèves n'ont eu à travailler que sur des mots ; ici, c'est de la pensée même qu'il s'agit. Prenons un exemple : *Le chat* FAIT PATTE DE VELOURS, *puis il...* Il serait impossible d'achever cette phrase en opérant séparément sur chacun des mots *fait*, *patte*, *velours*. (Aucun d'eux n'a du reste d'opposite.) Ces trois termes sont les parties inséparables d'un tout, et c'est ce tout, *faire patte de velours*, qu'il faut envisager dans son ensemble, qu'il faut retourner. On obtient : *le chat fait patte de velours, puis... il* ÉGRATIGNE (1).

L'oreiller du *méchant est plein d'épines ;* celui de. . . . . .
Nous sommes *clairvoyants* pour les défauts *d'autrui*, et nous

---

(1) Les vers suivants offrent un bel exemple d'antithèse :

> Des dieux que nous servons connais la différence :
> Les liens t'ont commandé *le meurtre et la vengeance ;*
> Et le mien, quand ton bras vient pour m'assassiner,
> M'ordonne de *te plaindre et de te pardonner.*

Autre exemple du satirique Linière :

> Je vois d'illustres chevaliers
> Avec laquais, carrosse et pages ;
> Mais ils *doivent leurs équipages,*
> Et moi, *j'ai payé mes souliers.*

fermons. . . . . sur. . . . . Il est aussi *facile* de se tromper *soi-même sans s'en apercevoir*, qu'il est . . . . . de . . . . . Les hommes *se font les uns aux autres une guerre cruelle*, quand au contraire ils devraient . . . . . . Dieu *rejetait* les sacrifices de Caïn, dont le cœur était *mauvais*, et il . . . . . . ceux d'Abel, dont le cœur était . . . . . . Une *seule journée d'un sage* vaut mieux que . . . . . Un proverbe italien dit, en parlant du joueur : Il *est venu couvert de laine*, et il . . . . . Tantôt la peur nous *met des ailes aux talons*, tantôt elle nous . . . . . . La *paix* dit aux jeunes hommes : *Croissez, multipliez, soyez heureux!* La . . . . . leur crie : . . . . . Les têtes humaines, comme les épis de blé, sont *altières quand elles sont vides*, et . . . . . Où les *riches* sont couverts de *galons* et vont *en brillants équipages*, les . . . . . sont couverts de . . . . . et marchent . . . . . Pendant que la fourmi *met à profit* la belle saison pour remplir ses greniers, la cigale . . . . Au retour de l'hiver, la fourmi trouvera dans sa retraite *un abri et de l'abondance*, tandis que la cigale . . . . . Le portrait d'un père n'est qu'un tableau, qu'une peinture *froide et indifférente* pour des *étrangers;* mais pour des . . . . . , c'est un livre qui . . . . . A quelques buissons rares et brûlés étaient suspendues des cigales qui . . . . . ; mais qui *recommençaient leurs chants dès que nous étions passés*. Un Turc devient aussi *souple*, s'il voit *que vous ne le craignez pas*, qu'il est . . . . . , s'il s'aperçoit . . . . . Beaucoup de fleuves, qui ne sont à *leur source* qu'un *filet d'eau imperceptible*, ressemblent à leur . . . . . à des . . . . . Un livre peut être *amusant avec de nombreuses erreurs*, et . . . . quoique . . . . . Celui qui est *l'artisan de sa fortune* est plus estimable que . . . . . Ceux qui étaient *modestes dans une condition médiocre*, deviennent quelquefois . . . . . . quand . . . . . . Les enfants que l'on *élève trop mollement broncheront* dans le rude sentier de la vie; mais ceux que . . . . . Il y a des vices que l'on *apporte en naissant;* il y en a d'autres que . . . . . Les fleurs ne *sont belles et odorantes* que lorsqu'elles sont fraîches-cueillies; au bout de quelques jours elles . . . . . Le vaniteux a une *haute opinion de lui-même*, et professe pour . . . . . Dans la *prospérité*, les vrais amis *attendent qu'on les appelle;* dans . . . . . , ils. . . . La médisance est un orgueil secret qui nous découvre la *paille dans l'œil de notre frère*, et . . . . . La médisance est une duplicité indigne qui *loue en face* et . . . . . L'*âge guérit* d'ordinaire les autres passions, au lieu que l'avarice semble . . . . . Les vraies louanges ne sont pas celles qui *s'offrent* à nous, mais celles que . . . . .

QUARANTIÈME LEÇON.

L'élève achèvera les phrases suivantes, en prenant le contraire de la partie exprimée.

Nota. Ce devoir est le même que le précédent, si ce n'est qu'il n'y a point d'italique.

Le champ du paresseux est couvert de ronces et d'orties; celui . . . . . Le chien lèche la main qui le frappe; le serpent. . . . le sein qui . . . . . On travaille avec succès, quand on travaille avec plaisir; mais on fait . . . . . Un demi-savoir éloigne de la religion, tandis que . . . . . Les animaux marchent le regard fixé vers la terre; l'homme . . . . . Les écoliers paresseux aiment le jeu; . . . . . La loi de Moïse disait aux hommes : Vengez-vous; œil pour œil, dent pour dent; l'Évangile de Jésus-Christ leur dit : . . . . . Les étoiles brillent d'une lumière qui leur est propre; la lune . . . . . On se repent d'avoir mal fait; une bonne action au contraire . . . . . Les Hébreux passèrent la mer Rouge à pied sec, tandis que Pharaon . . . . . Attachez peu de prix aux services que vous rendez aux autres; mais . . . . à ceux . . . . . Qu'un coquin incendie une grange, on le mène au supplice; qu'un conquérant incendie un État, ... Les hommes ont cent moyens de se faire de la peine, et cent moyens de . . . . Les animaux nuisibles sont les moins féconds, et les animaux . . . . . sont ceux qui . . . . . Les Perses devaient succomber sous les Macédoniens : ceux-ci étaient endurcis aux fatigues de la guerre; . . . . . Le tigre est plus à craindre que le lion : celui-ci ne chasse que quand la faim le presse; . . . . Le fat que l'on admire est un arbre que l'on ne juge pas sur son fruit, mais sur . . . . . Si vous voulez faire vos affaires, allez-y vous-même; si . . . . .

QUARANTE-ET-UNIÈME LEÇON.

L'élève achèvera les phrases suivantes, en apportant un correctif, une compensation à la partie exprimée.

Par exemple, si je dis, en parlant d'un enfant, *il a une mauvaise tête*, je présente le caractère de l'enfant sous un point de vue défavorable ; mais il m'est facile de tempérer cette idée en envisageant l'enfant sous un autre aspect plus avantageux, en lui donnant ce que l'on peut appeler la qualité de son défaut. J'ajouterai donc, *mais il a un bon cœur*. Réciproquement, si je commence par affirmer que l'enfant a *bon cœur*, je puis affaiblir cette qualité morale en ajoutant qu'il a *mauvaise tête*.

Cette seule phrase, bien comprise, est la clé du devoir tout entier.

Ce livre est amusant, mais. . . . . Cette jeune personne est jolie, mais. . . . . Le renard trompa d'abord la cigogne ; mais. . . . . Cette cantatrice a une fort belle voix, mais. . . . . Dieu fait germer de bonnes pensées dans nos cœurs ; mais le Démon, c'est-à-dire l'orgueil, l'avarice et la jalousie. . . . . La vieillesse a perdu la force et la vigueur, mais. . . . . La vertu est souvent persécutée sur la terre, mais. . . . . Le roseau se courbe et obéit à tous les vents, mais. . . . . Ésope était tout disgracié de la nature, mais. . . . . La poule est faible et craintive ; mais, quand elle est mère,. . . . . Les racines de la science sont amères, mais. . . . . La rose est entourée d'épines, mais. . . . . Le perroquet imite la voix de l'homme, mais. . . . . Le vin est fortifiant, mais. . . . . La richesse procure des plaisirs, mais. . . . . Il ne pleut jamais en Égypte, mais. . . . . Un bon père doit aimer ses enfants, mais. . . . . Dieu condamna nos premiers parents au travail, aux maladies, à la mort, mais. . . . . Les lois sociales sont comme les vêtements ; elles gênent un peu, mais. . . . . Les remèdes sont mauvais à prendre, mais. . . . . Cette marchandise coûte cher, mais. . . . . Quand il vient au monde, l'enfant est, de tous les êtres vivants, le plus faible et le plus incapable de pourvoir à ses besoins ; mais Dieu lui a donné. . . . . La violette se cache sous le buisson, mais. . . . . Judas vendit son divin Maître, mais. . . . . Un empereur romain disait : Un bon pasteur tond ses brebis, mais . . . . . Le dahlia offre des couleurs aussi brillantes que la rose, mais . . . . . Le ver à soie est une vilaine chenille, mais cette vilaine chenille . . . . . Par son corps mortel, l'homme n'est qu'un être vil formé de limon, mais . . . . .

QUARANTE-DEUXIÈME LEÇON.

L'élève ajoutera un correctif aux phrases suivantes.

Nota. Ce devoir est la répétition du précédent, sauf peut-être qu'il est un peu plus difficile.

Mentor craignait les maux avant qu'ils arrivassent, mais. . . . On voyage en chemin de fer avec une rapidité merveilleuse, mais les voyages sont devenus. . . . . Le soleil est brillant, dit le jaloux; mais . . . . Le chêne et le cèdre portent leur tête orgueilleuse jusque vers les nues, mais . . . . . . Annibal remporta la victoire de Cannes, mais . . . . Le plumage du paon est éblouissant de beauté, mais . . . . . . Le chêne met longtemps à croître, mais . . . . . . Le ciel est dans ses yeux, mais . . . . . Dieu est bon, mais . . . . . Il y a aux pôles des nuits de plusieurs mois, mais . . . . . . Il fait froid aux pôles, mais les animaux qui habitent cette latitude . . . . Le lion, le tigre, et en général tous les animaux ennemis de l'homme, le surpassent en force et en courage; mais . . . . Les orages causent souvent de grands désastres, mais . . . . . . Une couronne est brillante, mais . . . . . On vante les belles actions, mais . . . . . La plupart des philosophes refusent l'intelligence aux animaux, mais . . . . . Les Hébreux passèrent quarante années dans un désert stérile; mais Dieu . . . . . Caron admettait dans sa barque les morts qui lui donnaient une obole, mais . . . . . Aristote a dit : L'homme est un animal, mais . . . . . L'adversité nous accable, mais elle . . . . . Un naufrage jeta Robinson dans une île déserte où il se trouva séparé du reste du monde; mais enfin . . . . . Il n'avait point de vêtement pour se couvrir; mais . . . . . Il était sans défense pour résister à l'attaque des animaux; mais . . . . . Ainsi, mes enfants, Dieu est un père miséricordieux jusque dans les châtiments qu'il nous envoie.

QUARANTE-TROISIÈME LEÇON.

L'élève complètera chacune des phrases suivantes.

Ce devoir est le contraire des deux précédents; ce sont des idées qu'il faut *étendre*, au lieu d'y apporter une *restriction*.

PREMIER EXEMPLE :

Un laboureur devenu roi disait : Quand je n'étais qu'un pauvre paysan, je souffrais seulement de mes besoins ; mais aujourd'hui...

Pour compléter cette pensée suivant l'intention de l'auteur, les élèves doivent consulter le sens de la partie énoncée. Or, il est question dans cette phrase d'un paysan devenu roi, qui pâtissait seulement de ses propres besoins quand il n'était que simple particulier ; mais aujourd'hui qu'il est roi, c'est-à-dire le chef d'une grande famille, ses besoins personnels s'effacent devant ceux de ses sujets ; ce n'est plus un homme isolé qui a à souffrir pour son propre compte ; c'est un père qui souffre des souffrances de tous ses enfants.

Cette conclusion est toute naturelle, et la phrase se trouve complétée de la manière suivante :

Un laboureur devenu roi disait : Quand je n'étais qu'un pauvre paysan, je souffrais seulement de mes besoins ; mais aujourd'hui JE SOUFFRE DES BESOINS DE CHACUN DE MES SUJETS.

DEUXIÈME EXEMPLE :

Le vol est l'état naturel de l'hirondelle : elle mange en volant, elle boit en volant, elle se baigne en volant, et même... ELLE DONNE A MANGER A SES PETITS EN VOLANT.

TROISIÈME EXEMPLE :

Auguste dit à Cinna :

> Tu trahis mes bienfaits, je les veux redoubler ;
> Je t'en avais comblé, *je t'en veux accabler.*

Nous croyons inutile de donner plus d'étendue à ce développement.

Le vainqueur immola tout, les femmes, les vieillards, et même . . . . Il ne suffit pas d'être vertueux en paroles ; . . . .

Les menaces, les . . . . . même, ne purent ébranler la fermeté d'Éléazar. La faux du Temps frappe non-seulement les hommes, mais encore . . . . . Non-seulement nous ne devons pas fréquenter les impies ; nous devons même . . . . . Les cannibales ne se contentent pas de vaincre leurs ennemis ; ils . . . . . L'Évangile nous ordonne non-seulement de ne point haïr nos ennemis, mais aussi . . . . . L'harmonie frappe non-seulement l'oreille, ... Nous devons non-seulement plaindre les malheureux, mais aussi . . . . Non-seulement nos parents nous ont donné le jour, mais . . . . . La patrie est maîtresse absolue non-seulement de nos biens et de nos talents, mais aussi. . . . Turenne pénétrait non-seulement ce que les ennemis avaient fait, mais encore . . . . L'eau désaltère non-seulement les hommes et les animaux, mais encore . . . . . L'envieux est malheureux non-seulement de son propre malheur, mais aussi . . . . . L'homme ne vit pas seulement de pain, mais de . . . . . Les rois seront responsables non-seulement du mal qu'ils auront fait, mais de . . . . . Nous devons obéir aux lois, alors même que . . . . . Les Lapons se servent du renne non-seulement pendant sa vie, mais aussi . . . . . Les soupçonneux se défient de tout le monde, même de . . . . . Les Égyptiens adoraient non-seulement les animaux, mais aussi . . . . Nous devons d'abord éviter le mal, ensuite . . . . .

QUARANTE-QUATRIÈME LEÇON.

L'élève achèvera les phrases suivantes dans le sens indiqué par le mot écrit en italique.

Un exemple va expliquer notre pensée. Soit la phrase suivante à compléter :

Les hommes faibles hurlent avec les LOUPS, *braient avec —, bêlent avec —, et sont les partisans de tous les partis.*

L'élève n'éprouvera aucune difficulté, s'il considère que ce membre de phrase, *hurlent avec les loups*, est la clé de tout le reste, et que le rapport qui existe entre le substantif *loups* et le verbe *hurler*, est le même que celui qui devra exister entre le mot dont chaque tiret tient la place et les verbes *braire*, *bêler*.

Il en résulte cette phrase :

Les hommes faibles hurlent avec les LOUPS, *braient avec les* ANES, *bêlent avec les* MOUTONS, *et sont les partisans de tous les partis.*

C'est Dieu qui récompense les *bons*, qui punit —, qui fait épanouir —, qui fait mûrir —, qui fait germer —, qui fait jaunir —, qui fait lever le *soleil*, qui fait gronder —, qui fait couler —, qui fait bondir —, qui fait reverdir —.

Les hommes sont ingénieux à se tromper sur leurs défauts : le poltron se croit *prudent*, l'avare se croit —, le prodigue se croit —, le fripon se croit —; la témérité s'appelle —, l'entêtement —, la colère —, l'orgueil —, la loquacité —, la faiblesse —, la brusquerie —.

Socrate se montra toujours le plus vertueux des hommes ; s'il avait fait une bonne action, il *ne s'en vantait pas;* s'il avait reçu une injure, il —; s'il voyait son ennemi exposé à quelque danger, il —; s'il lui arrivait quelque disgrâce, il —.

Les lettres embellissent *la vie*, ornent —, élèvent —, polissent —, forment —, chassent —, calment —, et procurent mille —.

Qu'y a-t-il de plus beau à contempler que l'*univers*, de plus doux à pratiquer que —, de plus facile à donner que —, de plus difficile à acquérir qu'un —, et de plus difficile à vaincre que —?

Malade, on connaît le prix de la *santé;* captif, le prix de —; ruiné, le prix de —; sur le trône, le prix de —; décrépit, le bonheur du —; abandonné, ce que vaut —; déshonoré, ce que vaut —; privé de livres, ce que vaut —; jeté seul dans une île déserte, ce que vaut —.

Un lièvre fanfaron représentait à ses compères les lièvres voisins, les alertes qu'il *avait données* aux ennemis, les dangers qu'il —, les ruses de guerre qu'il —, l'intrépidité héroïque qu'il — dans les occasions difficiles.

> Ci-gît, justement regretté,
> Un gentilhomme sans *naissance,*
> Un savant homme sans —,
> Un très-bon homme sans —.

Ce sentiment de confiance dans le pouvoir suprême les remplissait de consolation pour le *passé*, de courage pour —, et d'espérance pour —.

L'un des vices du raisonnement, c'est de confondre les choses avec leur abus, le doute et *l'incrédulité*, la religion et —, la liberté et —.

Le prodigue déjeûne avec l'*abondance*, dîne avec — et soupe avec —.

L'imprimerie n'a pas été trouvée par un *homme de lettres*, ni la boussole par un —, ni le télescope par un —, ni le microscope par un —, ni la poudre par un —.

Quoi de plus rare que l'acte de générosité de l'*avare*, de clémence du —, d'humilité du — ?

Fléchier définit une armée, un assemblage confus de libertins qu'il faut *assujettir à l'obéissance*, de lâches qu'il faut—, de téméraires dont il faut modérer —.

Les dominateurs se firent tyrans pour n'être point *asservis*, juges pour n'être point —, bourreaux pour n'être point —.

Voir le but où l'on tend, c'est *jugement ;* y atteindre, c'est —; s'y arrêter, c'est —; le dépasser, c'est —.

Les hommes sont plus faibles que *méchants*, plus à plaindre qu'à —, plus dignes de compassion que de—.

> Mon Dieu, donne l'eau aux *fontaines ;*
> Donne la plume aux —,
> Et la laine aux petits —,
> Et l'ombre et la rosée aux — ;
> Donne au — la santé,
> Au — le pain qu'il pleure (1),
> A l'— une demeure,
> Au — la liberté.

La pauvreté marche sur les pas de la *paresse*, et la maladie sur ceux de —.

> .... Dans l'ombre immense
> Il ne voit que la *nuit*, n'entend que —.

L'amitié nous rend présents les *absents*, elle enrichit —, elle fortifie —, et elle fait revivre—.

------

(1) C'est-à-dire qu'il *implore.*

QUARANTE-CINQUIÈME LEÇON.

L'élève achèvera les phrases suivantes.

Nota. Ce devoir est le même que le précédent, sauf qu'il n'y a point d'italique.

L'or ouvre toutes les —, éblouit tous —, aplanit tous —, donne de la beauté aux —, de l'esprit aux—, de l'honneur aux —, l'innocence aux—, de la sagesse aux—, de la science aux —, de la bravoure aux —.

Jésus-Christ consolait les —, guérissait —, convertissait —, raffermissait—. Il rendait la vie aux —, la lumière aux —, la parole —.

Qui peut dire : Je n'ai rien à faire? N'as-tu pas des devoirs à —, des talents à—, des consolations à—, des bienfaits à —, des infortunes à —?

La morale nous enseigne à vaincre nos —, à réprimer nos —, à former notre — à la vertu, à nous passer des —, et à nous contenter de —.

Thucydide assure que les dieux ont donné aux hommes la valeur dans les —, la prudence dans les —, la modération dans —, et la constance dans—.

Un bœuf, un âne et un cheval se disputaient la préséance; ils prirent pour arbitres un maquignon, un meunier et un laboureur. Ceux-ci jugeant selon leurs intérêts, le maquignon donna la préséance à —, le meunier à —, et le fermier à —.

Il n'y a pas de roses sans —, pas de ciel sans —, pas de mer sans —, pas de bonheur sans —.

Il y a des gens qui se montrent plus royalistes que — et plus catholiques que —.

On demande quatre choses à une femme : que la vertu habite dans son —; que la modestie brille sur —; que la douceur découle de —, et que le travail occupe —.

C'est là (*dans le séjour des élus*) que la faim est—, que la nudité est —, que l'infirmité est —, que l'affliction est —, que l'ignorance est —.

Un vieux général d'armée se souvient toujours avec plaisir des combats qu'il —, des victoires qu'il ==, des ennemis qu'il —, des prisonniers qu'il —, des drapeaux qu'il — à l'ennemi, des traités de paix qu'il —, des honneurs qu'il —, et des récompenses que sa patrie lui —. Mais il se rappelle avec douleur les villes qu'il —, les campagnes qu'il —, le sang qu'il —, les mères qu'il a privées de —, les veuves qu'il a privées de —, l'orphelin auquel il a enlevé —.

La morale évangélique heurtait de front les passions des hommes. En effet, la religion propose des mystères incompréhensibles : or l'esprit humain est naturellement — ; la morale de la religion est austère et gênante : or le cœur humain est — ; enfin, la religion a une hiérarchie à l'autorité de laquelle tous les hommes doivent se soumettre : or les hommes aiment —.

Cependant depuis quelque temps, Virginie se sentait agitée par un mal inconnu: la sérénité n'était plus sur son —, ni le sourire sur —. On la voyait tout à coup gaie sans *joie* et triste sans —.

QUARANTE-SIXIÈME LEÇON.

L'élève achèvera les phrases suivantes.

NOTA. Ce devoir diffère quelque peu des deux précédents : tout à l'heure le terme que les élèves avaient à ajouter venait à la suite de la partie avec laquelle ce terme était en rapport de sens ; ici, c'est le contraire qui a lieu : le mot à trouver précède celui qui doit en éveiller l'idée.

Certains hommes ont des — et ne voient pas, des — et n'entendent pas, une — et ne parlent pas, des — et ne marchent pas, des — et ne saisissent pas.

Il est plaisant d'entendre un — parler de la valeur, un — de la sobriété, un — de la lumière, un — d'harmonie, un — de l'humilité, un — de la franchise, un — de religion, un — de générosité.

Je suis *indigent,* tu es libéral; je suis —, tu me secours; je suis —, tu m'instruis; on me —, tu me dis la vérité; on me —, tu me consoles; je manque de —, de —, de —, tu partages avec moi ta maison, ton manteau, ta table : je t'appellerai vertueux.

Ne parlez pas de votre — devant un malade, ni de votre — devant un infortuné.

Dieu a donné à chacun une arme : aux *lions* la force, à — des serres redoutables, aux — des cornes, aux — un aiguillon, à — l'intelligence et la raison.

Le progrès tend continuellement à *élever* le petit, à — le pauvré, à — le laid, à donner de la — à l'ignorant, et non à — le grand, à — le riche, à — le beau, à — l'homme d'esprit.

Turenne était grand dans les *difficultés* par sa prudence, dans — par son courage, dans — par sa modestie, dans — par sa valeur.

Les hommes ont abusé de tout : de — pour en composer des poisons, du — pour s'enivrer, des — pour s'égorger, de — pour se corrompre.

On ferait une liste curieuse des *erreurs* du savant, des — du brave, et des — du sage.

Que d'honneurs a — Jules César! que de — on lui a conférées! mais aussi que de — n'a-t-il pas remportées! combien de — n'a-t-il pas vaincus! Autant de — on lui a opposés, autant il en a surmontés.

Souvent rien n'a l'air plus *fou* que la sagesse, et plus — que la vérité.

Les passions en engendrent souvent qui leur sont contraires : l' — produit quelquefois la prodigalité; on est souvent — par faiblesse, et — par timidité.

Renault dit aux conjurés : Notre bonne destinée a *confondu* les plus subtils de tous les hommes, — les plus clairvoyants, — les plus timides, — les plus soupçonneux.

QUARANTE-SEPTIÈME LEÇON.

Les devoirs précédents ont dû préparer les élèves aux deux devoirs qui suivent. Pour trouver la partie non exprimée, ils se guideront constamment sur le sens.

Nota. Les mots écrits en italique annoncent que l'on doit mettre les contraires à la place des traits qui suivent immédiatement.

JULIEN L'APOSTAT.

Julien était l'*espoir* des *païens* et la — des —. *Les uns* l'ont représenté comme un *héros,* — comme un —; il joignit de grands *défauts* à de grandes —, et justifia par ses actions une partie des *éloges* outrés de ses *amis* et des — de ses —. Il ne faut donc s'en rapporter ni aux *apologies* des *premiers,* ni aux — des —.

Voici le portrait que saint Grégoire a — de ce prince : Il avait les — vifs, les — arqués, le — légèrement aquilin, le —

bien proportionné, les — bouclés; sa — était petite, mais bien prise, sa — maligne et railleuse, son — incertain, sa — un peu chancelante. Son — était brillante, ses — étendues, son — profond; ses études avaient — ses idées et — son caractère. Il y avait puisé une vive — pour les grands hommes, un grand — pour la justice, un violent — pour la gloire et pour la liberté.

Avant de — sur le trône, il voyait avec un chagrin — la — de l'empire, la — du peuple, la — des grands, la — des courtisans, les — des gouverneurs des provinces, le — de la discipline, et les revers des —. Le luxe et la — de la cour lui — un juste dégoût; aussi dès son — au trône, parut-il plus frappé des — attachés à la — suprême que de son éclat.

Les premiers moments de son règne furent — par d'importantes réformes : il — le luxe de son palais, — toutes les charges inutiles, et — les emplois aux talents, et nullement à — et à —. Alors l' — et le — fleurirent, la justice présida aux —, la discipline rendit aux — leur force et leur gloire, les Barbares vaincus — les frontières de l'empire, qui — son ancienne splendeur.

La vie de ce prince est — de mots restés célèbres :

Comme on lui — son indulgence, « Un prince, dit-il, est une loi *vivante* qui doit tempérer par sa — ce que les lois — ont de trop —. »

Il pardonnait souvent, disant que l'on doit chercher constamment à *diminuer* le nombre de ses *ennemis* et à — le nombre de ses —.

Dans ses guerres avec Sapor, plusieurs nations de l'Orient vinrent lui offrir des — auxiliaires : « Les Romains, répondit-il, *donnent des secours aux autres* et —. »

Les Sarrazins voulaient lui vendre leurs services : « Un prince belliqueux n'a point d' —, dit-il, mais du fer. »

Comme ses amis fondaient en — et éclataient en — à son lit de —, « Quelle faiblesse, leur dit-il, de pleurer un prince qui s'*éloigne* de la *terre* pour —! J'ai vécu sans crimes, je — sans —. La raison nous dit qu'il est aussi lâche de vouloir *fuir* la mort lorsqu'*il est temps de s'y soumettre*, que de la — quand —. »

Son esprit le rendait — à tout : raisonnant avec les savants, faisant des vers avec les —, jugeant avec les —, il joignait en outre la sagesse d'un vieux capitaine à la — d'un — —.

Il fallait que son — fût éclatant, puisque sa — a traversé les siècles malgré la *chute* de la religion qu'il voulait *relever*, et le — de celle qu'il —.

Les nombreuses victoires qu'il — le placent à côté des plus grands —; sa — dans l'adversité, sa — dans la fortune, son — des injures, en font un grand —; enfin son — à rendre son peuple heureux, son — de la justice, et son désir constant de — Marc-Aurèle pour modèle, lui — un rang — parmi les — justement célèbres.

QUARANTE-HUITIÈME LEÇON.

L'élève remplacera chaque tiret par le mot que réclame le sens.

LA MISSION DU CURÉ.

Il est un homme dans chaque paroisse qui n'a point de famille, mais qui est de la famille de —, qu'on appelle comme témoin ou comme — dans tous les actes les plus — de la — civile; sans lequel on ne peut ni *naître* ni —, qui prend l'homme du sein de sa — et ne le laisse qu'à —, qui bénit ou consacre le berceau, la — conjugale, le — de mort et le —; un homme que les petits enfants s'accoutument à aimer, à — et à —; que les inconnus mêmes appellent —; aux pieds duquel les chrétiens vont — leurs fautes les plus intimes, — leurs larmes les plus secrètes; un homme qui est le — par état de toutes les misères de l'*âme* et —, l'intermédiaire obligé de — et de l'*indigence*, qui voit le *riche* et — frapper tour à tour à sa — : le *riche* pour y *verser* l'aumône secrète, le — pour la — sans rougir; un homme qui tient aux classes *inférieures* de la — par sa vie pauvre et souvent par — de sa naissance; aux classes — par — et par l'élévation de ses —; un homme qui a dans ses attributions les misères, les — et les — de l'humanité; un homme qui doit avoir le — riche et débordant de tolérance, de —, de —, de —, de — et de —; un homme qui doit avoir sa porte — à toute heure à celui qui le —, sa — toujours allumée, son bâton toujours sous —; qui ne doit connaître ni saison, ni —, ni —, ni —, ni —, s'il s'agit de porter l'huile au —, le pardon au —, ou son Dieu au —; un homme devant lequel il ne doit y avoir, comme devant —, ni *riche* ni —, ni *petit* ni —, ni *innocent* ni —, mais des hommes, c'est-à-dire des — en misères et en espérance ; un homme enfin qui — sa retraite auprès de la — des morts, comme une garde avancée aux — de la vie pour *recevoir* ceux qui *entrent* dans ce — des douleurs, et — ceux qui en —.

Cet homme, c'est le curé.

CHAPITRE TROISIÈME.

DE LA CONSTRUCTION.

On nomme construction l'arrangement des mots et des propositions dans le discours, tel qu'il est fixé dans chaque langue par un usage long et constant.

Chaque langue a une construction particulière qui tire son origine de l'influence du climat sur les organes, et par conséquent sur les opérations de l'esprit.

Ainsi le génie d'une langue n'est que *l'habitude que l'esprit a contractée de donner et de recevoir les idées dans tel ordre plutôt que dans tel autre* (1).

Il y a deux sortes de constructions : la construction *simple* ou *naturelle* et la construction *figurée*.

La construction est *simple* ou *naturelle* quand les mots et les propositions sont rangés suivant l'ordre de la génération des idées.

Dieu est juste.

Voilà une proposition, voilà un jugement porté sur Dieu. L'esprit affirme, juge en effet que l'attribut *juste* convient au substantif *Dieu.*

Cette manière de ranger les trois termes de la proposition est naturelle ; car lorsqu'on veut attribuer une qualité à un individu, on pense d'abord à l'individu, ensuite à la qualification. Il faut nécessairement connaître un objet avant d'en dire quelque chose.

Dans toute proposition, le sujet doit donc précéder l'attribut.

(1) Le Batteux, Lévizac.

Quant au verbe, qui sert à affirmer si l'attribut convient ou ne convient pas au sujet, il se place naturellement entre ces deux termes.

Le plus souvent le verbe et l'attribut sont contractés : *Le tonnerre* GRONDE, mis pour : *Le tonnerre* EST GRONDANT. Alors, au lieu des trois termes essentiels, la proposition n'en comprend plus en apparence que deux. Dans la suite de cette démonstration tout ce que nous dirons du verbe devra donc s'entendre de l'attribut.

Ainsi énoncée :

Dieu est juste.

Le tonnerre gronde.

La proposition est réduite à sa plus simple expression. Mais dans le discours il arrive rarement qu'elle se présente sous cette forme, avec ces trois termes seulement. Presque toujours le sujet et le verbe sont complétés.

Quand un sujet est complété, soit par un nom, soit par une proposition, les complétifs suivent immédiatement le sujet :

La naïveté DE L'ENFANCE *plaît.*

L'envie, QUI EST L'OMBRE DE LA GLOIRE, *la suit partout.*

Le verbe peut être complété de trois manières : ou directement, ou indirectement, ou circonstanciellement.

Dieu donne...

Voilà une proposition dont le sens est incomplet ; l'esprit n'est pas satisfait ; l'attention n'est qu'éveillée ; on attend, on demande :

1° Ce que Dieu donne.

2° A qui il donne.

3° Pourquoi il donne.

En d'autres termes, on attend :

1° Un complément direct :

Dieu donne SA ROSÉE...

2° Un complément indirect :

Dieu donne sa rosée A LA TERRE...

3° Un complément circonstanciel :

Dieu donne sa rosée à la terre POUR LUI FAIRE PRODUIRE DE RICHES MOISSONS.

Il peut arriver enfin que chacun de ces compléments soit lui-même complété à son tour ; alors, ici comme pour le sujet, les mots régis viennent à la suite des mots régissants.

Je crains celui QUI NE CRAINT PAS DIEU.

Les païens adressaient leurs hommages à des idoles DE BOIS.

Dieu promet les dons DE CÉRÈS *au laboureur* QUI CULTIVE LA TERRE.

Qui ne craint pas Dieu complète le complément direct *celui,* et il le suit.

Bois complète le complément indirect *idoles,* et il le suit.

Cérès complète le complément direct *dons,* et il le suit.

Qui cultive la terre complète le complément indirect *laboureur,* et il le suit.

Voici donc, pour nous résumer, l'ordre de subordination suivant lequel il faut placer les différents termes d'une proposition construite sans inversion.

1° Le sujet et ses dépendances.

2° Le verbe.

3° Le complément direct.

4° Le complément indirect.

5° Le complément circonstanciel.

{ suivis de leurs déterminatifs ou compléments.

— Nous avons démontré que le sujet doit être placé avant le verbe. Prouvons maintenant que la place que nous venons d'assigner aux divers compléments est également conforme à la génération des idées.

Romulus donna...

Si je m'interromps à ce dernier mot, l'interlocuteur ne commencera pas par me demander *à qui* Romulus donna, ni *où,* ni *quand,* ni *comment,* ni *pourquoi* il donna. Il me demandera ce que Romulus donna ; et si je réponds *la mort,* la seconde question ne sera encore ni *où,* ni *quand,* etc., mais *à qui...*

Romulus donna la mort A SON FRÈRE...

Quant aux circonstances, elles ne viendront qu'en troisième lieu.

Romulus donna la mort à son frère SUR LE MONT AVENTIN.

Cependant cette manière de ranger les divers compléments n'est de rigueur que si ces compléments ont à peu près la même étendue ; autrement, c'est au plus court que l'on accorde la priorité ; on dit alors qu'il y a inversion :

<table>
<tr><td>

ORDRE DIRECT :

Lycurgue donna DES LOIS A SPARTE.

Apollon perça LES CYCLOPES DE SES FLÈCHES.

Télémaque préféra SA PATRIE A L'IMMORTALITÉ QU'ON LUI OFFRAIT.

</td><td>

ORDRE INVERSE :

Lycurgue donna A SPARTE DES LOIS TRÈS-SAGES.

Apollon perça DE SES FLÈCHES LES CYCLOPES, QUI FORGEAIENT LES FOUDRES DE JUPITER.

Télémaque préféra A L'IMMORTALITÉ QU'ON LUI OFFRAIT, LE BONHEUR DE REVOIR SA PATRIE ET DE RÉGNER UN JOUR SUR ITHAQUE.

</td></tr>
</table>

OBSERVATION. Le complément circonstanciel ne se place pas toujours à la suite du verbe; quand ce complément a une certaine étendue, c'est presque toujours au goût de l'écrivain à décider s'il le placera au commencement, au milieu ou à la fin de la phrase. Ainsi on peut dire indistinctement :

EN PEU DE TEMPS *cet enfant a fait de grands progrès.*

Cet enfant a fait EN PEU DE TEMPS *de grands progrès.*

Cet enfant a fait de grands progrès EN PEU DE TEMPS.

Mais il devient nécessaire de le mettre en tête du discours, s'il exprime une circonstance importante, sur laquelle on veut appeler tout particulièrement l'attention :

A TRENTE-ET-UN ANS, *Napoléon avait déjà remporté les victoires d'Arcole et de Marengo.*

Romains, dit Scipion, A PAREIL JOUR, *je vainquis Annibal et Carthage : allons rendre grâces aux dieux.*

EN QUELQUES JOURS, *on va par mer de Toulon à Alger.*

PLACE DE L'ADVERBE SIMPLE. — Si l'adverbe simple modifie un adjectif ou un autre adverbe, il les précède communément. Ex. :

Mon jardinier est mort, mes arbres en sont TOUT *tristes.*

Le mal se publie PLUS *vite que le bien.*

S'il accompagne un verbe, il le suit quand ce verbe est à un temps simple :

L'écureuil va ORDINAIREMENT *par bonds.*

Si le verbe est à un temps composé, l'adverbe se place ordinairement entre l'auxiliaire et le participe. Ex. :

Si tu as BIEN *vécu, tu as* BEAUCOUP *vécu.*

PLACE DE L'ADJECTIF. — D'après la génération des idées, tous les adjectifs qualificatifs devraient être placés après leurs substantifs; car il faut connaître un individu avant de le qualifier. Mais l'usage, ce tyran des langues, en a décidé autrement, et aujourd'hui, nos adjectifs, surtout ceux qui, comme *aimable*, *fidèle*, *mutin*, etc., expriment des qualités morales, se placent tantôt avant, tantôt après le substantif; c'est une question d'harmonie dans laquelle le goût et l'oreille seuls décident. Vaugelas déclare qu'après avoir bien cherché, il n'a point trouvé que l'on puisse formuler là-dessus aucune règle, et qu'il n'y a en cela de plus grand secret que de consulter l'oreille.

En nous exprimant ainsi, nous n'entendons pas parler, bien entendu, de ces cas particuliers, comme SAGE-*femme*, *femme* SAGE; BRAVE *homme*, *homme* BRAVE; HONNÊTE *homme*, *homme* HONNÊTE; *homme* PAUVRE, PAUVRE *homme*, etc., etc., où les adjectifs modifient très-diversement le sens des substantifs, selon qu'ils les précèdent ou qu'ils les suivent.

Les quatre vers suivants présentent ces deux significations d'une manière bien tranchée :

> Cléon, lorsque vous nous bravez
> En démontant votre figure ,
> Vous n'avez pas l'*air* MAUVAIS, je vous jure ;
> C'est MAUVAIS *air* que vous avez.

Air MAUVAIS signifie air redoutable, terrible.
MAUVAIS *air* signifie air ignoble, crapule.

REMARQUE. Dans tout ce que nous venons de dire sur la construction, nous nous en sommes tenu strictement aux règles générales. Nous aurions garde de conduire les enfants dans le dédale inextricable des faits particuliers et des exceptions. Ici, plus que nulle part, les règles sont l'arbre stérile. « Rien, dit Lemare, ne peut suppléer la pratique. » L'oreille exercée est, pour la construction, un guide plus sûr que tous les principes. A-t-on jamais entendu un enfant dire, par exemple, *mon habit* BEAU, *l'orgueilleux flatte* SE, *je revois* TE, *connais-tu* ME? Est-il besoin pour cela de la moindre règle? Les grammairiens qui s'ingénient à bâtir ce fatras d'exceptions inutiles, oublient qu'ils travaillent pour des nationaux {non pas pour des étrangers.

QUARANTE-NEUVIÈME LEÇON.

Dans les phrases suivantes, l'élève rangera les compléments d'après l'ordre que nous avons indiqué. Nous avons séparé par des tirets ces divers compléments.

NOTA. Si les compléments sont de même longueur, voici l'ordre à suivre :

      1° Complément direct ;
      2° Complément indirect ;
      3° Complément circonstanciel.

Si les compléments n'ont pas la même étendue, commencez par énoncer le plus court.

Deux renards entrèrent *pendant une nuit obscure — dans un poulailler.*

Deux renards entrèrent *par surprise — dans un poulailler — la nuit — pour surprendre les poules et les poulets.*

Alexandre-le-Grand fit *avec une grande magnificence — dans Babylone — son entrée.*

On va *en passant par la Suisse — de France — en Italie.*

Le duc d'Enghien dormit *la veille de la bataille de Rocroy — d'un sommeil profond.*

On aime *à cause de son parfum — la modeste violette.*

Je vous assure que le nom de Dieu est écrit *sur l'aile d'un moucheron — en caractères lisibles.*

Le renard sort *de son terrier — le soir — pour piller la basse-cour.*

Les fils de Jacob allèrent *pour acheter du blé — en Égypte.*

Le philosophe Épiménide prétendait avoir dormi *dans une caverne — quarante ans.*

Un philosophe prétendait avoir dormi *pendant plus de quarante ans — dans une caverne.*

J'envoie *à votre ami — ce livre — pour lui faire plaisir.*

Le roi ne confie pas *le commandement de ses armées — à des incrédules.*

Les Gaulois remportèrent *sur l'armée romaine — une grande victoire.*

Le soleil donne *aux sucs nourriciers — tous les ans — la chaleur et la vie.*

Ne faites jamais *la confidence de vos affaires - aux indiscrets.*

Ne confiez jamais *vos affaires — à un indiscret.*

Ne parlez jamais *à un indiscret — de vos affaires.*

Ne parlez jamais *à un indiscret — des choses qui vous* concernent.

Un jeune homme ne saurait parler *avec trop de modestie — de lui.*

Le paon renverse *en arrière — sa tête — avec beaucoup de* grâce.

La terre est emportée *autour du soleil — avec rapidité.*

La terre est emportée *avec une rapidité inconcevable — autour du soleil.*

L'Amérique du Nord fournit *des fourrures — en abondance.*

L'Amérique du Nord fournit *des fourrures de castors et de loutres — en abondance.*

Les hypocrites s'étudient à parer *des dehors de la vertu — leurs vices.*

Les hypocrites s'étudient à parer *les vices les plus honteux et les plus décriés — des dehors de la vertu.*

Dieu réduisit *le superbe Nabuchodonosor, qui voulait usurper les honneurs divins — à la condition des bêtes.*

CINQUANTIÈME LEÇON.

DES AMPHIBOLOGIES.

Il y a amphibologie dans une phrase, lorsque la construction de cette phrase peut donner lieu à deux interprétations différentes. On ne parle que pour être entendu ; la clarté est donc la première et la plus essentielle qualité du discours, et toute amphibologie doit être évitée avec soin.

L'amphibologie vient d'un mauvais arrangement dans les mots ou dans les propositions.

Nous allons donner une règle unique .

Tout complément (mot, assemblage de mots ou proposition) doit être placé le plus près possible du mot complété. Ex. :

Le père fut sage AVANT DE MOURIR *de montrer à ses enfants que le travail est un trésor.*

Le père fut sage de montrer à ses enfants que le travail est un trésor AVANT DE MOURIR.

La première de ces deux phrases nous montre l'instant auquel le père fut sage. Cette circonstance est étrangère au sens ; ce n'est point là que s'est portée l'idée de l'auteur.

La seconde phrase est encore plus vicieuse : elle précise le moment où le travail est un trésor, c'est-à-dire *avant de mourir* ; elle particularise une vérité qui est générale ; car ce n'est pas seulement à telle ou telle époque que *le travail est un trésor*, c'est à toutes les époques de la vie.

Il faut donc dire, en rapprochant du verbe *montrer* le circonstanciel de temps :

Le père fut sage de montrer AVANT DE MOURIR *à ses enfants que le travail est un trésor.*

Ou mieux :

Le père fut sage de montrer à ses enfants AVANT DE MOURIR *que le travail est un trésor.*

Toutes les amphibologies naissent le plus souvent de l'oubli de cette règle.

L'élève rectifiera la construction défectueuse des phrases suivantes. Nous avons écrit en italique les parties qui forment amphibologie.

Les maîtres qui grondent toujours ceux qui les servent, *avec emportement* sont les plus mal servis. Dieu a renversé plus d'une fois les princes qui ont méprisé la vertu, *du trône.* La première action de l'homme fut de se révolter contre son créateur, et d'employer tous les avantages qu'il en avait reçus, *pour l'offenser.* J'ai envoyé les lettres que vous avez écrites *à la poste.* Croyez-vous pouvoir ramener ces soldats révoltés *à l'obéissance?* Croyez-vous pouvoir ramener ces esprits égarés *par la douceur?* Croyez-vous pouvoir ramener ces esprits égarés *par la douceur, à l'obéissance?* Les voyageurs écrivent tout ce qu'ils voient *sur leurs albums.* J'ai trouvé plusieurs pages *dans vos manuscrits* qui sont illisibles. On voit une infinité de gens qui commettent de grandes fautes, *avec beaucoup d'esprit.* La sagesse de Turenne entretenait cette union *entre des soldats et leur chef,* qui rend une armée invincible. Montesquieu comparait ses domestiques à une horloge : Il faut, disait-il, les remonter pour qu'ils aillent *de temps en temps.* J'ai envoyé le livre que vous avez acheté *à votre ami.* Un roi s'ennuyait sur son trône ; on lui conseilla *pendant quelque temps* de porter la chemise d'un homme heureux. L'Adour rencontre le Gave *à Bayonne*, né à côté de lui (1). Je vous envoie une petite chienne *par ma servante* qui a les oreilles coupées. Je vous envoie une petite chienne qui a les oreilles coupées *par ma servante*. Une chaleur brûlante dévore ceux qui sont attaqués de la peste *intérieurement*. L'Évangile inspire *une piété sincère et non suspecte* aux personnes qui veulent être véritablement à Dieu. Rien n'échappe aux yeux de Dieu : le criminel, *sur la terre*, qui s'est soustrait à la justice des hommes, paraît au tribunal suprême avec une tache au front *de sang*. Le loup emporta le pauvre petit agneau et le mangea *au fond des forêts*. Les religieux du mont Saint-Bernard ont dressé de magnifiques chiens de Terre-Neuve à secourir *dans les neiges* les voyageurs qui se sont égarés. Il faut contracter l'habitude de travailler *dès la jeunesse*. On voit encore aujourd'hui sur le Pont-Neuf cette singulière enseigne d'un décrotteur : X..... tond les chiens *et sa femme* et va-*t*-en ville. Histoire complète de Suède, par M. Geyer, professeur à l'université d'Upsal, *depuis les temps les plus reculés jusqu'à nos jours*.

CINQUANTE-ET-UNIÈME LEÇON.

Les phrases suivantes sont amphibologiques; l'élève trouvera lui-même les parties mal construites et corrigera.

J'ai acheté des bonbons et des joujoux pour mes enfants qui sont dans la poche de mon habit. J'ai fait un voyage dans toute la Suisse qui m'a plu beaucoup. Le physicien arrache tous ses secrets à la nature. On trouve beaucoup de faits dans nos chroniques qui sont hors de toute vraisemblance. Il y a un acte dans cette tragédie qui nous a fait verser bien des larmes. C'est un tort de reprendre les enfants que l'on est chargé d'instruire avec humeur. On demandait à un philosophe l'âge du monde : il traça un serpent sur le sable qui se mordait la queue. Il y a une foule d'usages dans nos provinces qui sont ridicules. Ils trouvèrent des obstacles dans cette guerre qu'ils surmontèrent. Ils trouvèrent dans cette guerre des obstacles qu'ils entreprirent. La tête de l'homme sans caractère est comme la girouette placée au haut d'une maison qui tourne au premier vent. Pour intéresser

---

(1) Cette phrase défectueuse est de Ramond.

les enfants, il faut leur raconter quelque trait remarquable sur les principaux animaux qui pique leur curiosité. Je tiens à ce monde qui passe par le corps, et je tiens à Dieu qui ne passe point par l'âme. Le paresseux a un poil dans le creux de la main qu'aucun barbier ne pourra couper. Des voyageurs ont trouvé des neiges sur le haut de certaines montagnes qui étaient toutes rouges. J'ai fait une tache sur mon habit de graisse. Il a mis son chapeau sur sa tête à trois cornes. Le garde a tué un lapin avec son fusil de garenne (1). On se modèle sur ceux que l'on fréquente imperceptiblement. Cet écrivain fait des peintures de mœurs vives et brillantes. Le départ de mon fils m'a fait une plaie au cœur dont je ne guérirai jamais. Un ignorant, grand bavard, voulait apprendre à parler à son âne; un sage s'en aperçut et lui dit: Cet animal ne peut apprendre à parler de toi; mais ne ferais-tu pas mieux d'apprendre à ne rien dire de lui? On soutient les enfants qui commencent à marcher au moyen de lisières. Les musulmans croient que la destinée de tous les hommes est écrite sur un livre en caractères ineffaçables, qu'ils nomment le livre du destin.

CINQUANTE-DEUXIÈME LEÇON.

DE LA CONSTRUCTION NATURELLE DES PROPOSITIONS.

On peut diviser les propositions en principales et en secondaires.

La proposition principale est celle qui exprime la principale idée, l'idée-mère de la phrase.

Les propositions secondaires ou complétives dépendent de la proposition principale; elles en précisent ou en complètent le sens d'une manière quelconque.

Dans l'ordre direct des idées, la proposition principale devrait précéder la proposition secondaire. C'est en effet ce qui a lieu dans un grand nombre de cas. Ex. :

Les astronomes ont démontré depuis longtemps *que le soleil est immobile et que la terre tourne.*

---

(1) Quelque ridicules qu'elles nous paraissent, ces trois dernières phrases et d'autres qui leur ressemblent, sont très-usitées dans la conversation.

Une femme est toujours assez belle, *quand elle est bonne.*
Cependant la proposition principale se place indifféremment avant
ou après la proposition secondaire, si cette dernière est une secondaire *circonstancielle*, c'est-à-dire une proposition qui achève
l'idée de la principale au moyen d'une circonstance de temps, de
lieu, de manière, de condition, etc.

C'est à celui qui écrit de voir laquelle des deux constructions a
le plus de rhythme, le plus d'ampleur, et donne à la phrase un
tour plus libre, une marche plus gracieuse :

Si Dieu n'existait pas, *il faudrait l'inventer.*

Tous les hommes regrettent la vie, *quand elle leur échappe.*

La première phrase commence par la proposition circonstancielle;
et la seconde par la proposition principale.

————

*Dans le devoir suivant, chaque phrase commence par la propo-
sition circonstancielle; l'élève en déduira la proposition principale.*

Quand on a menti une fois, ...
Si tu veux que les autres pensent du bien de toi, ...
Si quelqu'un te flatte, ...
Si tu meurs en défendant ta patrie, ...
Si tu veux qu'une chose soit secrète, ...
Si nos premiers parents n'avaient pas mangé du fruit dé-
fendu, ...
Dieu dit à l'homme et à la femme : Si vous mangez du fruit
défendu, ...
Le serpent dit à la femme : Si vous mangez de ce fruit, ...
Si l'occasion se présente, ...
Si l'on abuse des meilleures choses, elles . . . .
Si tu sèmes le vent, tu. . . . .
Si Rome n'avait pas été corrompue, les Barbares. . . .
Si le soleil était anéanti tout à coup, ...
Si personne n'avait le superflu, tout le monde. . . .
Quand on a travaillé pendant les six premiers jours de la se-
maine, on. . . .
S'il n'y avait pas eu de savants pour inventer des machines et
des outils, nous. . . .
Si nous écoutions toujours la voix de la conscience, ...
Quand il n'y a plus rien au râtelier, ...
La parole de Dieu est semblable à la semence du laboureur;

si une pierre dure la reçoit, elle. . . ; si elle tombe parmi les
ronces, elle. . . . ; si une bonne terre la reçoit, elle. . . . .

    Quand les chats sont absents, ...
    Quand les chats seront absents, ...
    Il faut que les chats soient absents, ...
    Si les chats avaient été absents, . . .
    Les chats n'ont pas été plus tôt absents, que. . . .
    Les chats ne furent pas plus tôt absents, que. . . .

CINQUANTE-TROISIÈME LEÇON.

Nous donnons la proposition circonstancielle; les élèves trouve-
ront la principale.

    Si l'on accuse votre ami absent, ...
    Si tu veux goûter le prix d'un bienfait, ...
    Si les chaleurs continuent, ...
    Si tu fréquentes les méchants, ...
    Si tu éprouves un repentir sincère de tes fautes, ...
    Quand Joseph aperçut son jeune frère Benjamin, ...
    Depuis que l'Amérique nous a donné la pomme de terre, la
famine. . . .
    Quand on a contracté une mauvaise habitude, ...
    Si la terre était plus dure, le laboureur. . . . .
    Si la terre était moins dure, ...
    Si nous étions plus sobres, ...
    Aussitôt que l'heure de la classe sonne, tous les élèves. . . .
    Quand les arbres sont dégarnis de feuilles et que la terre est
couverte de neige, toute la nature. . . .
    Quand toute la nature est en silence, le rossignol. . . . .
    Si l'on ne pouvait voir le lever du soleil qu'aux antipodes, ...
    Quand de tout petits enfants aperçoivent la lune dans un
seau, ...
    Si l'agneau s'éloigne du pasteur, il . . . . .
    Pauvre petit agneau ! si tu t'éloignes du pasteur, ...
    Quand les agneaux se sont éloignés du pasteur, ...
    Chaque fois qu'un agneau s'éloignera du pasteur, ...
    A peine l'agneau se fut-il éloigné du pasteur, ...

CINQUANTE-QUATRIÈME LEÇON.

Dans le devoir suivant, chaque phrase commence par la proposition principale; l'élève en déduira la circonstancielle.

On ne croit plus un enfant, quand il . . . .

Abraham aurait immolé son fils, si . . . .

Les jeunes chats seraient très-propres à amuser les enfants, si . . . .

Les lois et les juges seraient inutiles, si . . . .

La lionne devient furieuse, si . . . .

Ta mort sera douce, si . . . .

Un sol ingrat deviendra fertile, si . . . .

Ne frappe jamais dans la colère; Platon disait à un esclave indocile : Je te fustigerais, si . . . .

Ne vends pas la peau de l'ours, si . . . .

Casse le noyau, si . . . .

Un enfant plaît, si . . . .

Les princes sont haïs de leurs sujets, si . . . .

On trouve toujours le temps long, quand . . . ; et l'on s'ennuie toujours, quand . . . .

Une mère est heureuse, quand . . . .

Qu'importe la bassesse de ton origine, si . . . . : la rose naît de l'épine.

César aurait exécuté de grandes choses, si . . . ,

Judas alla se pendre de désespoir, quand . . . .

Un écolier réussit ordinairement, quand . . . .

On pourra un jour voyager très-agréablement dans les airs, si . . . .

Les terres d'Égypte demeureraient stériles, si . . . .

On est toujours content de soi, quand . . . .

Le loup devient hardi et presque courageux, quand . . . .

CINQUANTE-CINQUIÈME LEÇON.

L'élève déduira la proposition secondaire de la proposition principale placée à la fin de chaque phrase.

Quand . . . . , les hirondelles se hâtent d'abandonner nos climats.

Si . . . . , il obtiendra des prix à la fin de l'année.

Si . . . . , commence par te respecter toi-même.

Si . . . . , tu seras toujours un ignorant.

Si . . . . , je te retirerai mon estime.

Si ton ennemi . . . . , secours-le ; s'il . . . , donne-lui à manger ; s'il . . . . , console-le ; s'il . . . . , partage avec lui ton manteau.

Quand . . . . , ils se dirent : Voici venir le diseur de songes ; tuons-le.

Quand . . . . , les faux amis nous abandonnent.

Quand . . . . , les inondations sont à craindre.

Voulez-vous vous délivrer d'un importun ? Si . . . . , prêtez-lui de l'argent ; si . . . . , priez-le de vous en prêter.

CINQUANTE-SIXIÈME LEÇON.

DE LA GRADATION DANS LES IDÉES.

La gradation consiste à disposer les mots de manière qu'ils enchérissent les uns sur les autres, soit d'après leur degré de force, soit d'après leur degré de faiblesse.

La gradation va du moins au plus ou du plus au moins ; elle est *ascendante* ou *descendante*. Il faut, lorsqu'elle est *ascendante*, que l'esprit s'élève, comme par degrés, de pensées en pensées, jusqu'à ce qu'il soit parvenu à son plus haut point d'élévation. Exemple :

Il a commis des FAUTES, *des* CRIMES, *des* FORFAITS.

Un *crime* est plus qu'une *faute*, et un *forfait* plus qu'un *crime*. La progression est parfaite.

Il faut, au contraire, lorsque la gradation est *descendante*, que l'esprit aille de pensées en pensées, jusqu'au degré le plus bas. Exemple :

On ne peut lui reprocher ni des FORFAITS, *ni des* CRIMES, *ni même des* FAUTES.

La phrase suivante de Cicéron renferme les deux espèces de gradation :

Vous ne FAITES *rien, vous ne* PROJETEZ *rien, vous n'*IMAGINEZ *rien, que je ne l'*ENTENDE, *que je ne le* VOIE, *que je ne le* PÉNÈTRE.

Dans les phrases suivantes, les mots qui doivent former la gradation sont rangés par ordre alphabétique ; l'élève leur assignera la place qui leur convient.

Les *désirs*, les *passions* assiégent le cœur de l'homme. (*Grad. ascend.*)

Vous voulez qu'un roi meure, et, pour son châtiment, vous ne donnez qu'une *heure*, qu'un *jour*, qu'un *moment*. (*Grad. descend.*)

Vous ignorez mes *chagrins*, ma *misère*, mes *peines*. (*Grad. ascend.*)

Il travaille pour *secourir* les *pauvres*, pour *soulager* ses *amis*, pour *subvenir* à ses *besoins*. (*Grad. ascend.*)

Que personne ne se dérange, dit le docteur en entrant ; je le *désire*, et, s'il le faut, je l'*ordonne*. (*Grad. ascend.*)

Je devins *parricide, assassin, sacrilége* (1). (*Grad. ascend.*)

La mort de Sésostris désola toute l'Égypte ; chaque famille croyait avoir perdu son meilleur *ami*, son *père*, son *protecteur*. (*Grad. ascend.*)

Le lièvre est naturellement peureux : une *ombre*, un *rien*, un *souffle*, tout le met en alarmes. (*Grad. descend.*)

La gloire des héros, la fortune des riches, la majesté des rois, tout finit par ci-gît. (*Grad. ascend.*)

Aux yeux d'un ciron, notre corps doit être un *colosse*, un *monde*, un *tout*. (*Grad. ascend.*)

La *cour*, le *peuple*, la *reine*, le *roi*, tout était consterné. (*Grad. ascend.*)

Notre vie est si fragile que le moindre *choc*, un *souffle* peut la briser. (*Grad. descend.*)

Votre *honneur*, votre *intérêt*, la *vie de vos enfants* exige ce sacrifice. (*Grad. ascend.*)

Cet enfant est si poltron, que le *bruissement* des feuilles, le *bruit* du tonnerre, le *cri* des animaux, la *détonation* d'une arme à feu, l'*obscurité*, le *silence*, le *souffle* du vent même l'effraye. (*Grad. descend.*)

Fénelon disait : Je préfère — à —, — à —, — à —, — à —. (Gradation ascendante à établir avec les mots *mes amis, l'humanité, moi-même, mes parents, ma patrie*.)

------

(1) Nous citons textuellement ce vers incorrect de Racine.

Il y a des gens qui passent des observations au dépit, du dépit à. . . . (Continuer cette gradation ascendante avec les mots *colère, injures, voies de fait.*)

L'humeur mène à l'impatience, l'impatience à —, — à —, — à —, — à —; et, par cette gradation, on va d'un fauteuil à l'échafaud. (Gradation ascendante à continuer avec les mots *colère, crime, emportement, violence.*)

Le ciron est un animal imperceptible à l'œil nu, et cependant il nous offre des jambes avec des jointures. (Faire une gradation descendante avec ce qui suit : *des gouttes dans ces humeurs, des humeurs dans ce sang, du sang dans ces veines, des vapeurs dans ces gouttes, des veines dans ces jambes.*)

On divise la France en départements, les départements en —, les — en —, les — en —.

Tout le monde s'empressait autour d'eux pour les voir et les féliciter; leurs *amis*, leurs *compatriotes*, leurs *parents* versaient des larmes de tendresse et de joie. (*Grad. descend.*)

Une armée se compose de —, une — de —, un — de —. (Gradation descendante avec les mots *bataillon, compagnie, régiment.*)

Il ne faut au prince aucun effort pour se concilier les cœurs; une seule *parole*, un seul *regard*, un *sourire* gracieux suffit. (*Grad. descend.*)

J'y *cours*, j'y *vais*, j'y *vole*. (*Grad. ascend.*)

Je t'ai fait voir tes camarades ou *malades*, ou *morts*, ou *mourants*. (*Grad. descend.*)|

Dieu est notre *lumière*, notre *ressource*, notre *tout*, notre *vie*. (*Grad. ascend.*)

———

La fable suivante offre une gradation ascendante et une gradation descendante, que l'élève trouvera.

LE CHAMEAU ET LES BATONS FLOTTANTS.

Le premier qui vit un chameau
S'enfuit, à cet objet nouveau;
Le second s'approcha; le troisième osa faire
Un licou pour le dromadaire.
L'accoutumance ainsi nous rend tout familier.
Ce qui nous paraissait terrible et singulier
S'apprivoise avec notre vue,

Quand ce vient à la continue.
Et puisque nous voici tombés sur ce sujet,
On avait mis des gens au guet,
Qui, voyant sur les eaux de loin certain objet,
Ne purent s'empêcher de dire
Que c'était un puissant navire.
Quelques moments après, l'objet devint brûlot,
Et puis nacelle, et puis ballot,
Enfin, bâton flottant sur l'onde.
J'en sais beaucoup de par le monde
A qui ceci conviendrait bien :
De loin, c'est quelque chose ; et de près, ce n'est rien.

CINQUANTE-SEPTIÈME LEÇON.

DE L'ORDRE DANS LES IDÉES.

Ce devoir a de la ressemblance avec le précédent ; car l'ordre dans les idées a quelque rapport avec la gradation.

Il y a entre les diverses propositions d'une phrase un ordre d'idées qu'il n'est pas permis d'intervertir :

Les Grecs ASSIÉGÈRENT, PRIRENT *et* DÉTRUISIRENT *la ville de Troie.*

Cette phrase renferme trois verbes, trois actions qui sont exprimées selon l'ordre dans lequel elles ont dû être exécutées, car pour prendre une ville, il faut commencer par en faire le siége, et l'on ne peut la détruire qu'après s'en être emparé.

L'élève rétablira dans leur ordre naturel les verbes ou les substantifs écrits en italique dans les phrases suivantes.

NOTA. Nous les avons rangés suivant l'ordre alphabétique.

Le rossignol *charme, entonne, prélude, se tait.*

Chaque année les arbres se couvrent de *boutons,* de *feuilles,* de *fleurs* et de *fruits.*

On *aborde,* on *débarque,* et jugez du plaisir !

Un perroquet de l'équipage *entendit, répéta* et *retint* ces mots.

C'est Dieu qui nous *conserve* et nous *donne* la vie.

Nous nous *avançâmes* l'un contre l'autre, il m'*entraîna*

avec lui, ses reins *plièrent*, je le *poussai* avec violence, nous nous *saisîmes*, nous nous *serrâmes* à perdre la respiration, je le *tins* immobile sous moi, il *tomba* sur l'arène.

Le pasteur l'*aperçoit, court, s'élance*, et *tombe* à ses pieds.

Ève *cueillit* et *mangea* du fruit défendu.

L'esprit *compare, juge*.

Les Gaulois *abandonnèrent, assiégèrent, brûlèrent, pillèrent* et *prirent* Rome.

Le ciel se *couvrit* d'épais nuages, la terre *fut inondée* en un instant, la pluie *tomba*.

Boileau, a dit, pour peindre l'épuisement de la Mollesse : Elle *s'endort, étend* les bras, *ferme* l'œil et *soupire*.

La perdrix *bâtit* un nid, *couva, fit éclore* et *pondit*.

Les fleuves *arrosent* les campagnes, vont *se perdre* dans l'Océan, et *sortent* de la terre.

La résolution de périr aux Thermopyles fut, chez les Spartiates, un projet *arrêté, conçu* et *suivi* avec autant de sang-froid que de constance.

L'homme *meurt, naît* et *souffre*.

Le coupable fut *condamné, emprisonné, exécuté, jugé* et *pris* sur le fait.

L'escarbot *fracassa* les œufs de l'aigle et *vola* à son nid. (*Le nid de l'aigle.*)

Là, les jeunes chefs, montés sur de rapides coursiers, viennent *attaquer* et *vaincre* des taureaux sauvages.

Jésus-Christ *s'assit* à la droite du Père, *fut conçu* du Saint-Esprit, *fut condamné, fut crucifié, descendit* aux enfers, *fut mis* dans le tombeau, *monta* au ciel, *naquit* d'une vierge, *parcourut* la Judée, *passa* quarante jours au milieu de ses disciples, *prêcha* l'Évangile, *fut promis* par les prophètes, *ressuscita* d'entre les morts et *fut vendu* par Judas.

CINQUANTE-HUITIÈME LEÇON.

L'élève disposera chaque proposition des phrases suivantes dans l'ordre convenable.

Nota. L'ordre alphabétique n'a pas toujours été observé.

J'ai fui et j'ai aperçu un serpent.

Madame est morte, Madame se meurt !

La grenouille creva, s'enfla, aperçut le bœuf, voulut l'imiter et envia sa grosseur.

Vatel se passe son épée au travers du cœur, monte à sa chambre, et met son épée contre la porte.

On cherche Vatel, on enfonce la porte, on heurte, on va à sa chambre, on le trouve noyé dans son sang.

Les Anglais achetèrent, brûlèrent, combattirent, condamnèrent et jugèrent Jeanne d'Arc.

Judas se pendit, tomba dans le désespoir et vendit son maître.

Tout le monde applaudit. Guillaume Tell vise longtemps, bande son arc. La flèche siffle, part, atteint la pomme.

Sitôt dit, sitôt fait.

Sitôt pendu, sitôt pris.

Des fautes aussitôt faites que réparées.

Titus assiégea, détruisit et prit Jérusalem.

Les méchants se fuient, se soupçonnent.

Les chats attrapent, croquent et guettent les souris.

Les chacals déchirent et déterrent les cadavres.

Les athlètes s'ébranlent, se mesurent des yeux, se saisissent.

La foudre détruisit tout, éclata et tomba.

Un frisson me saisit, je me meurs, je tremble.

Je rougis, je le vis, je pâlis à sa vue.

La France a été gouvernée par trois races de rois : les Capétiens, les Carlovingiens et les Mérovingiens.

Rome ancienne a eu trois gouvernements : l'empire, la monarchie et la république.

J'aperçois un navire, j'arrive au port, je m'embarque, je fais mon marché, je m'informe du prix du passage, on lève l'ancre, on met à la voile, nous partons.

CINQUANTE-NEUVIÈME LEÇON.

DE LA CONSTRUCTION FIGURÉE.

La construction naturelle nous a présenté les mots disposés dans l'ordre direct. Mais cet ordre peut être altéré dans certains cas ; on dit alors que la construction est *indirecte* ou *figurée*.

La construction peut être figurée ou par *inversion*, ou par *ellipse*, ou par *pléonasme*, ou par *syllepse* ; c'est ce qu'on appelle les quatre figures de mots.

DE L'INVERSION.

Il y a inversion dans une phrase quand les mots ne sont pas rangés dans l'ordre direct déterminé par la succession des idées. Exemple :

Là coulent mille ruisseaux d'une eau claire.

Aux branches d'un tilleul une jeune fauvette
Avoit de ses petits suspendu le berceau.

En ramenant ces phrases à l'ordre grammatical ou direct, on obtient :

Mille ruisseaux d'une eau claire coulent là.

Une jeune fauvette avait suspendu le berceau de ses petits aux branches d'un tilleul.

Les inversions sont usitées principalement quand on écrit en vers ; elles forment un des plus riches ornements de la poésie, pourvu qu'elles n'occasionnent aucune équivoque, et qu'elles conservent à la langue française ce caractère de netteté, de clarté et de précision qui lui est propre.

———

L'élève fera passer les phrases suivantes de l'ordre inverse à l'ordre grammatical ou direct.

Nota. Toutes ces phrases sont bien construites, quoique contraires à l'ordre grammatical ; les élèves remarqueront même qu'elles sont en général plus expressives, plus élégantes, plus harmonieuses qu'après avoir été rendues à l'ordre direct.

— La terre en silence frémit.
— Dieu combla du chaos les abîmes funèbres.
— Les parents à voler forment le jeune oiseau.
— D'une prison sur moi les murs pèsent en vain.
— Vers la ville à l'instant ils trottent côte à côte.
— Bientôt de la colline il prend l'étroit sentier.
— Guénaud sur son cheval en passant m'éclabousse.
— Oui, mon cœur au mérite aime à rendre justice.
— Est-ce qu'à mon sonnet vous trouvez à redire ?
— Pour les cœurs corrompus l'amitié n'est point faite.
— Toujours par quelque endroit fourbes se laissent prendre.
— Aux grands crimes toujours on parvient par degrés.
— A raconter ses maux souvent on les soulage.
— Combien à vos malheurs ai-je donné de larmes !

— Pour un âne enlevé deux voleurs se battaient.
— Un jeune enfant dans l'eau se laissa choir.
— Dieu du haut de son trône interroge les rois.
— A tous les cœurs bien nés que la patrie est chère !
— De sa tremblante main sont tombés les fuseaux.
— Du triomphe à la chute il n'est souvent qu'un pas.
— On doit des malheureux soulager la misère.
— De belles à nos yeux s'étale un cercle immense.
— Par les femmes toujours la valeur fut chérie.
— Lui-même de la tombe il fait lever la pierre.
— Par elle un souterrain du bonheur fut le temple.
— Un Cimbre en sa prison pour l'immoler s'avance.
— Oui, du faible toujours il fut le protecteur.
— Un jour qu'au cabaret son maître était resté...
— Il faut d'un noble orgueil armer votre courage.
— Venez des moissonneurs partager le repas.
— Dans la nuit du tombeau j'enfermerai ma honte.
       — Il faut au bonheur du régime.
— Sa perte à ses vainqueurs coûtera bien des larmes.
— A de plus grands honneurs un roi peut-il prétendre?
— L'insecte vainement cherche à leur échapper.
— Le père par un conte égayait ses discours.
— Des singes dans un bois jouaient à la main chaude.
— Avez-vous dans les airs entendu quelque bruit?
— Bientôt de leur retour la nouvelle est semée.
— De Noémi dans moi reconnaissez la fille.
— Tous trois à l'Éternel adressent leur prière.
— D'une mère en fureur épargne-moi les cris.
— Les dieux sont de nos jours les maîtres souverains.
— Rarement à ses hôtes la fortune le laisse (*le repos*).
— Un brin d'herbe dans l'eau par elle fut jeté.
       — Hardi qui les irait là prendre.
— Il faut que le reproche à Madame s'adresse.
— De la moindre vétille il fait une merveille.
— Pour moi, contre chacun je pris votre défense.
— Mes sens par la raison ne sont plus gouvernés.
— De ce côté déjà vous n'avez rien à craindre.
— Je n'ai pas sur ma langue un assez grand empire.
— Mais quel sujet si grand contre lui vous irrite?
— La grenouille à cela trouve un très-bon remède.

— De la peau du lion l'âne s'était vêtu.
— En ce monde il se faut l'un l'autre secourir.
      — Un mois de la sorte se passe.
— Sur les ailes du Temps la tristesse s'envole.
— Perrette sur sa tête avait un pot au lait.
— Au tribunal de Dieu je t'attends dans l'année.
— Ce qu'on donne aux méchants, toujours on le regrette.
— Par ces portes sortaient les fières légions.
— Faut-il dans la satire encor me signaler?
— Nous sommes loin de nous à toute heure entraînés.

SOIXANTIÈME LEÇON.

Les phrases suivantes renferment des inversions ; l'élève les con-struira d'après l'ordre grammatical ou direct.

— Ma pensée au grand jour partout s'offre et s'expose.
— Vingt fois sur le métier remettez votre ouvrage.
— Aussitôt de longs clous il prend une poignée.
— Homère aux grands exploits anima les courages.
— Déjà de tous côtés les tyrans reparaissent.
— Dans les cœurs aisément les rois ne peuvent lire.
— Des lois que nous suivons la première est l'honneur.
    — De ces lieux il le faut écarter.
— Sans un peu de travail on n'a point de plaisir.
— Je voyais sur ma tête s'amasser les orages.
— Le vieillard lentement au pied d'un mur se traîne.
— A Tobie aussitôt la lumière est rendue.
— Devant lui se présente un jeune homme inconnu.
— Quel frein pourrait d'un peuple arrêter la licence?
— A travers les périls un grand cœur se fait jour.
— Il faut de ses amis endurer quelque chose.
— Sans joie et sans murmure elle semble obéir.
— Craignez d'un vain plaisir les trompeuses amorces.
— La vertu d'un cœur noble est la marque certaine.
— Autrefois à Racan Malherbe l'a conté.
— On doit des malheureux respecter la misère.
— Toujours d'un bon auteur la lecture profite.
— Du désir d'être heureux naît souvent le malheur.
— Rarement d'une faute on aime le témoin.

— Mes yeux sans se fermer ont attendu le jour.
— Soyez ici des lois l'interprète suprême.
— Tout bienfait avec lui porte sa récompense.
— Je veux que la vertu plus que l'esprit y brille.
  — Force brillants sur sa robe éclataient.
— L'un et l'autre à la fois je puis vous embrasser.
— Mère écrevisse, un jour, à sa fille disait.
— Il crut que dans son corps elle avait un trésor.
  — Plus fait douceur que violence.
— A peu de gens convient le diadème.
— Souffrez qu'à mon logis j'ajoute encore une aile.
— D'un loup écorché vif appliquez-vous la peau.
— Et du loup aussitôt sa mère le menace.
— Certain fou poursuivait à coups de pierre un sage.
— Mieux vaut goujat debout qu'empereur enterré.
— Au palais de mon père on voit briller les arts.
— J'entends chanter de Dieu les grandeurs infinies.
— Du Christ avec ardeur Jeanne baisait l'image.
— Mais sur le front des camps déjà les bronzes grondent.
— Puis en autant de parts le cerf il dépeça.
  — Par cet endroit passe un maître d'école.
— Un roitelet pour vous est un pesant fardeau.
— Le Rhin à leur aspect d'épouvante frissonne.
— Ce fut de nos malheurs la première origine.
— De ce nid à l'instant sortirent tous les vices.
— Le destin à ses yeux n'oserait balancer.
— Le vieillard humblement l'aborde et le salue.
— Enfin sous tant d'efforts la machine succombe.
— Des vertus avec lui je fis l'apprentissage.
  — Au bœuf appartient cet honneur.
— Auguste au monde entier donne aujourd'hui la paix.
— Seigneur, en ce moment un étranger arrive.
— Par l'amour de son peuple il se croyait gardé.
— Aussitôt devant toi s'offriront sept étoiles.
— Il lorgna du voisin le modeste héritage.
— Toujours de la vertu la fortune se joue.
— Cotin à ses sermons traîne toute la terre.
— Un vrai fourbe jamais ne garda sa parole.
— L'avare voit chez lui le Pactole rouler.
— Le mensonge souvent du vrai demeure maître.

— Des sottises d'autrui nous vivons au palais.
— La faim aux animaux ne faisait point la guerre.
— Un Auguste aisément peut faire des Virgiles.

SOIXANTE-ET-UNIÈME LEÇON.

Les phrases suivantes renferment des inversions; l'élève les con-struira d'après l'ordre direct.

— Déjà du plomb mortel plus d'un brave est atteint.
Sous le fougueux coursier l'onde écume et se plaint.
— De son généreux sang la trace nous conduit;
Les rochers en sont teints; les ronces dégouttantes
Portent de ses cheveux les dépouilles sanglantes.
— Lorsque de mieux écrire on n'a pas le bonheur,
On ne doit de rimer avoir aucune ardeur.
          — Le pot de fer proposa
     Au pot de terre un voyage.
— Les troupeaux dans les prés vont chercher leur pâture;
L'homme dans les sillons trouve sa nourriture.
— Les rois des nations, devant toi prosternés,
     De tes pieds baisent la poussière.
— Dès que l'Aurore en son char remontait,
Un misérable coq à point nommé chantait.
          — Je crois que le ciel a permis
     Pour nos péchés cette infortune.
          — Avec grand bruit et grand fracas,
     Un torrent tombait des montagnes.
— ..... D'un enterrement la funèbre ordonnance
D'un pas lugubre et lent vers l'église s'avance.
— Un effroyable cri sorti du sein des flots,
Des airs en ce moment a troublé le repos.
— . . . . Cette image cruelle
Sera pour moi de pleurs une source éternelle.
— Et de mille remparts mon onde environnée
De ces fleuves sans nom suivra la destinée.
          — Un lièvre en son gîte songeait.
Dans un profond ennui ce lièvre se plongeait.
— Sur la branche d'un arbre était en sentinelle
     Un vieux coq adroit et matois.

— Notre coq en soi-même
Se mit à rire de sa peur.
— On dit qu'Iphigénie en ces lieux amenée,
Doit bientôt à mon sort unir sa destinée.
— Des deux Richelieu sur la terre
Les exploits seront admirés.
— Douce vertu ! celui qui t'aime
De la nature en paix sait goûter les présents.
— La Grèce en ma faveur est trop inquiétée ;
De soins plus importants je l'ai crue agitée..
— Quand il a des talents, quand il est honnête homme,
Le fils d'un bûcheron vaut un consul à Rome.
— L'amour de la louange et l'imbécile orgueil
De la faible raison sont l'ordinaire écueil.
— Quel fruit de vos labeurs pensez-vous recueillir ?
Autant qu'un patriarche il vous faudrait vieillir.
— ... La main des Parques blêmes
De vos jours et des miens se joue également.
— Une longue habitude en paix les maintenait ;
Jamais en vrai combat le jeu ne se tournait.
— Cet animal vous a sur la mâchoire écrit :
Que de tout inconnu le sage se méfie.
— C'est Dieu qui du néant a tiré la matière,
Et qui d'un seul regard a lancé la lumière.
— Les nombreux pourvoyeurs dans leur marche entravés
A l'heure du dîner n'étaient point arrivés.
— . . . . Ce refus effronté
Avec un grand scandale au prince est raconté.
— Un discours trop sincère aisément nous outrage ;
Chacun dans ce miroir pense voir son image.
— D'un pinceau délicat l'artifice agréable
Du plus affreux objet fait un objet aimable.
— Pourquoi d'un tel affront voulez-vous vous couvrir ?
Laissez-moi chez les morts descendre sans rougir.
— Thomas trouve sur son chemin
Une bourse de louis pleine.
— . . . Une feuille flexible
Sur les yeux de l'un d'eux en bandeau s'appliquait,
Et puis sous le cou se nouait.
— . . . . . Dame nature

> Pour lui fit tout et pour moi rien.
> — Le sage doucement arrose ;
> L'insensé tout de suite inonde.
> — Mer terrible, en ton lit quelle main te resserre ?
> Pour forcer ta prison tu fais de vains efforts.
> — A peine il achevait ces mots,
> Que lui-même il sonna la charge.

SOIXANTE-DEUXIÈME LEÇON.

Les phrases suivantes renferment des inversions ; l'élève les construira d'après l'ordre direct.

> — De la puissance immortelle
> Tout parle, tout nous instruit ;
> Le jour au jour la révèle,
> La nuit l'annonce à la nuit.
> — De l'absolu pouvoir vous ignorez l'ivresse,
> Et des lâches flatteurs la voix enchanteresse.
> —. . . . . Je suis, dit-on, un orphelin
> Entre les bras de Dieu jeté dès sa naissance,
> Et qui de ses parents n'eut jamais connaissance.
> J'adore le Seigneur ; on m'explique sa loi ;
> Dans son livre divin l'on m'apprend à la lire ;
> Et déjà de ma main je commence à l'écrire.
> — Certain rat de campagne en son modeste gîte
> De certain rat de ville eut un jour la visite.
> — Et son œil se fixait, *de larmes obscurci*,
>   Sur un grand crucifix de chêne (*construction défectueuse*
> — J'ai connu deux hiboux qui tendrement s'aimèrent
>   Pendant vingt ans, et, certain jour,
>   Pour une souris s'égorgèrent.
> — Jusqu'au fond de nos cœurs notre sang s'est glacé ;
> Des coursiers attentifs le crin s'est hérissé.
> —. . . . Elle a contre nous
> Des esprits infernaux suscité la magie.
> — Quoi ! de mes sentiments l'obligeante assurance
> Contre tous vos soupçons ne prend pas ma défense ?
> — Pendant ces derniers temps, combien en a-t-on vus
> Qui du soir au matin sont pauvres devenus

Pour vouloir trop tôt être riches !
—Longtemps entre nos coqs le combat se maintint.
La gent qui porte crête au spectacle accourut.
    — Du palais d'un jeune lapin
    Dame belette un beau matin
    S'empara. . . . .
— Si sur le point du jour l'avare sommeillait,
Le savetier alors en chantant l'éveillait.
— Souffrez qu'à cœur ouvert, Monsieur, je vous embrasse,
Et qu'en votre amitié je vous demande place.
— De vos façons d'agir je suis mal satisfait ;
Contre elles dans mon cœur trop de bile s'assemble.
— Souvent avec prudence un outrage enduré
Aux honneurs les plus hauts a servi de degré.
    — Je gémis que de ses années
    L'homme jamais ne remonte le cours.
    — . . . . Avec notre existence
De la femme pour nous le dévoûment commence.
— Dans un obscur réduit. . . . .
Sabinus d'un vainqueur trompa dix ans les coups.
— Le prélat et sa troupe à pas tumultueux
Descendaient du palais l'escalier tortueux.
— En vain à ses fureurs j'opposai ma prière ;
L'insolent à mes yeux marcha sous ma bannière.
— . . . Avec de l'esprit il est souvent facile
Au piège qu'il nous tend de surprendre un trompeur.
— Du haut du Capitole il juge tous les rois
Et de ceux qu'on opprime il prend en main les droits.
— Du temple orné partout de festons magnifiques
Le peuple saint en foule inondait les portiques.
— Un jour deux pèlerins sur le sable rencontrent
Une huître que le flot y venait d'apporter.
Ils l'avalent des yeux, du doigt ils se la montrent.
    — Contre les assauts d'un renard
Un arbre à des dindons servait de citadelle.
— Sur le riant coteau par le prince choisi
S'élevait le moulin du meunier Sans-Souci.
— Lorsqu'à chercher la rime on sue, on s'évertue,
L'esprit à la trouver aisément s'habitue.
— Aux dépens du bon sens gardez de plaisanter :

Jamais de la nature il ne faut s'écarter.
— Dans le réduit obscur d'une alcôve enfoncée
S'élève un lit de plume à grands frais amassée.
— O toi, de mon repos compagne aimable et sombre,
A de si noirs forfaits prêteras-tu ton ombre?
    — Comme avec irrévérence
    Parle des dieux ce maraud!
— Déjà prenait l'essor pour se sauver vers les montagnes, cet aigle dont le vol hardi avait d'abord effrayé nos provinces.
— Sous un ciel couvert d'épais nuages, où la clarté du jour pénètre avec peine, s'élèvent de vastes et antiques forêts.

SOIXANTE-TROISIÈME LEÇON.

On peut construire avec inversion :

1° Le sujet :

Ainsi finit LA COMÉDIE.

2° Le complément indirect :

Trop de promptitude A L'ERREUR *nous expose.*

3° Le complément circonstanciel :

L'Éternel EN SES MAINS *tient nos destinées.*

4° Les adverbes et, en général, toute espèce de locution adverbiale :

Cette fable AISÉMENT *s'explique.*

5° Le complément du nom :

L'homme DE LA NATURE *est le chef et le roi.*

L'usage ne permet jamais de placer le nom complément direct avant le verbe régissant. On ne dira donc pas :

On doit LE FRUIT *cueillir et non* L'ARBRE *arracher.*

Remarquons aussi qu'il faut toujours s'abstenir d'une inversion, si elle doit embrouiller la phrase, la rendre traînante ou ridicule. Ne dites pas, par exemple :

Mon père A MANGER *m'apporte;*

Car l'oreille peut saisir un sens différent de celui qui est indiqué par l'orthographe, et comprendre :

Mon père a mangé ma porte.

Le devoir suivant est l'inverse des précédents. Nous donnons des phrases construites directement sur lesquelles les élèves auront à faire des inversions. Les parties à transposer sont en italique.

C'est la maison *de Dieu.*
Ce mulet qui me suit se retire *du danger.*
Un avorton de mouche le harcelle *en cent lieux.*
Le nombre *de nos ans passagers* est incertain.
Mais quelles mains ont pris soin *de vos premiers ans?*
Le fond de notre cœur se montre *dans nos discours.*
Ce brouet fut servi *par lui* sur une assiette.
Maxime que j'avais le plus aimé *après toi!*
Le premier qui les vit éclata *de rire.*
Mais il craint la raillerie *de ses faux amis.*
Daignez cacher votre colère *à mes regards.*
Qui chérit son erreur ne veut point *la* connaître.
La gloire appartient *à Dieu seul.*
Il avait la mine *d'un chanoine.*
L'Océan apaise le murmure *de ses flots.*
L'ouverture ne peut *jamais* être assez large.
Une mouche survient et s'approche *des chevaux.*
Demeure en ton pays, instruit *par la nature.*
Il parla fortement sur le salut *commun.*
Que le bon sens s'accorde *toujours* avec la rime.
Et le Rhin ira grossir la Loire *de ses flots.*
Soutenez mieux l'éclat *de votre dignité.*
Tout le peuple obéit *à ce maître nouveau.*
Vos conseils n'ont eu que trop d'empire *sur mon cœur.*
Oui, je viens adorer l'Éternel *dans son temple.*
Le bruit *d'un tonnerre éloigné* se fait entendre.
Ce qui ne plaît qu'aux yeux s'oublie *en un instant.*
Ce qui fonde un État peut seul *le* conserver.
Son indiscrétion fut cause *de sa perte.*
Le lion de Venise a dormi *en nos murs.*
Vois si l'apparence *de tes soupçons* est solide.
Le corps né de la poudre est rendu *à la poudre.*
Soleil, je viens *te* voir pour la dernière fois.

SOIXANTE-QUATRIÈME LEÇON.

L'élève fera passer les phrases suivantes de l'ordre direct à l'ordre inverse.

Ce devoir diffère du précédent en ce que les parties à transposer ne sont pas indiquées.

Qui vous défend de rire du matin jusqu'au soir?
Punissez l'insolence d'un jeune audacieux.
Qui vit haï de tous ne saurait vivre longtemps.
Un troisième larron arrive.
On connaît l'artisan à l'œuvre.
Quand pourrai-je m'asseoir au foyer paternel?
Un bois touffu s'élève au milieu de l'Éden.
Oui, vous êtes l'image la plus brillante de Dieu.
Ruth veut être ensevelie dans votre tombeau.
Les uns environnent la reine avec respect.
Le hasard la conduit aux champs du vieux Booz.
Sa compagne revient au bout de quelque temps.
Vous abondez toujours en beaux raisonnements.
Notre condition ne nous contente jamais.
Nous fatiguons les dieux par des vœux imprudents.
L'ignorance est toujours prête à s'admirer.
Votre image me suit dans le fond des forêts.
Je vous fais le gardien de mon dernier trésor.
L'amitié n'est point faite pour les cœurs corrompus.
Une colombe buvait le long d'un clair ruisseau.
On aime à revenir sur le chemin des ans.
La sombre Envie, à l'œil timide et louche, gît là.
Nous renouons la trame de nos beaux ans brisés.
Le ciel voit ce monstre sauvage avec horreur.
Que de cris vont s'entendre dans vos cités en deuil!
Il devint l'espérance et l'oracle des Hébreux.
Le moucheron demeure où la guêpe a passé.
Il prend la figure poudreuse d'un vieux guerrier.
Cela nous peint l'image de la société.
La jeunesse imprudente se trahit aisément.
Le jour ne plongeait pas encore dans nos vallons.
Le malade m'attend à son lit de douleur.

On vante les exploits du premier des Césars.
Je préparais la fête d'un triomphe si beau.
Tu trahis mes bienfaits, je veux les redoubler.

SOIXANTE-CINQUIÈME LEÇON.

L'élève mettra en prose le morceau suivant, en faisant disparaître les inversions.

LA CHUTE DES FEUILLES.

De la dépouille de nos bois
L'automne avait jonché la terre,
Et dans le vallon solitaire
Le rossignol était sans voix.
Triste et mourant à son aurore,
Un jeune malade à pas lents
Parcourait une fois encore
Le bois cher à ses premiers ans :
« Bois que j'aime, adieu, je succombe :
Ton deuil m'avertit de mon sort;
Et dans chaque feuille qui tombe
Je vois un présage de mort.

. . . .

Et je meurs; de leur froide haleine
M'ont touché les sombres autans;
Et j'ai vu comme une ombre vaine
S'évanouir mon beau printemps.
Tombe, tombe, feuille éphémère,
Voile aux yeux ce triste chemin;
Cache au désespoir de ma mère
La place où je serai demain.
Mais dans la solitaire allée
Si mon amante (1) échevelée
Venait pleurer quand le jour fuit,
Éveille par un léger bruit
Mon ombre un instant consolée. »
Il dit, s'éloigne, et sans retour
La dernière feuille qui tombe
A signalé son dernier jour.

______

(1) Mis pour *fiancée.*

Sous le chêne on creusa sa tombe ;
Mais son amante ne vint pas
Visiter la pierre isolée,
Et le pâtre de la vallée
Troubla seul du bruit de ses pas
Le silence du mausolée.

SOIXANTE-SIXIÈME LEÇON.

DE L'ELLIPSE.

L'ellipse consiste à supprimer du discours un ou plusieurs termes, et même une proposition, sans nuire à la clarté du sens.

PHRASES ELLIPTIQUES :	PHRASES PLEINES :
Honte à l'ingrat qui désobéit à ses parents.	*Honte au* FILS *ingrat qui désobéit à ses parents.*
Contentement passe richesse.	LE *contentement passe* LA *richesse.*
Les chauves-souris dorment le jour.	*Les chauves-souris dorment* PENDANT *le jour.*
Le temps s'écoule comme un torrent.	*Le temps s'écoule comme un torrent* S'ÉCOULE.
Puissiez-vous réussir dans cette entreprise généreuse !	JE SOUHAITE QUE *vous puissiez réussir dans cette entreprise généreuse.*
Adieu.	JE VOUS RECOMMANDE *à Dieu.*
Que voulez-vous ? — Rien.	*Que voulez-vous ? —* JE NE VEUX *rien.*

Enfin l'ellipse est tellement répandue dans toute notre langue, qu'elle va jusqu'à s'attaquer aux mots, dont elle emporte une partie.

Le mot *haro* en est un exemple.

Ce terme vient de ha ! Raoul ! — Rollon ! — Rol (1).

---

(1) Raoul, chef des Normands sous le règne de Charles-le-Simple, était un prince très-sévère, ami de l'ordre et de la justice. Un jour qu'il chassait dans la forêt de Roumare, accompagné de ses principaux officiers et de quelques seigneurs français, un de ceux-ci lui dit en riant qu'il se croirait perdu, s'il était obligé de passer

R**EMARQUE**. Une ellipse est bonne quand l'esprit peut suppléer sans peine les mots sous-entendus. Partant de ce principe, nous trouvons parfaitement régulières les ellipses suivantes que condamnent un grand nombre de grammairiens :

1° *Le cœur* EST *pour Pyrrhus et les vœux pour Oreste.*

2° *Vous régnez, Londres* EST *libre, et vos lois florissantes.*

3° *J'*AIMAIS *et je me flattais de L'être.*

4° *Je suis plus* SAVANT *que ma sœur.*

Voici les raisons qu'ils donnent en faveur de leur opinion :

P**REMIÈRE ET DEUXIÈME PHRASE**. Le verbe exprimé est au *singulier*, et le verbe sous-entendu au *pluriel*.

T**ROISIÈME PHRASE**. Le verbe exprimé est *actif*, le verbe sous-entendu est *passif*.

Q**UATRIÈME PHRASE**. L'adjectif exprimé est au *masculin*, l'adjectif sous-entendu est au *féminin*.

Ces phrases n'offrent pas l'ombre d'une équivoque ; et c'est là, nous le répétons, la pierre de touche de toute bonne ellipse.

————

Les phrases suivantes sont elliptiques ; l'élève rétablira la partie sous-entendue.

Le sage sort de la vie comme . . . . d'un banquet. Il y a des parents assez faibles pour laisser faire à leurs enfants tout ce qu'ils veulent . . . . Mon fils fait tout ce que je veux . . . . Je vais . . . . d'où l'on ne revient pas. Fontenelle a vécu . . . un siècle. Un . . . . . Raphaël a été vendu . . . . cent mille

————

seul la nuit dans ce bois. « Vous auriez tort, lui répondit le duc ; vous y seriez en sûreté comme chez vous. » En même temps il détacha le collier d'or qu'il portait à son cou, et le suspendit à l'arbre voisin, en assurant qu'aucun de ses sujets n'aurait la hardiesse d'y toucher. En effet, trois ans après, lorsque Raoul mourut, le collier était encore suspendu à l'arbre, et on l'en détacha pour le mettre dans son cercueil. On peut juger par ce seul fait combien était grande la terreur qu'imprimait le nom de Raoul. Il suffisait de prononcer ce nom redoutable, de dire : *Voilà Raoul, voilà Rol,* pour arrêter dans leurs entreprises les hommes les p'us déterminés. C'est de là que tire son origine la *clameur de haro*, par laquelle on implore encore, après plus de neuf cents ans, la justice de Raoul.

francs. Mon Dieu m'ordonne de te pardonner; le tien . . . . . de
te venger. Qui vous a si bien instruit?—. . . . La nature . . . .
Tout bourgeois veut bâtir comme les grands seigneurs . . . .

> C'est Dieu qui chaque jour soutient notre existence :
> Comment.... payer ses dons?.... Par la reconnaissance.

La majesté des rois inspire plus de respect que . . . . de
tendresse. Il ne faut pas juger de quelqu'un par ce qu'il dit,
mais . . . . . par ce qu'il fait. Christine abandonna le trône
pour . . . . les beaux-arts. Un sage médecin disait à ses malades : . . . . De l'exercice, ... de la gaité, ... point
d'excès, et moquez-vous de moi. La fourmi amasse . . . . l'été
les provisions dont elle se nourrit . . . . l'hiver. Sire, ...
justice! L'œil du maître fait plus que ses deux mains . . . . Si
vous vivez d'après la nature, vous ne serez jamais pauvre ; si,
. . . . d'après l'opinion, vous ne serez jamais riche. Heureux
. . . . qui vit comme ses pères . . . . ! Un homme de mérite
ne salue, ne s'assied, ne crache, ni ne se mouche comme un
sot . . . . Maître, ... pas de discours; donnez vos leçons
en exemples, et soyez sûr de leur effet. La pratique des vertus
rend . . . . heureux. . . . . Nulle paix pour les . . . . méchants.
Après le crime . . . . le remords. . . . . En joue! . . . . feu!
Cette condition me parut plus dure que la mort. . . . . Tous les
Chypriens abattus pleuraient comme des femmes. . . . . Ils
veulent partager comme de bons amis. . . . . Telle . . . . vie,
telle . . . . fin. Et moi, mon grand monsieur, je le prends
comme il faut . . . . J'ai ce qu'il vous plaira . . . . ; mais je
n'ai point une âme ingrate. On est fâché, mais que . . . . faire?
. . . . Obéir. Ah! bachelier du diable, ... un peu plus d'indulgence. Nous voilà en vacances : quel plaisir . . . . ! L'un
dit : Je n'y vas point, je ne suis pas si sot. . . . Puis cet homme
et son fils le portent comme . . . . un lustre. . . . . Au diable
tous ces pourparlers! Il est noir ainsi que vous (*la mouche*) et
moi (*la fourmi*) . . . .

> Un précepte est aride, il le faut embellir ;
> . . . . Ennuyeux,.... l'égayer ;.... vulgaire ,.... l'ennoblir.

. . . . Plût à Dieu que je les eusse les dix mille écus! Je vous
en déferai, bonhomme. — Et quand . . . . ?

> La paix se conclut donc; on donne des otages :
> Les loups,.... leurs louveteaux ; et les brebis,.... leurs chiens.

Il est bon de parler, et . . . . . meilleur de se taire. Dans la campagne de Russie, plus de cent mille braves . . . . . périrent. Nous nous pardonnons tout, et . . . . rien aux autres . . . . . Dame nature pour lui fit tout, et pour moi . . . . rien. Personne n'est aussi sage que nous . . . . , répondit l'abeille. Il faut accepter ma proposition maintenant ou . . . . jamais.

Mes ennemis, riant, ont dit dans leur colère :
Qu'il meure, et.... sa gloire.... avec lui !

Beaucoup de choses manquent à la pauvreté, toutes. . . . . à l'avarice. Les . . . . délicats sont malheureux.

Hé bien ! donc, malgré vous,
Le prince a succombé, docteur ? — Que pouvons-nous... :
Quand la nature enfin....? — La réponse était sûre :
On guérit, c'est votre art...; on meurt, c'est la nature....

SOIXANTE-SEPTIÈME LEÇON.

Les phrases suivantes sont elliptiques; l'élève rétablira la partie sous-entendue.

Ainsi dit le renard, et flatteurs d'applaudir. Serviteur, dit-il, et de courir. Que la loi soit sévère et les hommes indulgents. Êtes-vous satisfait ? — Pourquoi non ?

Ainsi de cet amour la fatale puissance
Vous coûte votre père, à moi, mon innocence.

Aux uns la peine, aux autres tout le profit. On lit en lettres d'or sur le frontispice du Panthéon : *Aux grands hommes, la patrie reconnaissante.* Un cheval ! Ma vie pour un cheval ! Quand partirez-vous ? — La semaine prochaine. — Quand reviendrez-vous ? — Dans trois mois. A bon entendeur, demi-mot. Loin des yeux, loin du cœur. Nérine dit à Médée : Contre tant d'ennemis que vous reste-t-il ? Médée répond : Moi. Prusias dit à Nicomède : Et que dois-je être ? Roi, réplique Nicomède. Je dois faire aujourd'hui bonne chère ou jamais. Comment voulez-vous que je vous traite ? — En roi. Bias, qui commandait un corps de troupes, s'étant laissé surprendre par Iphicrate, ses soldats lui dirent : Quel parti prendre ? — Vous, répondit-il, de vous retirer; moi, de combattre et de

mourir. Chacun son métier, les vaches seront bien gardées.
Ah! si tu pouvais passer l'eau! Pourquoi pas? Ah! si tu pouvais passer l'eau!—(1) Pourquoi pas? A tout péché miséricorde.
Bonjour. Bonsoir. Adieu. Mes hommages respectueux à monsieur votre frère. Connais-tu don Diègue? — Oui. Demande à
celui dont tu veux faire ton ami s'il est vertueux, non s'il est
riche. On peut être bon, quoique sévère. Il vaut mieux être seul
qu'en mauvaise compagnie.

Que vouliez-vous qu'il fît contre trois? — Qu'il mourût!

SOIXANTE-HUITIÈME LEÇON.

*Les phrases suivantes sont pleines; l'élève en fera des phrases
elliptiques.*

La rose n'est pas plus fraîche que vous êtes fraîche. Je trot-
tais comme trotte un jeune rat. Une couronne est un fardeau
qui est plus pesant qu'il n'est glorieux. Aimons nos amis comme
nous nous aimons nous-mêmes. Les oiseaux de proie dorment
pendant le jour et veillent pendant la nuit. On voit les maux
d'autrui d'un autre œil qu'on ne voit les siens. Il faut l'amuser
comme on amuse un enfant. Je viens pour chercher Hermione
en ces lieux. Quand il n'y a point d'argent, il n'y a point de
Suisses. Je demande grâce pour mon fils, s'écriait la malheureuse mère. Autant il y a d'hommes, autant il y a de sentiments. Il faut craindre les reproches de la conscience plus
qu'il ne faut craindre ceux des hommes. Je vous souhaite un
bonjour, monsieur du corbeau. Tout bourgeois veut bâtir
comme bâtissent les grands seigneurs. Le bouc n'avait pas autant d'expérience qu'il avait de barbe au menton. Je n'ai point
de talents, j'ai encore moins de figure. Que s'est-il donc passé?
—Il ne s'est rien passé du tout. On dort mieux sous le chaume
qu'on ne dort dans un palais. Je suis remède et vous êtes
poison. Sa tête branlait comme branlent les feuilles que le vent
remue. Nous devons préférer l'objet utile à l'objet agréable.
Celui qui rend un service doit l'oublier; celui qui le reçoit doit
s'en souvenir. Apprenons de nos maux à jouir des moindres

______

(1) Ce tiret indique que l'interlocuteur change.

biens; apprenons de nos fautes à n'en plus commettre; apprenons de nos ennemis à réformer notre conduite, et apprenons des hommes méchants à mieux sentir tout le prix des hommes bons.

SOIXANTE-NEUVIÈME LEÇON.

DU PLÉONASME.

Le *pléonasme* est le contraire de l'ellipse. Ce mot signifie *abondance, plénitude*.

Il y a pléonasme dans une phrase, quand un mot ou une pensée s'y trouvent plusieurs fois répétés sans que cette répétition soit rigoureusement nécessaire à la clarté du sens. Exemple :

> Je l'*ai vu*, dis-je, *vu*, de mes *propres yeux vu*,
> Ce qu'on appelle *vu*.

Dans cet exemple, la même idée est énoncée quatre fois: et l'on pourrait à la rigueur s'en tenir à la première proposition, *je l'ai vu* ; mais combien ce qui suit ne donne-t-il pas à la pensée de force et d'énergie ! et comment douter de la parole de quelqu'un qui, après avoir affirmé qu'il a vu, ajoute *qu'il a vu de ses yeux, de ses propres yeux, ce qui s'appelle vu?*

Je l'ai entendu DE MES OREILLES. Si l'on prend les choses au pied de la lettre, ces mots *de mes oreilles* sont superflus, puisqu'on ne peut entendre que *de ses oreilles*. Cependant cette manière de parler est beaucoup plus énergique et d'un plus bel effet que si l'on disait simplement *je l'ai entendu* ; car les dernières expressions, qui forment pléonasme, font voir que ce n'est pas vaguement que l'on affirme, comme d'après un ouï-dire, mais parce qu'on a entendu soi-même.

L'élève transcrira les phrases suivantes, en supprimant les pléonasmes.

NOTA. Tous ces pléonasmes sont légitimes.

Je n'en ai reçu que trois, de ces lettres aimables qui me pénètrent le cœur (1).

---

(1) Mme de Sévigné à sa fille.

Il n'est pour le vrai sage aucun revers funeste :
En perdant toute chose, à soi-même il se reste.

On cherche les rieurs, et moi, je les évite.

Eh ! que m'a fait, à moi, cette Troie où je cours ?

Si elle naît, cette conjoncture, il doit s'en servir.

Le cinquième jour, Dieu créa les oiseaux qui volent dans l'air et les poissons qui nagent dans les eaux.

Je le tiens, ce nid de fauvette.

Ce qu'on donne aux méchants, toujours on le regrette.

Je le lui ai dit à lui-même.

Toutes les dignités que tu m'as demandées,
Je te les ai sur l'heure et sans peine accordées.

Tout ce que l'on dit et tout ce que l'on écrit de nos jours, on l'a déjà dit et écrit cent fois avant nous.

Qu'on ne laisse monter personne en haut.

Il nous faut ton moulin, que veux-tu qu'on t'en donne ? —
Rien du tout ; car j'entends ne le vendre à personne.

O Télémaque ! craignez de tomber dans les mains de Pygmalion : il les a trempées, ces mains cruelles, dans le sang de Sichée, mari de Didon, sa sœur.

Narbal et moi, nous admirions la bonté des dieux.

Moi, je vais vous porter ; vous, vous serez mon guide.

O grande ombre ! tu le sais maintenant, combien j'ai estimé ta valeur !

En venant au monde, l'homme est, de tous les animaux, celui qui peut le moins se suffire à lui-même.

Je vais donc la voir, cette fameuse Thèbes aux cent portes !
La pluie tombe comme si on la donnait pour rien.

C'est une femme du peuple, et non un auteur, qui a dit, le jour des funérailles de son amie : La voilà donc, cette première nuit que tu vas passer dans la terre !

SOIXANTE-DIXIÈME LEÇON.

DU PLÉONASME VICIEUX OU PÉRISSOLOGIE.

Quand le pléonasme donne à l'expression de l'énergie, de la netteté, il est légitime ; mais s'il dégénère en une stérile abondance de mots qui n'ajoutent à la signification aucune idée accessoire, le pléonasme est vicieux, il prend alors le nom de *Périssologie* ou superfluité. Ex. :

> Il vous faut un état, *vous êtes de mon âge ;*
> *Je suis aussi du vôtre.* (VOLTAIRE.)

Si vous êtes de mon âge, je suis évidemment *du vôtre.* Il y a périssologie ; il faut supprimer une des deux propositions.

Les conquêtes d'Alexandre donnèrent lieu à ses généraux de S'ENTR'ÉGORGER LES UNS LES AUTRES.

Le complément *les uns les autres* est un pléonasme que le verbe *s'entr'égorger* rend inutile.

Il en coûta LA VIE ET LA TÊTE *à Pompée.*

Vie et *tête* expriment absolument la même idée, sans qu'il en résulte aucun avantage pour la phrase.

Les phrases suivantes sont vicieuses ; l'élève les transcrira en faisant disparaître les pléonasmes.

Où la chèvre est attachée, il faut qu'elle y broute.

Il se vit obligé, malgré lui, de renoncer à son entreprise.

J'ai des raisons assez suffisantes pour me déterminer.

On peut succomber à la suite d'une forte hémorrhagie de sang.

Diviser et partager signifient que d'un tout on en fait plusieurs parties. (L'abbé GIRARD.)

La majorité des hommes préfère plutôt souffrir que mourir.

Quoique naturel aux pays chauds, le chameau craint cependant les climats où la chaleur est excessive. (BUFFON.)

Je leur donnai à chacun de quoi gagner du bien dans le commerce de la mer. (FÉNELON.)

Il se tait et garde le silence.

> Tant de coups imprévus m'accablent à la fois,
> Qu'ils m'ôtent la parole et m'enlèvent la voix.

La cataracte du Niagara est une merveille seule et unique dans son genre.

> .... Dans cet antre
> Je vois fort bien comme l'on entre,
> Et ne vois pas comme on en sort.

Voyons voir ce que vous nous apportez.

Préjuger d'avance, c'est mal juger.

Remettez en ses mains le trône, le sceptre, la couronne.

Il n'y a que le seul Racine qui soutienne constamment l'épreuve de la lecture.

Le prince, en montant sur le trône, a comblé les malheureux de mille grâces.

Nous fûmes assaillis par une tempête orageuse.

> ... De quelque talent dont on soit revêtu,
> On ne fait point fortune avec trop de vertu.

> C'est à vous, mon esprit, à qui (1) je veux parler.

Si la terre tourne, il s'ensuit de là que le soleil est immobile.

Le champ de bataille était couvert de cadavres inanimés.

Entre le maître et le serviteur, il y a des engagements réciproques de part et d'autre.

Dans le principe, pour déconcerter et faire trembler les factieux, on n'aurait eu seulement qu'à se montrer.

Il faut que les hommes s'entr'aident mutuellement les uns les autres.

Les écoliers qui se dépêchent trop vite en écrivant, écrivent ordinairement fort mal.

Peut-être la conjuration aurait-elle pu réussir, sans la trahison de l'un des conjurés.

O mère-grand! que vous avez de bien grandes oreilles !

Quels que soient les hommes, il faut cependant vivre avec eux.

Il existe en ce moment un grand nombre d'associations de travailleurs unis.

Quand le charlatan eut tout dit sur les prétendues propriétés de ses drogues, il termina par ces paroles sacramentelles : . . . . et une infinité d'autres dont le détail en serait trop long.

Un vieux soldat sait souffrir et se taire sans murmurer.

On appelle *écueil* un rocher caché sous l'eau, mais assez rapproché de la surface pour qu'un navire ne puisse y passer dessus sans être exposé à se briser.

La Fortune est si capricieuse, que d'un mendiant elle en fait souvent un potentat.

---

(1) Ces sortes de pléonasmes forment solécisme.

SOIXANTE-ET-ONZIÈME LEÇON.

*Dans le devoir suivant, toutes les phrases contiennent des pléo-
nasmes; mais les uns sont vicieux et les autres légitimes; l'élève en
fera la distinction et corrigera les phrases à pléonasme vicieux.*

Nota. Certains pléonasmes comme *monter* EN HAUT, *descendre*
EN BAS, *voler* EN L'AIR, *nager* DANS L'EAU, *rien* DU TOUT, *mère* DE
FAMILLE, etc., sont autorisés par l'usage.

J'arrivai à la ville avec beaucoup de peine; car il n'y a rien
qui me fatigue comme de marcher à pied.

Ils se firent des reproches réciproques les uns aux autres.

Connais-toi toi-même.

Dans les cours, on y contracte l'habitude de la dissimulation
et de l'hypocrisie.

Je vous quitte un moment, et je descends en bas.

Fabius prévoyait d'avance tout ce qu'Annibal avait dessein
d'entreprendre.

Cette lettre est pleine de beaucoup de civilités.

Vous et celui qui vous mène, vous périrez.

Madame de Sévigné comparait les fables de La Fontaine à un
panier de cerises : D'abord, disait-elle, on veut ne manger seulement que les plus belles, puis ensuite on finit par ne rien
laisser du tout.

Napoléon, le grand Napoléon, est mort à Sainte-Hélène!

Il s'ensuit de là que vous avez tort.

On l'a forcé malgré lui à se faire soldat.

Mon maître ne fut jamais qu'un traître; il s'en est en allé.

(SCARRON.)

Cette fortune que vous lui enviez, il la doit à son travail.

> Trois sceptres à son trône attachés par mon bras
> Parleront au lieu d'elle, et ne se tairont pas.

Celui qui ne veut pas être déçu dans son commerce avec les
hommes, doit prévoir à l'avance leur légèreté et leur perfidie.

On l'a mis en prison, il s'en est enfui.

Je préfère plutôt rester.

On nomme babouche une sorte de pantoufle dont l'usage nous
en est venu du Levant.

Je vous apprendrai, moi, à respecter vos maîtres.

Une reine bienfaisante ressemble à une bonne mère de famille.

Il parlera lui-même au roi.

Les lions se frappent leurs flancs de leur terrible queue.

Entre l'arbre et l'écorce il ne faut pas y mettre le doigt.

La circonférence est une ligne courbe dont tous les points qui la composent sont placés à une égale distance du centre.

Il y a cinq heures d'horloge que je vous attends.

MODÈLE DU DEVOIR :

PLÉONASMES LÉGITIMES :	PLÉONASMES VICIEUX RECTIFIÉS :
Connais-toi toi-même, etc., etc.	J'arrivai à la ville avec beaucoup de peine, car il n'y a rien qui me fatigue comme de marcher.
	Ils se firent des reproches réciproques. Ou :
	Ils se firent des reproches les uns aux autres, etc.

SOIXANTE-DOUZIÈME LEÇON.

DES EXPLÉTIFS.

Il y a dans notre langue certains mots qui n'ajoutent rien au sens, qui ne remplissent dans la phrase aucune fonction, et que l'on ne peut en aucune manière soumettre à l'analyse. On a donné à ces espèces de *pléonasmes* le nom de mots *explétifs*. Voici les principaux explétifs : *beau, bien, vous, te, moi, me.*

Vous avez BEAU *dire et* BEAU *faire.*

Savez-vous BIEN *que je ne suis pas content de vous?*

Je VOUS *l'ai rossé d'importance.*

S'il recommence, je TE *le corrigerai de la belle manière.*

*Chassez-*MOI *ce coquin.*

Il ME *l'a traité comme il faut.*

NOTA. Quelques grammairiens rangent parmi les explétifs les interjections et les gallicismes. Nous ne sommes pas entièrement de leur avis; car les explétifs échappent tout-à-fait à l'analyse, tandis qu'il n'en est pas de même des interjections et de certains gallicismes,

L'élève indiquera les explétifs contenus dans le devoir suivant.

— Le renard sort du puits, laisse son compagnon,
    Et vous lui fait un beau sermon.
— On lui lia les pieds, on vous le suspendit.
— Prends-moi le bon parti, laisse là tous les livres.
— Il vous le porte au fin fond des enfers,
Digne séjour de ces esprits pervers.
— Il s'en alla passer sur le bord d'un étang.
— Le père mort, les fils vous retournent le champ.
— Le navire égaré voguait au gré des flots,
    Quand un calme plat vous l'arrête.

SOIXANTE-TREIZIÈME LEÇON.

DE LA SYLLEPSE.

La syllepse est une figure qui règle l'accord des mots selon la pensée, et non d'après les rapports grammaticaux. Cette figure ne porte que sur le nombre et sur le genre des mots. Exemple :

> Entre le *pauvre* et vous, vous prendrez Dieu pour juge,
> Vous souvenant, mon fils, que, caché sous ce lin,
> Comme *eux* vous fûtes pauvre, et comme *eux* orphelin.

Il aurait fallu, d'après les lois ordinaires de la syntaxe, dire *lui* et non pas *eux*, puisque ce pronom se rapporte au mot *pauvre*. Mais le poète, plein de son idée, oublie qu'il a d'abord employé le mot *pauvre* au singulier ; il ne voit plus que les *pauvres* et les *orphelins* en général, et c'est sur eux qu'il porte toute son attention.

Dans le devoir suivant, l'élève fera disparaître la syllepse, et rétablira l'accord grammatical entre les deux parties écrites en italique.

> *La plupart, emportés* d'une fougue insensée,
> Toujours loin du droit sens *vont* chercher leur pensée.

Tout Vienne s'est *levé* comme un seul homme à l'approche des Turcs.

> Au bruit de son trépas *Paris* se livre en proie
> Aux transports odieux de sa coupable joie.
> De cent cris de victoire *ils remplissent* les airs.

Les *personnes* du palais sont ordinairement *bavards* et *pointilleux*.

Quand l'âge *leur* eut donné l'instinct de chercher *eux-mêmes* leur proie, *cette famille* se dispersa dans les bois (1).

> Enseignez à l'*enfant* le nom du père au ciel,
> Comme on met sur *leur* lèvre une goutte de miel,
> Pour qu'*ils* goûtent, sortant du ventre de *leur* mère,
> Quelque chose de doux avant *leur* vie amère.

Moïse eut recours au Seigneur et lui dit : Que ferai-je à *ce peuple?* Bientôt *ils* me *lapideront.*

Quand le *peuple hébreu* entra dans la terre promise, tout y célébrait *leurs ancêtres.*

Il est six *heures.*

C'est un sage législateur qui, ayant donné à *sa nation* des lois propres à *les* rendre *bons* et *heureux, leur* fit jurer qu'*ils* ne *violeraient* jamais aucune de ces lois pendant son absence.

> Un jour, il m'en souvient, *le sénat* équitable
> Vous pressait de souscrire à la mort d'un coupable :
> Vous résistiez, seigneur, à *leur* sévérité.

CHAPITRE QUATRIÈME.

DE LA PÉRIPHRASE.

SOIXANTE-QUATORZIÈME LEÇON.

Ce mot signifie *circonlocution.* La périphrase consiste en effet à exprimer en plusieurs mots ce que l'on aurait pu dire en un seul. Ainsi on parle par périphrase quand on dit *le Héros macédonien,* pour *Alexandre; la reine des jardins,* pour *la rose; le siège de la pensée,* pour *le cerveau.*

L'élève indiquera le mot des périphrases suivantes :

La capitale de la France.	La ville aux cent portes (*palais*).
La fille de Sion.	
La reine de l'Adriatique.	La ville aux jardins suspendus.
La ville éternelle.	La ville de porcelaine.

---

(1) Maldonata et la lionne reconnaissante.

Le berceau des sciences humaines.
La péninsule ibérique.
L'empire des lis.
Le Céleste-Empire.
Les colosses du Nil.
Le mangeur de moutons.
Le croqueur de poulets.
Le vaisseau du désert.
L'âne rayé.
La messagère du printemps.
L'ami de l'homme.
La gent moutonnière.
La gent marécageuse.
La gent qui porte crête.
La gent trotte-menu.
Le peuple ailé.
L'oiseau de Vénus.
Le coursier de la Laponie.
L'oiseau de Minerve.
Ronge-maille.
Grippe-fromage.
Le Prince des poëtes.
Le Père de l'Histoire.
Le Père de la tragédie française.
Le Fabuliste français.
L'Aigle de Meaux.
Le Cygne de Cambrai.
L'Esclave de Phrygie.
L'Historien de la création.
L'Historien de la nature.
Le Roi-Prophète.
La Bergère de Vaucouleurs.
Le Héros de la guerre de Troie.
Le Prince de la médecine.
Le Charpentier de Saardam.
Le Chevalier de la triste figure.
Le Héros des Thermopyles.
L'exécuteur des hautes-œuvres.
Le médecin des âmes.

Un disciple d'Esculape.
Un affreux Vulcain.
Nos voisins d'outre-mer.
Les écumeurs de mer.
Les membres du sacré collége.
Le Grand-Seigneur.
Un gagne-petit.
L'animal aux têtes frivoles.
Les pasteurs des peuples.
Les fils aînés de l'Église.
Les disciples de Descartes.
Les disciples d'Épicure.
Les disciples de Platon.
Les sectateurs de Mahomet.
Les sectateurs de Brama.
La Messagère de Junon.
Le Messager des dieux.
Les Sœurs filandières.
Les Filles de Mémoire.
Le dieu de la mer.
Le Père des Muses.
Les Nymphes des fontaines.
Les Nymphes des bois.
Le Nourricier de Bacchus.
Un favori des Muses.
Les larmes de l'Aurore.
La déesse aux cent bouches.
L'écharpe d'Iris.
La saison des fleurs.
La saison des fruits.
Les dons de l'automne.
La voûte azurée.
Au retour des zéphyrs.
La dernière raison des rois.
Le fruit de l'expérience.
La fille de l'économie.
Le conseiller des grâces.
Une maison flottante.
Fléau dont la rage grave au front des humains un éternel outrage.

Cet art ingénieux de peindre la parole et de parler aux yeux.	Parler contre sa pensée.
	Se tromper sciemment.
	Rendre l'âme.
La folle du logis.	Prononcer le grand *oui*.

SOIXANTE-QUINZIÈME LEÇON.

« Quand on prononce le nom d'une chose, dit Condillac, l'esprit ne se porte pas plus sur une qualité que sur une autre; il les embrasse toutes confusément. Au contraire, il démêle quelques-unes des qualités qui la distinguent, lorsqu'au nom on substitue une circonlocution. Le nom de *Dieu*, par exemple, n'éveille pas l'idée de tel ou tel attribut; mais la périphrase, *celui qui a créé le ciel et la terre*, représente la Divinité avec toute son intelligence et toute sa puissance.»

Ainsi, pour qu'elle soit juste, il faut toujours qu'une périphrase exprime un des attributs de la chose qu'elle désigne.

L'élève convertira chacun des mots suivants en une périphrase :

Le lion. Le chien. Les oiseaux. Les poissons. Les soldats. Dieu. Adam. Ève. Bayard. Les femmes. Les Voltairiens. Les républicains. Les démocrates. Les royalistes. Cerbère. Caron. Pluton. La mer. Éole. Mars. Cérès. Diane. La Fortune. La jeunesse. La vieillesse. Se suicider. Mourir.

SOIXANTE-SEIZIÈME LEÇON.

On peut caractériser une chose par autant de périphrases qu'elle a d'attributs différents. Ainsi, suivant que l'on voudra désigner Rome moderne, ou Rome ancienne, ou Rome comparée aux autres cités italiennes, on dira : *La capitale de la chrétienté, la ville des Césars, la reine de l'Italie.*

L'idée de Dieu est sans contredit celle que les poètes ont le plus périphrasée. Les vers suivants de M. de Lamartine en offrent un exemple :

> La terre m'a crié : Qui donc est le Seigneur ?
> Celui dont l'âme immense est partout répandue,
> Celui dont un seul pas mesure l'étendue,

Celui dont le soleil emprunte sa splendeur,
Celui qui du néant a tiré la matière,
Celui qui sur le vide a formé l'univers,
Celui qui, sans rivage, a renfermé les mers,
Celui qui d'un regard a lancé la lumière.

———————

L'élève construira trois périphrases sur chacun des mots sui-vants :

Dieu. Jésus-Christ. Satan. Jupiter. Les Enfers. Le ciel. Le soleil. La lune. Naître. Mourir. Le pape. Le cimetière. L'aigle. Le blé. Le vin.

SOIXANTE-DIX-SEPTIÈME LEÇON.

Puisque la périphrase a pour objet de donner à une idée un caractère déterminé, le choix de la périphrase ne saurait être indifférent. Ce serait donc faire preuve de peu de goût que de dire, par exemple :

CELUI QUI COMMANDE A LA MER ET A LA FOUDRE *saura donner à l'orphelin du pain et un abri.*

Le caractère donné à Dieu n'a aucun rapport avec l'action exprimée. Mais si l'on dit :

CELUI QUI NOURRIT LES OISEAUX, QUI HABILLE LES LIS DES CHAMPS, *saura donner à l'orphelin du pain et un abri.*

Le rapport est exact ; l'attribut est suffisamment lié avec le sujet de la proposition.

Châteaubriand, surpris dans le désert de la Thébaïde par l'ouragan brûlant du midi, s'exprime ainsi :

Je m'assis à quelque distance, tenant mon cheval à la main, et n'espérant plus que dans CELUI QUI CHANGEA LES FEUX DE LA FOURNAISE *d'Azarias en un vent frais et une douce rosée.*

Dans cette phrase, la justesse du rapport n'est égalée que par la richesse de l'expression.

———————

Dans le devoir suivant, les mots écrits en italique sont autant de périphrases, que l'élève devra remplacer par le terme simple correspondant.

— Les fils de Jacob dirent : Voici *le diseur de songes.*
— Je m'assis dans un coin de la *cité des morts.*
— Admirez *celui qui d'un gland fait un chêne, et qui d'un bâton fait sortir tous les ans des fleurs et des fruits.*

— La *femme du lion* mourut. (LA FONTAINE)

— Le *blé de Turquie* se troûve dans les contrées méridionales.

— La conscience est un juge *qu'on ne peut pas corrompre.*

— Devant *l'Être éternel* tous les peuples s'abaissent.

— Sous un chêne aussitôt il va *prendre son somme.*

— Du *chantre de la nuit* j'entends la voix touchante.

— Tout-à-coup une harmonie semblable au chœur lointain des *esprits célestes* sort du fond de ces demeures sépulcrales.

— Alexandre-le-Grand mourut *à la fleur de l'âge.*

— Esther était la *fille du frère* de Mardochée.

— *Le frère de ma mère* accompagnait mes pas.

— Un bûcheron perdit son *gagne-pain.*

— Heureux l'*homme des champs*, s'il connaît son bonheur !

— Partout *le grand Artiste* a varié son plan.

— Les fauvettes arrivent au *moment où les arbres développent leurs feuilles.*

— Nous devons tous *franchir le terrible passage.*

— Vous saurez que toujours je fus *homme de guerre.*

— L'un me conseillait de jouer le dernier sou qui me restait, quitte, en cas de malheur, à *terminer mon drame à l'anglaise.*

— Il se mit aussitôt à *jouer des jambes.*

— Je vous payerai *la semaine des trois jeudis.*

— *Le roi des forêts* s'élève dans toute sa majesté au pied du Liban.

— Le médecin Tant-Pis soutenait que son malade *irait voir ses aïeux :* le malade en effet *paya le tribut à la nature.*

— Lui seul (*Mardochée*) aux yeux des Juifs découvrit le dessein
De deux traîtres tout prêts à vous *percer le sein.*

— Dans le funeste jour de Cannes
On *mit* moins de Romains *à bas.*

— Nous avons beau vanter nos grandeurs passagères,
Il faut *mêler sa cendre aux cendres de ses pères.*

— J'ai, dit-il, en mon écurie
Un fort beau *roussin d'Arcadie;*
J'en voudrais faire un orateur.

— Dites-moi quelle cause éclipse dans leurs cours
Le clair flambeau des nuits, l'astre pompeux des jours.

— Aux branches d'un tilleul une jeune fauvette

Avait *de ses petits* suspendu *le berceau.*
— Je suis un pauvre *enfant trouvé sur une pierre*
   Près de l'église du hameau.
— Cet homme était *planteur de choux,*
   Et le voilà devenu pape.
— Un ânier, son sceptre à la main,
   Menait, en empereur romain,
   Deux *coursiers à longues oreilles.*

SOIXANTE-DIX-HUITIÈME LEÇON.

L'élève remplacera chaque périphrase par le terme simple corres-
pondant.

— *L'organe de ma voix* ne prête plus de sons à mes tristes
pensées.

— Mes sœurs, l'onde est plus fraîche *aux premiers feux*
du jour.

— Je visitais *des morts la couche triste et sainte.*

— Leurs soins compatissants accueillaient la misère du *mor-*
tel indigent.

— J'entends *l'airain pieux dont les sons éclatants appel-*
lent les fidèles à la prière.

— La fourmi dit à la mouche : Vous mourrez de froid et de
faim, *quand Phébus régnera sur un autre hémisphère.*

— Avec quelle espérance on *enfonce le soc dans les sillons*
après avoir imploré *celui qui dirige le soleil et qui garde dans*
ses trésors les vents du midi et les tièdes ondées.

— Oiseaux, couvez en paix *le fruit de vos amours.*

— Je vais faire la guerre aux *habitants de l'air.*

— Voyez ce modeste presbytère : là vit *l'homme de Dieu.*

— Dès que le chant du coq annonçait le *retour de l'aurore,*
Virginie *sortait de sa couche matinale,* et allait puiser de l'eau
à la fontaine voisine.

— Le monarque irrité *l'envoya chez Pluton faire le dégoûté.*

— Le soleil ne se couche jamais *dans l'empire des Czars.*

— Quoi ! je haïrais *celle qui m'a donné le jour !*

— Nous devons chérir *les auteurs de nos jours.*

— Le *peuple d'Israël* donna la couronne *au vainqueur de*
Goliath.

—Quel plaisir a-t-il eu depuis qu'il est *au monde?*
En est-il un plus pauvre *en la machine ronde?*
    — Grâce à *l'Auteur de l'univers,*
    Je suis oiseau ; voyez mes ailes :
    Vive *la gent qui fend les airs!*
    — De *la dépouille de nos bois*
    L'automne avait jonché la terre.
    — Le Nil a vu sur ses rivages
    Le *noir habitant des déserts*
    Insulter par ses cris sauvages
    L'*astre éclatant de l'univers.*
— Le *vendeur de farine* avait pour habitude
De vivre au jour le jour, exempt d'inquiétude.
— Je fus chercher le feu que l'on mit à l'amorce
Du canon qui *lui fit rendre l'âme par force.*
— Mon cœur devient-il triste, et ma tête pesante,
Eh bien ! pour ranimer ma gaîté languissante,
La *fève de Moka,* la *feuille de Canton,*
Vont verser leur nectar dans *l'émail du Japon.*
    — J'ai devancé sur la montagne
    Les premiers rayons du soleil.
    — Souvent mes pas errants
Parcourent *des tombeaux l'asile solitaire.*
— Puissant *maître des dieux,* j'ose implorer tes grâces ;
    Laisse-moi le lot des grimaces.
— J'ai senti tout à coup un *homicide acier*
Que le traître en mon sein a plongé tout entier.
— Chrétiens, souvenez-vous que *le Chrétien suprême*
N'a légué qu'un seul mot pour prix d'un long blasphème.
— *Celui qui met un frein à la fureur des flots*
Sait... des méchants arrêter les complots.
— Par cas fortuit l'enfant de chœur Lucas
    Avait usé *l'étui des Pays-Bas.*
— Il invoque à la fin *le dieu dont les travaux*
    Sont si célèbres dans le monde.
— Ce vieillard qui va *perdre un reste de lumière*
Retrouve encor des pleurs en parlant de sa mère.
— Le premier qui *du sceptre exerça la puissance*
N'avait que ses enfants sous son obéissance.

SOIXANTE-DIX-NEUVIÈME LEÇON.

L'élève remplacera chaque périphrase par le terme simple correspondant.

— La plupart des oiseaux *perdent leurs plumes* chaque année.

— Les grands pour la plupart sont *masques de théâtre.*

— Tu n'as point l'air d'un *donneur de breuvage.*

— Comment est mort *cet homme puissant qui sauvait le peuple d'Israël?*

— *Celui qui règne dans les cieux, de qui relèvent tous les empires, à qui seul appartiennent la gloire, la majesté, l'indépendance,* est... celui qui fait la loi aux rois.

— O Temps, *suspends ton vol,* respecte ma jeunesse.

— Aux *trésors de Pomone* ajoutez *ceux de Flore.*

— Sur un tombeau paré de fleurs, Marcellin célébrait *le mystère des chrétiens.*

L'inégale courrière semblait cacher d'effroi sa tremblante lumière.

— Consultez souvent *ceux qui connaissent l'itinéraire de la vie.*

— La *dame au nez pointu* répondit au lapin que la terre était au premier occupant.

— Le courage ne consiste pas à aller *de gaîté de cœur* à la mort.

— Pizarre conquit le *royaume des adorateurs du soleil.*

— Pizarre conquit le royaume des *adorateurs du soleil.*

— C'est une terre *où coulent des ruisseaux de lait et de miel.*

— La *chétive pécore* s'enfla si bien qu'elle creva.

— Les sauvages se servent, pour manger, de la *fourchette de leur père Adam.*

— Jupiter dit un jour : Que tout *ce qui respire*
S'en vienne comparaître aux pieds de ma grandeur.

— .... Là, le *minéral fluide*
S'élève au gré de l'air plus sec ou plus humide.
Ici, *par la liqueur un tube coloré*
De la température indique le degré.

— Mais vous naissez le plus souvent

Sur les humides bords *du royaume du vent.*
— Eh bien ! *filles d'enfer,* vos mains sont-elles prêtes ?
Pour qui sont ces serpents qui sifflent sur vos têtes ?
       — . . . . . Un *suppôt de Bacchus*
Altérait sa santé, son esprit et sa bourse.
— Chargé d'une besace, un bâton à la main,
Cheminait un pauvre homme *appesanti par l'âge,*
Et *qui des yeux encore avait perdu l'usage.*
— Tu *vois le jour,* Cinna ; mais *ceux dont tu le tiens*
Furent les ennemis de mon père et les miens.
Au milieu de leur camp tu *reçus la naissance.*
— Cependant sur le dos de la *plaine liquide*
S'élève à gros bouillons une *montagne humide.*
— Et depuis *ce Romain dont l'insolent passage*
Sur un pont en dix jours trompa tous tes efforts,
Jamais rien de si grand n'a paru sur tes bords.
— Le peuple prosterné sous ces voûtes antiques
Avait du *Roi-Prophète* entonné les cantiques.
— Sans crainte du pressoir le pampre, tout l'été,
    Boit *les doux présents de l'Aurore.*
— Que la victoire vole, et que les grands exploits
Soient portés en cent lieux par la *nymphe aux cent voix.*
— Admire avec quel art l'abeille sait extraire
D'une herbe empoisonnée *un onguent salutaire.*
— Certain rat de campagne en son *modeste gîte*
De certain rat de ville eut un jour la visite.
    — *L'habitant des forêts*
Rend déjà grâce aux bœufs, attend dans cette étable
Que chacun retournant au *travail de Cérès,*
Il trouve pour sortir un moment favorable.
L'un des bœufs ruminant lui dit : « Cela va bien ;
Mais, quoi ! *l'homme aux cent yeux* n'a pas fait sa revue. »
    — O Jupiter, dit la première,
Faut-il que l'amour-propre aveugle les esprits
    D'une si terrible manière,
    Qu'un *vil et rampant animal*
A la *fille de l'air* ose se dire égal !
          (*La Mouche et la Fourmi.*)

QUATRE-VINGTIÈME LEÇON.

Dans ce devoir, il est encore question de périphrases, mais de périphrases plus développées, plus poétiques que dans les devoirs précédents. C'est ici surtout que la périphrase apparaît comme l'ornement du style et la plus riche parure de la poésie.

Donnons quelques exemples :
Le jour finit ; la nuit vient.

Voilà une pensée sans ornement, qui n'a rien qui plaise à l'imagination. Boileau embellit cette idée en disant :

> Les ombres cependant, sur la ville épandues,
> Du faîte des maisons descendent dans les rues.

Le même poète, pour dire qu'*il a cinquante-huit ans*, s'exprime ainsi :

> Mais aujourd'hui qu'enfin la vieillesse venue,
> Sous mes faux cheveux blonds déjà toute chenue,
> A jeté sur ma tête avec ses doigts pesants
> Onze lustres complets surchargés de trois ans.

A la place des périphrases suivantes, l'élève emploiera l'idée simple, l'expression commune, vulgaire.

Nota. Tous les mots écrits en caractères ordinaires doivent être conservés.

> — *Le roi brillant du jour*
> *Descend avec lenteur de son char de victoire.*
> De Lamartine.

> —*L'Aurore, cependant, au visage vermeil*
> *Ouvrait dans l'Orient les portes du soleil.*
> *La nuit en d'autres lieux portait ses voiles sombres,*
> *Les songes voltigeants fuyaient avec les ombres.*
> Voltaire.

> — Tandis que *libre encore,.....*
> *Mon corps n'est point courbé sous le faix des années.*
> Boileau.

> — .... *Bientôt les aquilons*
> *Des dépouilles des bois vont joncher les vallons.*
> Delille.

— . . . . Depuis que je suis née,
L'hiver n'a pas vingt fois vu s'achever l'année.

D'AVRIGNY.

— . . . . L'homme des champs
Dépouille ses brebis de leur laine pendante,
Prépare un toit commode à l'abeille prudente.

ANDRIEUX.

— *L'airain sacré tremble et s'agite.*

CASIMIR DELAVIGNE.

— *A des dieux mugissants* l'Égypte *rend hommage.*

RACINE le fils.

— *Quand mon œil fatigué se ferme à la lumière.*

DE LAMARTINE.

— Dans cet instant *l'astre du jour éteignit son flambeau.*

BUFFON.

— Coligny *languissait dans les bras du repos,*
Et le sommeil trompeur lui versait ses pavots.

VOLTAIRE.

— *Mon cœur devient-il triste, et ma tête pesante,*
Eh bien, pour ranimer ma gaîté languissante,
La fève de Moka, la feuille de Canton,
Vont verser leur nectar dans l'émail du Japon.

DELILLE.

— *Je prie Morphée de répandre ses plus doux charmes
sur vos paupières appesanties, de faire couler une vapeur
divine dans tous vos membres fatigués, et de vous envoyer
des songes légers qui, voltigeant autour de vous, flattent
vos sens par les images les plus riantes, et repoussent loin
de vous tout ce qui pourrait vous réveiller trop promptement.*

FÉNELON.

— La Hongrie *mit ses enfants au rang de mes sujets.*
— *Lorsque les premiers silences de la nuit et les derniers
murmures du jour luttent sur les coteaux, au bord des
fleuves, dans les bois et dans les vallons, le premier chantre
de la création entonne ses hymnes à l'Éternel.*

CHATEAUBRIAND.

— Le prêtre *faisait fumer l'autel d'un pur encens.*

— *Aux sons harmonieux d'une harpe docile*
Chloris a marié sa voix pure et facile.

LEGOUVÉ.

— *Là, sur un tapis vert un essaim étourdi*
Pousse contre l'ivoire un ivoire arrondi;
La blouse le reçoit.

QUATRE-VINGT-UNIÈME LEÇON.

Les définitions sont autant de périphrases, dont le propre est d'expliquer une chose :

... *Repas où chacun paye son écot.*

... *Espèce de vase dans lequel les anciens conservaient les cendres des morts.*

... *Ce que l'on écrit dans une lettre après la signature.*

Voilà trois définitions, trois périphrases qui désignent les **mots** *pique-nique, urne, post-scriptum.*

Nous donnons la définition; les élèves indiqueront le mot.

Nota. Tous les mots à trouver sont des substantifs.

Petit bateau fait d'écorce ou d'un tronc d'arbre.

Pièces de bois liées ensemble qui forment un plancher **sur** l'eau.

Petit bâtiment préparé pour incendier une flotte.

Partie du bâtiment sous l'eau.

Arbre qui porte les voiles, sur un vaisseau.

Partie basse d'un bâtiment, qui reçoit les ordures.

L'arrière du vaisseau.

L'avant du vaisseau.

Sorte de lit suspendu.

Le plus haut pont d'un navire.

Instrument de fer à double crochet pour fixer les **vaisseaux.**

Minéral qui a la propriété d'attirer le fer.

Aiguille aimantée qui se dirige toujours vers le nord.

Ce qu'on met au fond d'un vaisseau pour le tenir en équilibre.

Rocher dans la mer contre lequel viennent se briser les vaisseaux.

Chaîne de rochers à fleur d'eau.

Colonne d'eau et d'air qui s'élève de la mer et exerce parfois de grands ravages.

Chargement d'un navire.

Lieu où font quarantaine les personnes qui pourraient être infectées de la peste.

Séjour plus ou moins long que l'on fait dans un lazaret.

Commandant en chef des forces navales.

Sorte de lézard auquel les anciens attribuaient la faculté de changer de couleur et de prendre celle des objets environnants.

Le plus grand de tous les poissons.

Animal engendré d'un âne et d'une jument, ou d'un cheval et d'une ânesse.

Sorte de chat sauvage dont l'excellence de la vue est passée en proverbe.

Grand oiseau échassier qui vit de poissons.

Petit quadrupède couvert de piquants.

Grand quadrupède qui a une corne sur le nez.

Le dernier oiseau éclos d'une couvée.

Celui dont le métier est de prendre des oiseaux.

Le ramage des oiseaux.

Cri du corbeau.

Cri de la grenouille.

Sentiment irréfléchi, mais admirable, qui dirige les animaux.

Griffes des oiseaux de proie, et particulièrement de l'aigle.

Groupe d'étoiles.

Disparition totale ou partielle d'un astre causée par l'interposition d'un autre corps.

Instrument d'astronomie pour observer les objets très-éloignés.

La plus brillante de toutes les étoiles.

Petite planète qui se meut autour d'une grande.

Route que parcourt une planète.

Nom donné aux divers changements qui s'opèrent dans la figure apparente de la lune.

Espace de dix jours.

Tableau des mois de l'année rangés par ordre.

La douzième partie de l'année.

Durée de trois mois.

Durée de six mois.

Espace de cent ans.

Point fixe d'où l'on commence à compter les années.

Bouche d'un volcan.

Masse énorme de neige qui se détache du haut des montagnes.

Métal impur tel qu'on le retire de la mine.

Mélange, union de plusieurs métaux.

Corps organisé antédiluvien qu'on trouve enfoui dans le sein de la terre.

Corps embaumé à la manière des Égyptiens.

Bois tendre et blanchâtre situé immédiatement au-dessous de l'écorce.

Enveloppe verte de la noix.

Forêt de grands arbres.

Excroissance sur les feuilles du chêne.

Vastes prairies incultes de l'Amérique.

Plaines sablonneuses et stériles en Russie.

Queue d'une fleur ou d'un fruit.

Nourriture que Dieu envoya du ciel aux Israélites dans le désert.

Espèce de grosse fraise qui nous vient d'Amérique.

Suc du pavot blanc, qui a une propriété narcotique.

Celui qui se livre à l'étude de l'histoire naturelle.

Combat à coups de poing.

Sabre-poignard recourbé, en usage chez les Turcs.

Armure qui garantissait le bras.

Hôpital qui suit l'armée.

Soldat-travailleur qui, en campagne, aplanit les chemins.

Jeune homme de vingt ans que le sort envoie sous les drapeaux.

Sentinelle de cavalerie.

Bruit d'armes qui s'entre-choquent.

Suspension d'armes pour peu de temps.

Pardon général accordé le plus souvent à des condamnés politiques.

Personne remise pour garant d'un traité.

Prix du rachat d'un prisonnier.

Traitement qu'on fait à l'ennemi pour se venger d'un traitement pareil.

Batterie de tambour pour donner l'alarme.

Batterie de tambour au point du jour pour éveiller les soldats.

Celui qui combattait dans les jeux solennels de la Grèce.

Esclave que les Romains obligeaient à se battre dans l'arène contre les bêtes féroces.

Vent violent du nord.

Instrument d'optique qui grossit les objets.

Répétition du son réfléchi par un corps.

Sort de quelqu'un prédit d'après les astres, à l'heure de sa naissance.

QUATRE-VINGT-DEUXIÈME LEÇON.

L'élève définira les mots suivants :

Nota. Ce devoir est la contre-partie du précédent.

Flux. Archipel. Volcan. Mappemonde. Horizon. Désert. Antipode. Cascade. Cataracte. Atmosphère. Aéronaute. Paradis. Purgatoire. Limbes. Athée. Antéchrist. Ciboire. Dais. Tonsure. Séminaire. Martyr.

QUATRE-VINGT-TROISIÈME LEÇON.

Nous donnons la définition ; les élèves indiqueront le mot. (Substantifs.)

Description détaillée d'un canton, d'un lieu particulier.

Ile de verdure au milieu des déserts de l'Afrique.

Endroit d'une rivière où l'on peut passer à pied.

Erreur de date.

Science des dates.

Époque reculée où tous les hommes étaient vertueux, et partant tous heureux.

Serpent fabuleux à sept têtes renaissantes.

Monstre fabuleux demi-homme et demi-taureau.

Déesses infernales qui tenaient le fil de nos jours.

Dieux domestiques des païens.

Monstre fabuleux à cent yeux, et, au figuré, homme très-clairvoyant.

Celui qui, chez les Romains, lisait l'avenir dans le vol des oiseaux.

Prêtresse de Bacchus.

Javelot environné de pampre et de lierre, dont les Bacchantes étaient armées.

Baguette entourée de deux serpents. Attribut de Mercure.
Géant qui n'avait qu'un œil rond au milieu du front.
Voiture pour transporter les morts.
Tombeau vide érigé à la mémoire d'un mort.
Notice historique sur un mort.
Sacrifice où l'on consumait entièrement la victime.
Sacrifice de cent bœufs.
Temple indien.
Lieu de prière des catholiques.
Lieu de prière des mahométans.
Lieu de prière des juifs.
Lieu de prière des protestants.
Ancien prêtre gaulois.
Prêtre d'une mosquée.
Prêtre de la Chine.
Maison, habitation du curé.
Carême des Turcs.
Processions et prières publiques, au printemps, pour la conservation des biens de la terre.
Jour de repos chez les Juifs.
Bonnet à triple couronne que porte le pape dans les grandes cérémonies.
Science qui a Dieu pour objet.
Religieux de l'ordre de Saint-François.
Son funèbre de cloche après la mort de quelqu'un.
Tribunal établi autrefois en Espagne pour punir ceux qui étaient accusés arbitrairement d'irréligion.
Drap pour ensevelir les morts.
Tombeau somptueux.
Catalogue des martyrs et des saints.
Passage de l'âme d'un corps mort dans un autre vivant.
Changement de forme.
Membre d'une caste proscrite, maudite dans l'Inde.
Ange d'un ordre supérieur.
Art chimérique de lire l'avenir dans les astres.
Celui que l'on dispose au baptême en l'instruisant.
Dernier souper de Jésus avec ses apôtres la veille de la Passion.
Tissu de crin que l'on porte sur la peau par mortification.
Assemblée d'évêques réunis pour se prononcer sur un point de doctrine.

6.

Assemblée de cardinaux pour l'élection d'un pape.

Arbre résineux toujours vert, dont les anciens avaient fait le symbole de la mort..

Petite fiole où l'on conservait l'huile qui servait au sacre des rois de France.

Ermite qui vit seul dans un désert.

Nom par lequel les mahométans désignent la Divinité.

Livre qui contient la loi de Mahomet.

Livre qui contient la doctrine du Christ.

Nom donné aux cinq livres de Moïse.

Nom que l'on donne aux livres des révélations de saint Jean l'Évangéliste.

Celui qui abandonne sa religion pour en embrasser une autre.

Celui qui a renié le christianisme.

Déification d'un héros, d'un empereur, etc., après sa mort.

Nom tiré de l'hébreu, dont l'Église se sert pour exprimer sa joie.

Nom que les premiers chrétiens donnaient aux repas qu'ils prenaient en commun dans les églises.

Accusé qui ne comparaît point, qui est en fuite.

Don laissé par testament.

Corde avec laquelle on pendait les criminels.

Changement, addition à un testament.

Double d'un acte quelconque.

Bien consistant en maison, terre.

Nom donné anciennement à un notaire de village.

Reproche secret que fait la conscience.

Jouissance d'un bien dont la propriété est à un autre.

Courte citation placée en tête d'un livre.

Liste des fautes dans l'impression d'un ouvrage.

Syllabe qui fait entendre le son de deux voyelles par une seule émission de voix : *ia, ie, io, ieu, iou*, etc.

Choc désagréable causé par la rencontre de deux voyelles.

Critique sévère, mais équitable.

Mauvais critique, nom d'un ancien critique d'Homère.

Ouvrage où l'on traite de toutes les sciences.

QUATRE-VINGT-QUATRIÈME LEÇON.

L'élève définira les mots suivants :

Amazone. Cannibale. Turban. Guérite. Fronde. Bassinet. Bouclier. Tribut. Ambassadeur. Nonce. Amphitryon. Bagne. Geôlier. Menottes. Perruque. Piéton. Aïeul. Bûcheron. Printemps.

QUATRE-VINGT-CINQUIÈME LEÇON.

Nous donnons la définition ; les élèves indiqueront le mot. (Substantifs.)

Nom du petit doigt de la main.
Le quatrième doigt de la main, celui qui porte l'anneau.
Peau qui pend sous la gorge du bœuf.
Statue qui n'a que le tronc.
Siége de l'odorat.
Siége du goût.
Siége de la vue.
Siége de l'entendement.
Gros doigt du pied.
Le dedans de la main.
Peau bordée de cils, qui couvre l'œil.
Battement du pouls.
Battement inégal et précipité du cœur.
Tache livide causée par une meurtrissure.
Cicatrice d'une blessure profonde au visage.
Instrument de chirurgie pour disséquer.
Instrument de chirurgie pour ouvrir la veine.
Épanchement d'eau d'un lieu élevé sur une partie malade.
Instrument pour battre le blé.
Faiblesse causée par défaut de nourriture.
Tumeur douloureuse au bout des doigts.
Corps humain mort.
Marque qui reste après la guérison d'une plaie.
Action de couper la tête : La — de saint Jean.
Art qui a pour but la conservation de la santé.
Embarras dans le nez causé par un rhume de cerveau.
Défaillance, pâmoison subite.

Perte de sang.

Coup sur le nez donné avec un doigt raidi et détendu.

État d'un individu qui marche et agit en dormant.

Philosophe qui prétend que tout est pour le mieux dans le monde.

Philosophe qui prétend que l'état des choses est le plus mauvais possible.

Dégoût de la vie. Maladie particulière des Anglais.

Assoupissement, sommeil profond et prolongé, contre nature.

Jadis hôpital de lépreux, situé hors des villes.

Réapparition d'une idée depuis longtemps oubliée.

Nom que l'on donne, en mauvaise part, à une belle-mère.

Très-petit homme qui, suivant la Fable, n'avait qu'un pied et demi de hauteur.

Repos pris après le repas, pendant la chaleur du jour.

Profil tracé en suivant l'ombre du visage.

Monstre fabuleux, moitié femme et moitié poisson, dont les chants perfides attiraient les voyageurs.

Bains publics des anciens.

Celui qui se tue lui-même.

Celui qui tue son Dieu : Les Juifs ont été —.

Faute légère, petit péché : La — de l'âne fut jugée un cas pendable.

Stance de quatre vers.

Scène où un acteur parle seul. Ce qu'un acteur dit à part lui sur la scène.

Jeu d'un acteur qui ne s'exprime que par gestes.

Proposition de boire à la santé de quelqu'un. Mot anglais.

Réunion de personnes discutant sur la politique.   *Id.*

Bouffon de l'ancienne comédie italienne, ayant un habit chamarré de différentes couleurs.

Sorte de jeu où l'un des joueurs a les yeux bandés et poursuit les autres.

Charge salariée sans fonctions.

Bien qui vient du père ou de la mère.

Homme fourbe et rusé, à restrictions mentales.

Protecteur des lettres et des savants. Nom propre devenu commun.

Celui qui sert de guide, de gouverneur à un jeune homme.

Plainte, lamentation fréquente et importune.

Fontaine fabuleuse qui avait la propriété de rajeunir ceux qui s'y baignaient.

Supplice du fouet, de la bastonnade en Russie.

Saint dont on porte le nom.

Langage particulier aux filous.

Argent pour assurer l'exécution d'un marché, et que l'on perd si l'on se rétracte.

Lumière qui précède le lever du soleil.

Époque réputée la plus chaude de l'année, du 24 juillet au 23 août.

Troupe de marchands, de pèlerins qui voyagent ensemble dans les déserts.

Celui qui est versé dans la connaissance des monuments antiques.

Pâture mise dans un piége, après un hameçon, pour attirer.

Lieu où l'on se met à couvert de la pluie.

Petite cellule où les abeilles déposent leur miel.

QUATRE-VINGT-SIXIÈME LEÇON.

L'élève définira les mots suivants :

Essieu. Tenailles. Mâchefer. Fuseau. Échalas. Escabeau. Rouille. Cidre. Aloyau. Gibelotte. Ongle. Glu. Amiante. Ardoise. Gland. Moelle. Reptile. Levain. Tan.

QUATRE-VINGT-SEPTIÈME LEÇON.

Nous donnons la définition ; les élèves indiqueront le mot. (Substantifs.)

Galerie soutenue par des colonnes.

Appartement situé au niveau du sol.

Ferrure servant à fermer une fenêtre.

Sorte de volet à claire-voie qui s'ouvre en dehors.

Treillis de lattes placé à une fenêtre, et que l'on abaisse pour se garantir des rayons du soleil.

Logement situé au comble d'une maison.

Glace mobile montée sur des pieds.

Petite porte pratiquée dans une grande.

Petite boutique de savetier, etc.

Sorte d'enclume qui finit en pointe.

Tour forte d'un château.

Petite partie mobile d'une fenêtre.

Petit ameublement, crochet placé dans un appartement pour suspendre les rideaux, les chapeaux, etc.

Lieu où l'on se perd.

Plate-forme à chaque étage d'un escalier.

Monument national, à Paris, où l'on dépose les restes des grands hommes.

Suite de colonnes formant galerie.

Cloche placée dans la tour d'un château.

Enceinte garnie de gradins où un professeur fait son cours.

Lieu d'où l'on tire la pierre.

Sorte de peinture faite sur une muraille.

Plâtre imitant le marbre.

Endroit où plusieurs rues se croisent.

Petit canal, le plus souvent souterrain, pour conduire l'eau.

Vaisseau de bois où l'on bat le beurre.

Partie aqueuse du lait caillé.

Tronc propre à serrer de l'argent.

Boîte placée dans les églises pour recueillir les aumônes.

Lourde pièce de bois ferrée par un bout pour enfoncer les pavés.

Bâton de berger.

Machine qui met les wagons en mouvement.

Gant tronqué, sans séparation pour les doigts, à l'exception du pouce.

Instrument avec lequel le tisserand fait courir le fil.

Peau de bouc, en forme de sac, pour contenir les liquides.

Chaise dans laquelle se font porter les riches Indiens.

Sorte de couverture pour les chevaux.

Science qui traite du son.

Pierre tombée du ciel.

Appareil qui sert à distiller.

Celui qui se livrait, au moyen âge, à la recherche chimérique de la pierre philosophale.

Science dans laquelle on calcule avec des lettres.

Horloge d'eau chez les anciens.

Vérité évidente par elle-même.

Molécule d'un corps, supposée indivisible à cause de son extrême ténuité.

Aiguille de fer placée sur les monuments pour les garantir de la foudre.

Proposition contraire à l'opinion commune.

Tuyau recourbé pour transvaser les liquides.

Instrument pour mesurer le degré d'humidité de l'air.

Instrument pour marquer le degré de chaleur.

Instrument qui mesure la pesanteur de l'air et indique les changements de temps.

Partie de l'air atmosphérique qui entretient la respiration et la combustion.

Lieu où travaillent les chimistes.

Allure du cheval qui avance à la fois les deux jambes du même côté.

Nom donné à la plus rapide allure du cheval.

Petit ruban attaché au haut d'un livre pour marquer l'endroit où l'on a cessé de lire.

Courbe qui va toujours en s'éloignant du point autour duquel elle tourne.

Instrument qui sert à transmettre au loin par des signaux des nouvelles importantes.

Grande bourse. Mot employé par Rabelais.

Volée de jeunes abeilles qui abandonnent la ruche, qui émigrent.

Palette de bois dont on frappe la main des écoliers par correction.

Nom général donné au petit poisson.

Femme qui fait la lessive.

Conducteur d'éléphant.

Petit tuyau par lequel on souffle dans les instruments à vent.

Jeu d'enfants qui consiste à sauter à cloche-pied en poussant un palet entre des lignes.

Enfoncement pratiqué dans un mur pour placer une statue.

Fleuve qui roule un sable d'or. (*Nom propre*).

Soupe au pain, au beurre, longtemps mitonnée.

Machine qui se meut par ressorts.

Lieu fangeux où le sanglier se retire.

Sucre fondu au feu.

Sucre non raffiné.

QUATRE-VINGT-HUITIÈME LEÇON.

L'élève définira les mots suivants :

Guillemet. Problème. Alphabet. Analyse. Pensum. Vacances. Condisciple. Compatriote. Patin. Raquette. Aiguille. Girouette. Agonie. Antidote. Migraine. Charlatan. Vétérinaire. Charpie. Cil. Sourcil. Amygdales.

QUATRE-VINGT-NEUVIÈME LEÇON.

Nous donnons la définition; les élèves indiqueront le mot. (Substantifs.)

État annuel des recettes et des dépenses d'un pays.
Gouverneur d'une province chez les anciens Perses.
Premiers magistrats de l'ancienne Carthage.
Gouvernement où les chefs sont regardés comme les ministres de Dieu.
Gouvernement d'un État régi par un seul chef.
Absence complète de toute espèce de gouvernement.
Gouvernement où l'autorité est entre les mains d'un petit nombre.
État où le peuple choisit lui-même ses chefs.
Autrefois le troisième ordre dans un État.
Tourment horrible inventé par les tyrans pour forcer les accusés à faire des révélations.
Magistrat de l'ancienne Rome chargé de défendre les intérêts du peuple.
Édit impérial en Russie.
Édit du Grand-Seigneur.
Titre qu'on donne au monarque de Russie.
Ancien chef de la république de Venise.
Nom par lequel on désigne ordinairement l'empereur des Turcs.
Le bois d'un drapeau.
Esclave à Sparte (*autrefois*).
Tribunal composé de citoyens.
Puissants seigneurs de la Russie.
Nom donné à la garde nationale prussienne.

Maire en Allemagne.

Premier officier civil d'une commune.

Magistrat qui aide et remplace au besoin le maire d'une commune.

Haut dignitaire de la Chine.

Mendiant, paresseux, sans asile, en Italie, principalement à Naples.

Loi qui bannissait pour dix ans les citoyens devenus par leur mérite suspects à la jalousie républicaine des Athéniens.

Statue de Pallas à la conservation de laquelle la ville de Troie attachait son salut.

Place où s'assemblait le peuple romain pour discuter sur les affaires publiques.

Nom que l'on donnait autrefois au fils aîné du roi de France.

Papier-monnaie créé pendant la révolution française.

Personne qui se met sur les rangs pour obtenir un emploi.

Nom que l'on donnait, sous la première révolution, aux insurgés de la Vendée.

Habitant d'une cité, d'un pays libre : J.-J. Rousseau était — de Genève.

Officier de police en Angleterre.

Archer, gendarme espagnol.

Lois fondamentales d'un État.

Homme qui sert de guide aux étrangers en Italie.

Fracture que fait un voleur pour dérober.

Terme de moquerie appliqué à un commis qui perçoit les droits sur le vin.

Signature apposée sur un papier laissé en blanc.

Habitant d'une ville.

Ouvrier dans un art mécanique.

Dommage éprouvé par des marchandises.

Contrat par lequel on loue, pour un temps déterminé, une maison, une ferme.

Partie du harnais qui passe sous la queue du cheval.

Celui qui fait ou vend des jouets d'enfant.

Petit livret de poche sur lequel on écrit ce que l'on a à faire.

Livre sur lequel les voyageurs consignent ce qu'ils ont vu de remarquable.

Herbe qui repousse dans un pré après la coupe.

Concert donné la nuit sous des fenêtres.

Petit orgue pour apprendre aux serins à chanter.
Plante exotique qui replie ses feuilles quand on la touche.
Fosse dans la terre pour conserver les grains.
Époque où l'on coupe les foins.
Époque à laquelle fleurit une plante.
Mauvaise herbe à graine noire qui croît parmi le blé.
État d'une terre labourable qu'on laisse reposer.
Froment et seigle mêlés ensemble.
Mélange de froment et d'orge.
Arbrisseau d'Égypte dont l'écorce intérieure servait de papier aux anciens.
Peau de mouton préparée pour écrire.
Lieu planté de jeunes arbres destinés à être transplantés.
Nom général donné aux parfums qui proviennent des végétaux.
Le plus grand, le géant des végétaux.
Arbre vénéneux d'Amérique dont l'ombrage est, dit-on, mortel.

QUATRE-VINGT-DIXIÈME LEÇON.

L'élève définira les mots suivants :

Maquignon. Palefrenier. Mors. Braconnier. Réfectoire. Abreuvoir. Réservoir. Vivier. Verger. Potager. Vantail. Margelle. Wagon. Débarcadère. Impasse. Coquerico. Aumône. Tocsin.

QUATRE-VINGT-ONZIÈME LEÇON.

Nous donnons la définition ; les élèves indiqueront le mot.

Nota. Tous les mots à trouver sont des adjectifs ou des adjectifs employés substantivement.

Animal qui vit sur la terre et dans l'eau.
Chat remarquable par la longueur et la beauté de son poil.
Qui croît, qui vit dans l'eau : Oiseau —.
Qui vit de fruits, de graines : Animal —.
Qui se nourrit de chair.
Qui se nourrit d'herbes.
Qui vit de poisson.
Qui mange de la chair humaine : Peuple —.

Se dit des animaux qui ont du venin.
Se dit des plantes qui ont du poison.
Animal qui met au monde ses petits tout vivants.
Se dit des animaux qui se reproduisent par des œufs..
Où l'on a pris naissance : Pays —.
Qui est étranger au climat : Arbre —.
Substance qui assoupit, qui endort.
Fruit, graine qui donne de l'huile.
Propre à la teinture : Plante —.
Mûr avant la saison : Fruit —.
Se dit d'un nez court et plat.
Qui se communique par le contact : Maladie —.
Maladie qui, sans être contagieuse, attaque à la fois un grand nombre de personnes.
Remède qui conforte le cœur, les forces : Potion —.
Bon pour la poitrine : Tisane —.
Qui fortifie l'estomac : Vin —.
Remède qui adoucit, qui amollit.
Remède qui guérit de la fièvre.
Qui appartient à la peau : Maladie —.
Qui ne peut être guéri : Mal —.
Qui ne peut être blessé : Achille était —.
Qui a la vue courte, basse.
Qui ne voit que de loin.
Qui est d'une taille très-petite.
Qui a les genoux tournés en dedans.
Se dit des eaux minérales chaudes.
Qui revient le troisième jour : Fièvre —.
Qui revient tous les quatre jours : Fièvre —.
Qui se renouvelle chaque jour.
Qui a son retour marqué : Fièvre —.
Qui se renouvelle chaque semaine : Journal —.
Qui a rapport à la cuisine : Vase —.
Qui n'a pas été blanchi, en parlant du fil, de la toile.
Qui n'a point de saveur : Sauce —.
Qui ne peut être effacé : Encre —.
Aliment difficile à digérer : Chou —.
Qui est sans odeur : Air —.
Se dit d'une loi romaine qui avait rapport au partage des terres.
Qui a rapport à l'agriculture : Instrument —.

Qui ne dure qu'un jour : Fleur, bonheur —.
Qui fait des tours subtils avec ses doigts.
Danseur de corde.
Qui est sans barbe.
Se dit des enfants des deux sœurs, etc. : Cousin —.
Dent de devant.
Dent du fond de la bouche.
Dent du milieu.
Qui a précédé le déluge : Patriarches —.
Qui est du même pays.
Qui vit dans le même temps : Auteurs —.
Qui professe la même religion qu'un autre.
Européen d'origine né en Amérique.
Né d'un nègre et d'une blanche, ou d'un blanc et d'une négresse.
Qui habite une île.
Loi qui, en France, exclut les femmes du trône.
Qui est situé au delà des Alpes.
Qui est situé en deçà des Alpes.
Qui est possédé du démon.
Sans commencement ni fin : Dieu —.
Qui ne doit point mourir : Ame —.
Celui qui attribue tout au destin.
Incapable de pécher, de faillir : Personne n'est —.
Qui est attaché aux vanités du monde.
Conforme à la saine doctrine de l'Église.
Qui a rapport à la fête de Pâques : Cierge —.
Qui prédit l'avenir.
Se dit d'un péché qui ne fait pas perdre la grâce.
Vers français composé de douze syllabes.
Testament écrit de la main même du testateur.
Qui est écrit de la main même de l'auteur.
Avant-dernière syllabe d'un mot.
La première lettre d'un mot.
Lettre située au milieu d'un mot.
La dernière lettre d'un mot.
Lettres qui se prononcent des lèvres.
Celui qui traduit la parole d'une langue dans une autre.
Qui se transmet par la voix : Leçon —.
Se dit d'un témoin qui a vu de ses propres yeux.
Enseignement par lequel on instruit plusieurs élèves à la fois.

Enseignement par lequel les élèves s'instruisent mutuellement.

Enseignement par lequel un professeur n'instruit qu'un seul élève.

QUATRE-VINGT-DOUZIÈME LEÇON.

Nous donnons la définition; les élèves indiqueront le mot.

NOTA. Tous les mots sont des adjectifs ou des adjectifs pris substantivement.

Délié comme un cheveu.

Triangle dont les trois côtés sont égaux.

Qui discontinue et reprend par intervalles.

Qui n'est pas transparent : Corps —.

Se dit de deux lignes partout également distantes l'une de l'autre.

Propriété qu'a un métal de s'étendre sous le marteau.

État d'un corps composé de parties de différente nature.

État d'un corps composé de parties de même nature.

Né après la mort du père : Enfant —.

Ouvrage non encore imprimé.

Imitateur outré de ce qui se fait en Angleterre.

Livre qui est sans nom d'auteur : Pamphlet —.

Écrit publié sous un faux nom.

Varié, qui est de plusieurs couleurs : Fleur —.

Dont on peut disposer : Emploi —.

Qui est à pied : Statue —.

Qui est à cheval : Statue —.

A double sens : Mot —.

Qui affecte une bravoure qu'il n'a pas.

Se dit d'un chien très-attaché à son maître.

Doux et bon avec un mélange de faiblesse : Roi —.

Se dit des choses qui par leur petitesse échappent à la vue.

Se dit d'un emploi dont on ne peut être destitué.

Dont l'accès est impossible : Montagne —.

Qui ne peut être forcé, pris d'assaut : Fort —.

Ce à quoi l'on n'a point touché : Dépôt —.

Qui ne prend point parti pour l'un plutôt que pour l'autre : Juge —.

Disposé à se mettre en colère : Caractère —.

Mal sans remède.

Concis, à la manière des Lacédémoniens : Discours —.

Se dit de deux choses qui se touchent immédiatement : Chambres —.

Celui qui est couronné en public.

Personne capricieuse dont l'esprit est supposé changer suivant les phases de la lune.

Celui qui hait l'espèce humaine.

Celui qui est porté à aimer les hommes.

Qui a le nez malpropre : Enfant —.

Jour malheureux, qui rappelle un désastre.

Qui arrive pendant la nuit : Sueur —.

Terreur subite et sans fondement.

Celui qui fait métier d'aller manger à la table d'autrui.

Soldat qui passe à l'ennemi.

Soldat qui abandonne son régiment.

Conscrit qui ne se rend pas sous les drapeaux.

Employé qui n'a point encore d'appointements.

Qui mène une vie molle et voluptueuse.

Nés de la même mère, mais non pas du même père : Frères—.

Celui qui prête à usure.

Qui se vend : Plume —. (*En mauvaise part.*)

Bois tout piqué de vers.

Qui ne remue pas, ne se meut pas.

Haine que rien ne peut apaiser.

Qui ne peut être rassasié : Ambition —.

SUITE DU DEVOIR.

Quelle qualification donne-t-on à l'être (personne ou chose) auquel manquent :

Les deux yeux ?
Un œil ?
Des cheveux ?
Un bras ?
L'usage de tous les membres ?
L'ouïe ?
L'usage de la parole ?
La raison ?

Un mari?
Un père? (*En parlant d'un enfant.*)
Les dents?
La santé?
Le courage?
La liberté?
L'odeur? (*En parlant d'une fleur.*)
La fraîcheur? (*Id.*)
Des habitants? (*En parlant d'une ville.*)
De l'eau? (*En parlant d'un fleuve, d'un puits, etc.*)
Des fruits? (*En parlant d'un arbre.*)
Des feuilles? (*Id.*)
Plusieurs feuillets? (*En parlant d'un livre.*)

QUATRE-VINGT-TREIZIÈME LEÇON.

Nous donnons la définition; les élèves indiqueront le mot.

Nota. Tous les mots à trouver sont des verbes.

Décharger quelqu'un d'un crime : Le prêtre —.
Entasser des marchandises pour en faire hausser le prix.
Accoutumer une plante à un nouveau climat.
Retrancher un membre à quelqu'un.
Mesurer la superficie d'un champ.
Jeter un liquide avec un goupillon.
Boucher les fentes d'une porte, d'une fenêtre.
Transporter les traits d'un dessin à l'aide d'une pointe qu'on
fait passer sur chaque trait.
Mettre au rang des saints.
Traiter de la reddition d'une place.
Sonner très-fort plusieurs cloches en même temps.
Changer une peine, une condamnation en une autre moindre.
Cultiver un terrain jusqu'alors inculte.
Action de tirer l'épée du fourreau.
Causer du dégoût.
Tomber goutte à goutte.
Goûter une boisson pour en reconnaître la qualité.
Détruire les fortifications d'une ville.
Action de couper une volaille en morceaux.

Sortir de l'œuf, en parlant des animaux ovipares.
Retrancher d'un arbre les branches superflues.
Mettre quelqu'un hors de tutelle.
Remplir un cadavre d'aromates pour en empêcher la corruption.
Quitter sa patrie pour aller en habiter une autre.
Cacher, mettre en terre.
Nommer les lettres d'un mot pour assembler.
Faire disparaître un objet par un tour de main, et sans que les spectateurs s'en aperçoivent.
Appliquer une couche d'étain à la surface des métaux..
Action de mettre en fagots.
Contrefaire pour tromper, altérer par un mélange : — le vin.
Frotter le corps d'un malade pour rétablir la circulation du sang.
Prononcer la lettre r de la gorge : Les Parisiens —.
Rendre la santé à un malade.
Faire des changements, introduire des nouveautés.
Environner de troupes une place de guerre.
Action de prendre une épouse.
Broyer, mettre en poudre avec la meule.
Enlever la peau à un fruit.
Frapper la terre avec le pied, en parlant du cheval.
Effacer par des traits de plume ce qui est écrit.
Garder et cacher le vol d'un autre.
Mettre un puits à sec.
Se dit des sauvages qui bariolent leur corps de diverses figures.
Amasser des trésors.
Séparer avec la main les filaments qui recouvrent le chanvre.
Verser d'un vase dans un autre.
Induire sciemment quelqu'un en erreur.
Réduire une chose à néant, la détruire entièrement.
Réduire en poudre.
Action d'ôter la vie à quelqu'un.
Attacher quelqu'un en croix.
Oter la vie à quelqu'un par le poison.
Oter la vie à quelqu'un par strangulation.
Assommer à coups de pierres.
Faire apparaître les mânes, les esprits, les ombres.

Chasser les démons du corps de quelqu'un.
Transporter des produits de son pays dans un autre.
Faire entrer dans son pays des produits étrangers.
Étendre l'herbe fauchée pour la faire sécher.
Enlever la récolte d'un pré.
Ramasser les épis de blé derrière les moissonneurs.
Cueillir les grappes de raisin que les vendangeurs ont laissées.
Enlever la récolte d'un champ de blé.
Enlever la récolte d'une vigne.
Être heureux au jeu.
Être malheureux au jeu.
Se rincer la gorge et la bouche avec un liquide.
Boire en tirant l'eau avec la langue : Le chien —.
Action d'enlever à quelqu'un les cheveux blancs.

QUATRE-VINGT-QUATORZIÈME LEÇON.

Nous donnons la définition; l'élève mettra le mot à la place du tiret.

La — est fille de la nécessité.
La — est la mère de tous les vices.
La — est l'organe de la voix.
Le — est le signe de l'alliance que Dieu fit avec Noé.
Une — est le trésor des remèdes de l'âme.
Le — est appelé la saison des fruits.
Un — est un joueur déterminé qui prend un million d'hommes pour jetons, et l'univers pour tapis.
La — est le présent le plus utile que le Nouveau-Monde ait fait à l'Ancien.
Le — est un être qui ne vit que pour lui, et envers qui tous les autres hommes sont comme s'ils n'étaient pas.
La — est un désir insatiable de s'élever au-dessus et sur les ruines mêmes des autres.
La — et la — sont les deux yeux de l'histoire.
Le — est un petit oiseau chanteur qui nous vient des Canaries.
On peut dire que le — est le nourricier de l'Égypte.
Le — est le meilleur assaisonnement des mets.
La — est le temps du repos et le — celui du travail.

De tous les animaux, le — est celui qui travaille le plus mer-
veilleusement.

La — est la femelle du sanglier.

Le — est un animal parlant et pensant.

La — est une opération par laquelle on se propose de réunir
plusieurs nombres en un seul.

Un — est appelé parfois une giroflée à cinq feuilles.

QUATRE-VINGT-QUINZIÈME LEÇON.

LES TROIS RÈGNES DE LA NATURE.

(Suite de la Périphrase.)

On partage tout ce qu'il y a dans la nature en trois grandes
classes désignées sous le nom de *règnes*, savoir : les *animaux*, les
végétaux et les *minéraux*,

Le règne *animal* comprend tous les êtres vivants, tels que
l'homme, les quadrupèdes, les oiseaux, les poissons et les insectes.

Le règne *végétal* comprend toutes les substances qui végètent,
telles que les arbres, les fleurs, l'herbe, enfin les plantes de toute
espèce.

Le règne *minéral* renferme les substances dépourvues d'organes,
comme les métaux et les pierres.

Puisqu'il n'existe rien en dehors de ces trois règnes, un corps, un
produit quelconque devra être nécessairement *animal, végétal* ou
minéral.

Ainsi, le *miel*, que l'on obtient des abeilles, l'*ivoire*, que l'on
tire de l'éléphant, sont des produits *animaux* ; le *liége*, qui n'est
autre chose que l'écorce d'une espèce de chêne, la *gomme*, qui
découle de certains arbres, sont des produits *végétaux* ; le *plâtre*,
que l'on extrait des carrières, la *houille*, que l'on tire des mines,
sont des produits *minéraux.*

---

*L'élève rangera chacun des produits suivants dans le règne auquel
il appartient.*

Amiante. Amidon. Ardoise. Baleine. Beurre. Café. Camphre.
Chanvre. Charbon. Chaux. Chocolat. Cire. Coquillage. Corail.
Corne. Coton. Craie. Crême. Crin. Cuir. Diamant. Encens.
Éponge. Farine. Fécule. Fer. Fiel. Gomme. Houille. Huile.

Indigo. Ivoire. Laine. Lait. Liége. Lin. Manne. Marbre. Mercure. Miel. Musc. OEuf. Opium. Or. Papier. Parchemin. Perle. Plâtre. Plume. Poivre. Poix. Porcelaine. Potasse. Pourpre (*couleur de*). Riz. Safran. Savon. Sel. Soie. Soufre. Sucre. Suif. Tabac. Thé. Verre. Vin.

QUATRE-VINGT-SEIZIÈME LEÇON.

L'élève donnera une explication, un développement sommaire sur chacun des produits suivants :

L'amiante. L'amidon. L'ardoise. La baleine. Le beurre. Le café. Le camphre. Le chanvre. Le charbon. La chaux.

Nota. L'attention des élèves se portera principalement sur la nature, l'extraction, l'origine, la fabrication de ces différentes substances, leurs usages et leur emploi dans le commerce.

Nous allons prendre pour exemple le *soufre*.

LE SOUFRE.

Le soufre est jaune, dur, cassant; il n'a ni saveur ni odeur; frotté, il acquiert la faculté d'attirer les corps légers. Le soufre est très-répandu dans la nature, où on le trouve souvent à l'état pur. S'il contient des matières terreuses, on l'en sépare en le fondant dans des creusets. Les usages du soufre sont nombreux : on l'emploie pour soufrer les allumettes, pour sceller dans la pierre les barreaux de fer, pour éteindre les feux de cheminée, pour blanchir la soie, la laine, etc., etc.; il entre dans la composition de la poudre à canon ; rendu malléable par la chaleur, il sert à former des moules et à prendre des empreintes ; enfin la chimie en fait un usage fréquent, et la médecine l'emploie contre les maladies cutanées. Le soufre se rencontre principalement dans les terrains volcaniques. La soufrière ou solfatare de Pouzzoles, près de Naples, peut en alimenter le monde entier.

QUATRE-VINGT-DIX-SEPTIÈME LEÇON.

Donner quelques notions sur les produits suivants :

Chocolat. Cire. Coquillage. Corail. Corne. Coton. Craie. Crême. Crin. Cuir. Diamant.

QUATRE-VINGT-DIX-HUITIÈME LEÇON.

Donner quelques notions sur les produits suivants :

Encens. Éponge. Farine. Fécule. Fer. Fiel. Gomme. Houille. Huile. Indigo. Ivoire.

QUATRE-VINGT-DIX-NEUVIÈME LEÇON.

Donner quelques notions sur les produits suivants :

Laine. Lait. Liége. Lin. Manne. Marbre. Mercure. Miel. Musc. OEuf. Opium.

CENTIÈME LEÇON.

Donner quelques notions sur les produits suivants :

Or. Papier. Parchemin. Perle. Plâtre. Plume. Poivre. Poix. Porcelaine. Potasse. Pourpre *(couleur de)*.

CENT UNIÈME LEÇON.

Donner quelques notions sur les produits suivants :

Riz. Safran. Savon. Sel. Soie. Sucre. Suif. Tabac. Thé. Verre. Vin.

CHAPITRE CINQUIÈME.
DU SYLLOGISME.

CENT DEUXIÈME LEÇON.

Le syllogisme est un raisonnement composé de trois propositions dépendantes l'une de l'autre. Ex.:
Tous les hommes sont mortels;
Or César était homme :
Donc César était mortel.

Dans la première proposition, on applique une qualification à un sujet général, c'est-à-dire à tous les individus d'un genre :

Tous les HOMMES *sont mortels.*

Dans la deuxième proposition, le sujet n'est plus qu'une portion du genre, ou même qu'un seul individu :

Or les FRANÇAIS *sont hommes. (Sujet spécifique.)*

Or CÉSAR *était homme. (Sujet individuel.)*

Enfin, dans la troisième proposition, on dit du sujet de la deuxième ce que l'on avait d'abord dit du sujet de la première :

Donc tous les Français sont mortels.

Donc César était mortel.

Dans un syllogisme, la première proposition s'appelle *majeure,* la deuxième *mineure,* et la troisième *conséquence* ou *conclusion.*

―――――

Dans les syllogismes suivants, nous donnons la majeure et la mineure; l'élève en déduira la conséquence.

NOTA. Ces syllogismes ne sont pas tous rigoureusement construits suivant les règles que nous avons posées; néanmoins on peut toujours les y ramener.

— Ceux qui n'étudient pas sont toujours ignorants ;

Or les paresseux n'étudient pas :

Donc. . . . .

— Tous les enfants bien élevés prient Dieu, chérissent leurs parents et respectent les vieillards ;

Or Paul est un enfant bien élevé :

— Celui qui désire toujours n'est jamais heureux ;

Or l'avare et l'ambitieux désirent toujours :

— Adam est le père de tous les hommes ;

Or Abraham était homme :

Donc Adam. . . . .

Donc Abraham. . . . . .

— Il faut aimer ce qui est bon ;

Or Dieu est bon :

— Las-Cases disait aux Espagnols : Un chrétien doit aimer ses semblables ;

Or les Péruviens sont vos semblables :

— Mon enfant, je vous ai promis une récompense si vous travailliez bien ;

Or vous avez bien travaillé :

— On ne peut être égoïste et bon citoyen ;

Or **Pierre** est bon citoyen :
— On ne peut être égoïste et bon citoyen ;
Or Pierre est égoïste :
— Il faut commander à ses passions ou leur obéir ;
Or il faut leur commander :
— Il est nécessaire que les méchants soient punis dans ce monde ou dans l'autre ;
Or il y a des méchants qui ne sont pas punis dans ce monde :
— Tous les hommes sont enfants de Dieu ;
Or les nègres sont des hommes :
— Vous devez aimer tous ceux qui vous font du bien ;
Or vos maîtres vous donnent l'instruction, qui est un immense bien :
— Un aveugle est plus à plaindre qu'un sourd ;
Or Jacques est aveugle et Thomas est sourd :
— On dit : Mauvaise tête, bon cœur ;
Or Julien a mauvaise tête :
— Toute personne qui veut apprendre doit écouter ;
Vous voulez apprendre :
— Il est plus facile de perdre quelqu'un que de le sauver ;
Or je t'ai sauvé :
— Certains peuples adoraient tous les animaux ;
Or l'ichneumon est un animal :
Donc l'ichneumon. . . . . .
Donc certains peuples. . . . .
— L'oisiveté est la mère de tous les vices ;
Or les mauvaises pensées sont des vices :
Donc les mauvaises pensées. . . . .
Donc l'oisiveté. . . . .
— Le soleil ranime toutes les plantes ;
Or le serpolet est une plante :
Donc le serpolet. . . . .
Donc le soleil. . . . .

CENT TROISIÈME LEÇON.

Nous donnons la majeure; l'élève trouvera la mineure et la conséquence.

EXEMPLE : *Tous les vices sont blâmables.*
Voilà la majeure du syllogisme à construire. Nous pouvons

facilement en tirer la mineure, puisque le sujet de cette deuxième proposition doit être le nom d'un vice quelconque; disons donc :

Or la paresse (ou le mensonge, ou la malpropreté, etc.) est un vice.

Quant à la conséquence, le devoir précédent nous a appris à la tirer.

En procédant ainsi, on obtient ce syllogisme :
Tous les vices sont blâmables ;
Or la paressé est un vice :
Donc la paresse est blâmable.

———

— Tous les grands conquérants ont été ambitieux ;
Or. . . . .
Donc. . . . .
— Toutes les étoiles ont une lumière qui leur est propre ;
— Toutes les planètes tournent autour du soleil ;
— Tous les serpents rampent ;
— Tous les hommes vertueux sont heureux ;
— Tous les animaux couverts d'écailles sont des poissons ;
— Aucun homme n'est exempt de faiblesse.

═══════

CENT QUATRIÈME LEÇON.

Nous donnons la conséquence; l'élève trouvera la mineure et la majeure.

Exemple : . . . . ;
. . . . :
Donc le brochet nage.

Nous avons vu que dans un syllogisme la conséquence emprunte son sujet à la mineure et son attribut à la majeure. Ainsi, dans la proposition ci-dessus, *brochet* appartient à la mineure, et *nage* (*est nageant*) appartient à la majeure ; nous avons déjà ceci :

. . . . *nage, nt;*
Or le brochet . . . . . :
Donc le brochet nage.

Il ne reste plus à trouver que le nom générique de brochet. Voici donc notre syllogisme :

Tous les poissons nagent ;
Or le brochet est un poisson :
Donc le brochet nage.

———

Donc l'aigle est ovipare.
— Donc le mercure sort du sein de la terre.
— Donc la peinture embellit la vie.
— Donc les Alpes sont neigeuses. (*Vous qualifierez le sujet de la majeure.*)
— Donc le Danube n'est pas navigable à sa source. (*Remarquez que ce syllogisme est négatif.*

CENT CINQUIÈME LEÇON.

DE LA CONCLUSION.

(Suite du Syllogisme.)

Le raisonnement par syllogisme n'est d'usage qu'en philosophie. Le philosophe, dont le but est de découvrir la vérité, craint toujours de se méprendre ; il n'avance que pas à pas, avec mesure, le syllogisme à la main, comme le géomètre le compas. Mais on comprend que le style de l'écrivain et le langage de l'orateur ne doivent pas avoir la sécheresse et la raideur de l'argumentation philosophique.

Ainsi, au lieu de dire avec le logicien :

Tous les hommes sont mortels ;
Or tu es homme :
Donc tu es mortel.

L'écrivain et l'orateur supprimeront la majeure et diront simplement :

Tu es homme, et par conséquent mortel.

———

Dans le devoir suivant, nous posons un fait ; l'élève tirera la conséquence.

Dieu voit toutes nos actions ;. . . . .
Les loups sont très-maifaisants et ne sont à l'homme d'aucune utilité ;. . . . .

En tout temps les mers polaires sont couvertes de glaces ;....

Dire du bien de soi, c'est orgueil ; en dire du mal, c'est sottise ;.....

Les qualités de l'esprit sont brillantes, celles du cœur sont solides ;.....

Ce cultivateur paresseux a négligé de labourer son champ ;.....

Cet enfant a montré de la bonne volonté et une grande application ;.....

La vertu conduit au bonheur ;.....

L'ennemi faiblit ;.....

Les arbres attirent la foudre ;.....

La nature nous a donné deux oreilles et une seule bouche ;....

Les animaux ont comme nous le sentiment de la douleur ;.....

Les maisons nouvellement construites sont malsaines ;.....

Les fleurs exhalent beaucoup d'acide carbonique ;.....

Si le cheval n'existait pas, l'âne serait le plus beau et le plus utile des quadrupèdes ;.....

Les malheureux sont nos frères ;.....

Le bavard ne sait pas taire un secret ;.....

Un travail trop assidu est contraire à la santé ;.....

L'étude rend l'homme meilleur et plus heureux ;.....

La jalousie, l'égoïsme et l'avarice rendent l'homme malheureux ;.....

On trouve des coquillages et des débris de poissons sur le sommet des plus hautes montagnes ;.....

Avant l'invention de la poudre, les combattants luttaient corps à corps ;.....

Vos parents pourvoient à tous vos besoins ;.....

On a trouvé des dents d'éléphant dans les carrières de Montmartre ;.....

CENT SIXIÈME LEÇON.

Ce devoir est la contre-partie du précédent ; nous donnons la conséquence, l'élève rétablira le principe.

..... ; il faut donc qu'une suprême intelligence ait présidé à cette organisation (*l'organisation de l'univers*).

..... ; soyons donc serviables envers eux (*envers les autres hommes*).

7.

. . . .; nous devons donc le mettre à profit (*le temps*).

. . . .; fuyons leur société (*la société des flatteurs*).

. . . .; préparons-nous donc dès aujourd'hui à n'avoir plus tard que de bonnes actions à porter devant son tribunal (*le tribunal de Dieu*).

. . . .; les jeunes gens doivent donc leur demander conseil (*aux vieillards*).

. . . .; la famine n'est donc pas à craindre cette année.

. . . .; donc il récompensera le bien et punira le mal (*Dieu*).

. . . .; gardez-vous donc de ravir aux oiseaux leurs petits et leurs œufs.

. . . .; donc j'existe.

. . . .; il leur était donc impossible de s'aventurer sur la mer loin des côtes (*aux anciens*).

. . . .; les enfants doivent donc s'appliquer à être honnêtes.

CHAPITRE SIXIÈME.

DE LA CAUSE ET DE L'EFFET.

CENT SEPTIÈME LEÇON.

On appelle *cause* en général tout ce qui produit un effet, et l'on entend par *effet* tout ce qui est fait ou produit par une cause agissante. Ainsi un morceau de liége plongé au fond de l'eau *remonte* à la surface : voilà un effet, dont la cause est la pesanteur spécifique du liége, moindre que celle de l'eau. Une toupie lancée avec force *reste* en équilibre et produit un léger *ronflement :* voilà deux effets ; en voici les causes : 1° le mouvement de rotation de la toupie maintient la ligne de gravité dans la partie qui est en contact avec le sol ; 2° le bruit est causé par l'agitation de l'air.

Il faut commencer par bien s'assurer de l'existence des effets avant d'en rechercher les causes ; il n'y a rien de si commun que de voir l'homme prendre pour de véritables effets de pures chimères. Plutarque se pose à lui-même cette question : *Pourquoi les poulains qui ont été poursuivis par les loups vont-ils plus vite que les autres ?* Il donne d'abord plusieurs raisons pour expliquer cette vitesse, puis il termine en disant : *Peut-être aussi que cela n'est pas.*

Voilà en effet le point important, de la vérité duquel il fallait s'assurer avant de proposer la question.

« Un charlatan du dix-septième siècle montrait de ville en ville un jeune homme qui avait, disait-il, une dent d'or. Des philosophes de ce temps-là firent des dissertations pour prouver que la matière avait pu s'arranger dans la dent de la même manière qu'elle s'arrange dans les mines d'or ; mais un chirurgien plus habile découvrit que cette prétendue dent d'or ne consistait qu'en une feuille d'or dont on avait enveloppé la dent, et qu'on avait adroitement insinuée dans les gencives. (1)»					Dumarsais.

Voici un autre exemple. Les premiers voyageurs qui ont parlé des Patagons leur ont attribué une taille beaucoup plus élevée que la nôtre. Plusieurs savants se sont emparés du fait et ont cherché à l'expliquer. Mais, si l'on en croit Bernardin de Saint-Pierre, cette assertion est fausse ou du moins très-exagérée. « Ils (*les voyageurs*) ont vu les Patagons dans une position qui agrandit tous les objets, c'est-à-dire de loin, sur les hauteurs de leurs rivages, où ces peuples accourent dès qu'ils aperçoivent des vaisseaux ; il les ont vus à travers les brumes qui sont si fréquentes dans ces climats, et qui, comme on sait, agrandissent tous les corps. » Ces exemples démontrent suffisamment qu'on ne doit entreprendre d'expliquer la cause d'un effet qu'après s'être bien assuré que le fait existe réellement.

Mais l'erreur ne provient pas seulement de l'effet ; elle peut aussi provenir, elle provient même le plus souvent de l'ignorance de la cause. C'est là la principale source des préjugés et des erreurs de l'homme. Autour de nous, dans la nature, combien d'effets dont nous ignorons et dont nous ignorerons probablement toujours les causes ! Comment un gland que nous confions à la terre devient-il un chêne ? Comment une graine qui nous paraît inerte laisse-t-elle après elle, en pourrissant dans le sol, une innombrable postérité ? Pourquoi certaines fleurs ferment-elles leurs corolles sous l'influence des rayons du soleil, et choisissent-elles, pour s'épanouir, les ombres de la nuit ?

---

(1) Cette imposture a donné lieu à un proverbe. On dit aujourd'hui d'une prétendue merveille, d'un prétendu prodige qu'il faudrait vérifier avant d'y croire : *C'est l'histoire de la dent d'or*.
					(*Dictionnaire de l'Académie.*)

De tout temps ces causes mystérieuses et cachées ont fait le désespoir des savants et des philosophes. Empédocle se précipita dans le mont Etna parce qu'il n'en pouvait expliquer les merveilles ; et si l'on en croit quelques historiens, le plus puissant génie de la Grèce, Aristote, se noya dans l'Euripe, dont il ne pouvait comprendre le flux et le reflux.

Une foule d'erreurs populaires se sont accréditées par suite de l'ignorance des causes. Rien ne coûte tant à l'homme que de dire *je n'en sais rien.* Sommes-nous témoins d'un fait dont nous ignorons la cause, au lieu d'avouer simplement notre faiblesse, nous prenons pour cause de cet effet ce qui est arrivé avant, ou ce qui arrive en même temps, sans que cela ait aucun rapport avec l'effet lui-même. Par exemple, si l'apparition d'une comète coïncide avec quelque désastre, tel que la peste, la famine, un tremblement de terre, etc., on regarde la comète comme la cause de l'événement. Si le temps change avant la pleine et la nouvelle lune, c'est la pleine et la nouvelle lune qui causent ce changement. Les habitants des campagnes ont remarqué qu'un grand nombre de jeunes plantes périssent à l'époque de la lune rousse, dès lors ils attribuent ces accidents aux maléfices de la lune rousse. Ce sont des erreurs populaires. Les comètes et les éclipses sont étrangères aux fléaux que Dieu nous envoie ; et la science a démontré depuis longtemps que la lune n'exerce aucune influence favorable ou funeste sur la température et sur la végétation. La lune rousse n'amène pas plus le dépérissement des jeunes pousses que les hirondelles n'amènent le retour du printemps. La lune disparaîtrait des régions célestes, que les jeunes plantes du mois d'avril n'en périraient pas moins ; de même que nous verrions apparaître le printemps, si les hirondelles oubliaient, une année, de revenir au jour fixé dans nos climats.

Nous donnons des effets, l'élève trouvera les causes.

La noix de galle. La conversion de Clovis. La maturité des fruits. Le remords. Le bonheur dont jouissent les élus. Les prix et les couronnes décernés à la fin de l'année. Les rides du front. L'ivresse. Une cicatrice. L'orgueil. La chute d'Adam. Le déluge universel. La tour de Babel. La malédiction de Cham. L'élévation de Joseph en Égypte. Les plaies d'Égypte. La force merveilleuse de Samson. L'ascension de l'esprit de vin dans le thermomètre. L'ascension du mercure dans le baromètre. Les débordements du Nil. La pluie. Les vagues de la mer. L'ascension de l'eau dans les pompes. L'éclipse de soleil. L'éclipse de lune. Les marées.

CENT HUITIÈME LEÇON.

Nous donnons des causes, l'élève trouvera les effets.

L'économie. L'étude. L'oisiveté. La tempérance. L'intempérance. Le plaisir immodéré. Le jeu. La vertu. Le sommeil. Une bonne nouvelle. Une nouvelle fâcheuse. Le vaccin. Les débordements périodiques du Nil. La grêle avant la moisson. Les orages. Les volcans. La chaleur (*son effet sur l'eau*). Le froid (*id.*). L'humidité (*son effet sur le bois*). La sécheresse (*id.*). La paix entre les nations. La guerre entre les nations. La jalousie de Caïn. La prédilection de Jacob pour son fils Joseph. La confirmation.

CENT NEUVIÈME LEÇON.

Dans les phrases suivantes, l'élève distinguera l'effet et la cause.

NOTA. En préparant ce devoir de vive voix, chaque élève que le maître désignera pour faire l'explication d'une phrase, aura soin de s'adresser à lui-même ces deux questions : *Quel est l'effet? Quelle est la cause?*

Le soleil nous envoie la chaleur et la lumière. Les étrangers ont appris aux Russes la culture du chou-fleur. Alexandre détruisit l'empire des Perses. Les ouragans causent de grands malheurs. Les abeilles fabriquent de la cire et du miel. L'ennui est entré dans le monde par la paresse. La main qui fuit le travail produit l'indigence ; mais la main laborieuse acquiert des richesses. Le malheur ajoute un nouvel éclat à la gloire des grands hommes. L'Angleterre doit la prépondérance qu'elle exerce dans le monde à son commerce et à sa marine. Le sens du toucher, si perfectionné chez l'homme, est une des causes de la supériorité qu'il exerce sur tous les autres animaux, et de son adresse merveilleuse dans les arts mécaniques. On rend les chiens hargneux et méchants en les excitant. Les personnes d'une sensibilité excessive sont sujettes à de grands chagrins.

Le printemps ramène les hirondelles dans nos climats. Les songes, les fantômes et les feux follets effrayent les esprits faibles. Les patriciens assurèrent au peuple romain que Romulus avait été enlevé par Jupiter pendant un orage. Alexandre mourut à trente-trois ans, par suite de son intempérance. L'automne fait jaunir et tomber les feuilles des arbres. La poudre et le sang enivrent le soldat. Un verre d'eau répandu sur la robe de la reine Anne amena la disgrâce de Marlborough, et, par suite, le salut de la France, que les victoires de ce général avaient mise à deux doigts de sa perte.

CHAPITRE SEPTIÈME.

DU TOUT ET DE LA PARTIE.

CENT DIXIÈME LEÇON.

Ces mots se définissent d'eux-mêmes. Le *tout* est la chose considérée dans son entier. La *partie* est une portion d'un tout ; de là cet axiome : *Le tout est plus grand que sa partie.*

Une *maison* est un *tout* ; la *cave*, le *grenier*, l'*escalier*, les divers *appartements* sont les *parties* de la *maison*.

Cependant il en est du *tout* et de la *partie* comme de la *cause* et de l'*effet*, du *genre* et de l'*espèce* : ces mots ne sont rien moins qu'absolus. Un *tout* peut devenir *partie* ; une *partie* peut devenir *tout*, suivant le point de vue sous lequel on les considère.

Par exemple, la *tête*, qui est une *partie* du *corps*, est un *tout* comparativement à l'*œil* ; et l'*œil*, *partie* de la *tête*, devient à son tour un *tout* relativement à l'*orbite*, à l'*iris*, à la *pupille*, à la *prunelle*, au *cristallin*, à la *cornée*, à la *paupière*, aux *cils*, etc., etc.

L'*univers*, voilà le grand *tout*, le seul absolu, le seul qui ne peut pas devenir *partie*. Si nous descendons quelques degrés de la longue échelle des parties de ce *tout*, nous trouvons notre *système planétaire*, puis notre *globe*, puis là *partie du monde* que nous habitons, puis la *contrée*, puis la *province*, puis la *ville*, puis le *quartier*, puis la *rue*, puis la *maison*, puis enfin la *chambre* que nous habitons.

Cyrano de Bergerac, construisant un sophisme sur cette gradation descendante, disait :

L'Europe est la plus belle partie du *monde ;*
La *France* est le plus beau royaume de l'*Europe ;*
Paris est la plus belle ville de *France ;*
Le *collége de Beauvais* est le plus beau collége de *Paris ;*
Ma *chambre* est la plus belle chambre du *collége de Beauvais ;*
Je suis le plus bel homme de ma *chambre ;*
Donc *je* suis le plus bel homme du *monde.*

L'élève indiquera le tout auquel se rapportent les parties suivantes :

Ivoire. Soie (*de brosse*). Alvéole. Encolure. Arête. Crin. Écaille. Plume. Trompe. Défenses. Serres. Laine. Bois (*cornes*). Crête. Hure. Fanon. Branchies. Mufle. Orteil. Pied. Tête. Langue. Prunelle. OEil. Doigt. Ongle. Tympan. Narine. Hanche. Anche. Plate-bande. Sarment. Brou. Balle. Son. Grain. Gluten. Cosse. Cerneau. Crême. Noyau. Amande. Trognon. Foin. Pétiole. Corolle. Pulpe. Mie. Le matin. Adolescence. Minute. Semaine. Jour. Mois. Année. Automne. Normandie. Prusse. Amérique. Centre. Érèbe. Cratère. Crosse. Pommeau. Hampe. Proue. Bataillon. Parapet. Visière. Casemate. Lit de camp. Cheminée. Serrure. Mangeoire. Mors. Timon. Clocher. Soupirail. Chaînon. Échelon. Rampe. Soc. Espagnolette. Faubourg. Goulot. Aire. Margelle. Solive. Douve. Toit. Piston. Touche (*terme de musique*). Chanterelle. Pendeloque. Tesson. Tison. Édredon. Taie. Cadran. Chaton. Semelle. Parterre. Acte. Scène. Couplet. Strophe. Verset. Préface. Main (*de papier*). La lettre *b.* La note *ré.* Un quart. Centime. Centimètre. Exergue. Dessert.

CENT ONZIÈME LEÇON.

Un tout étant donné, indiquer cinq des parties dont il se compose.

Fleur. Pomme. Arbre. Tronc d'arbre. Corps humain. Tête. Main. Bouche. Vie de l'homme. Habit. Botte. Lit. Porte. Croisée. Voiture. Charrue. Scie. Ferme. Église. Théâtre. Fleuve. Vaisseau. Ballon. Montre. Fusil.

CHAPITRE HUITIEME.

DU SENS PROPRE ET DU SENS FIGURÉ.

CENT DOUZIÈME LEÇON.

Une langue n'a jamais autant de mots que ceux qui la parlent peuvent avoir d'idées; on est souvent obligé de se servir d'un même mot pour exprimer des idées quelque peu différentes. On dit, par exemple :

FLEUR *des champs.*	*Mourir à la* FLEUR *de l'âge*
Marbre FROID.	*Accueil* FROID.
Le pain NOURRIT *le corps.*	*La lecture* NOURRIT *l'esprit.*
Marcher LOURDEMENT.	*Se tromper* LOURDEMENT.

Les mêmes mots figurent dans ces phrases en regard, mais avec des significations différentes : une *fleur* des champs, le *froid* du marbre, etc., représentent des idées qui tombent sous nos sens ; nous pouvons *voir* une fleur, *sentir* le froid, ce qui n'a pas lieu pour les phrases de la seconde colonne.

Dans le premier cas, les mots *fleur, froid, nourrit, lourdement,* ont leur signification primitive, celle pour laquelle ils ont été inventés. *Ces mots sont employés au* PROPRE. Dans le second cas, ils ont une signification détournée, empruntée. *Ils sont employés au* FIGURÉ.

Les expressions figurées enrichissent une langue, puisqu'elles multiplient l'usage d'un même mot; elles donnent au discours de la grâce, de la noblesse, de l'énergie, et sont d'une grande ressource pour les bons écrivains.

Voltaire, ouvrant un volume des œuvres de Voisenon, tomba sur son épître au chevalier de Boufflers, qui commence ainsi :

> Croyez qu'un vieillard cacochyme,
> *Agé* de soixante-douze ans...

Le grand poète entra en fureur et déchira le feuillet en s'écriant :

« Barbare ! dis donc *chargé* et non pas *âgé!* Fais une FIGURE et non un extrait baptistaire ! »

NOTA. Les mots qui peuvent être employés au propre et au figuré sont les substantifs, les adjectifs, les verbes et les adverbes.

Dans le devoir suivant, les noms en italique ont une signification propre ; l'élève emploiera chacun d'eux au figuré dans trois petites phrases semblables, de son invention.

La *fleur* des champs.	La *sécheresse* de la terre.
Le *fruit* d'un arbre.	La *laideur* du visage.
Un *rayon* du soleil.	La *pureté* de l'eau.
Un *coup* de poing.	L'*amertume* du marron d'Inde.
La *douceur* du miel.	Le *feu* de la cheminée.

CENT TREIZIÈME LEÇON.

Entre le sens propre et le sens figuré, il y a un troisième sens que nous nommerons sens propre par *extension*, par analogie.

L'extrémité inférieure du corps de l'homme et d'un grand nombre d'animaux se nomme *pied*. Ce mot est ici avec son sens primitif, avec son sens propre ; mais on a *étendu* cette dénomination à d'autres objets ayant quelque analogie avec le pied des animaux. On dit, par exemple :

Le PIED *d'un arbre,*
Le PIED *d'une montagne,*
Le PIED *d'une muraille,*
Un PIED *de salade.*
Voilà des significations par extension.

Les noms en italique ont une signification propre ; l'élève donnera à chacun trois significations par extension.

Tête (*de l'homme*).	Oreille (*idem*).
Cœur (*idem*).	Coude (*idem*).
Front (*idem*).	Talon (*idem*).
Bouche (*idem*).	Dos (*idem*).
Dent (*idem*).	Feuille (*d'arbre*).
Corps (*idem*).	Branche (*idem*).
Bras (*idem*).	Fleur (*des champs*).
Œil (*idem*).	Ciel (*voûte céleste*).

CENT QUATORZIÈME LEÇON.

*Dans le devoir suivant, les adjectifs sont employés au propre;
l'élève donnera trois exemples de chacun d'eux employé au figuré.*

Mou (*lit*).
Dur (*marbre*).
Tendre (*bois*).
Fin, e (*écriture*).
Grossier (*drap*).

Profond, e (*grotte*).
Faible, s (*reins*).
Bas, se (*porte*).
Sain (*corps*).
Noir, e (*encre*).

CENT QUINZIÈME LEÇON.

DEVOIR DE RÉCAPITULATION.

*Nous avons confondu à dessein le sens propre et le sens figuré;
l'élève en fera la distinction.*

La *couleur* du drap.
Le *torrent* des passions.
Les *sources* du Nil.
La *souplesse* du jonc.
Le *poids* de l'air.
La *clarté* d'une démonstration.
La *chaleur* du soleil.
La *chaleur* du sentiment.
La *chaleur* de la dispute.
Vieillard encore *vert*.
Vertu *solide*.
Jonc *droit*.
Plaie *profonde*.
Riante prairie.
Mémoire *aride*.
Homme *modeste*.
Fruit *mûr*.
Cri *aigu*.
Lion *furieux*.
Mœurs *douces*.
Vin *doux*.
Souvenir *doux*.

Les *couleurs* de la vérité.
Le *torrent* de Cédron.
La *source* du mal.
La *souplesse* de caractère.
Le *poids* de la chaleur.
La *clarté* du jour.
La *chaleur* du combat.
La *chaleur* de l'été.
La *chaleur* du poêle.
Branche *verte*.
Porte *solide*.
Esprit *droit*.
Misère *profonde*.
Visage *riant*.
Contrée *aride*.
Modeste repas.
Age *mûr*.
Compas *aigu*.
Orage *furieux*.
Vie *douce*.
Fruit *doux*.
Liqueur *douce*.

Ce jeune étourdi a fait un *coup* de sa tête.

Le taureau le renversa d'un *coup* de tête.

Les têtes *vides* se dressent comme les épis *vides*.

Demandez à Dieu une âme *saine* dans un corps *sain*.

La vérité ressemble à la rosée du ciel : pour la conserver *pure*, il faut la recueillir dans un vase *pur*.

CENT SEIZIÈME LEÇON.

Dans le devoir suivant; les verbes ont une signification propre; l'élève donnera trois exemples de chacun d'eux au figuré.

Ourdir (*un tissu*).	Être plongé (*dans la mer*).
Corrompre (*la viande*).	Briser (*un vase*).
Rompre (*du pain*).	Cultiver (*un champ*).
Répandre (*un liquide*).	Polir (*le fer*).
Tomber (*dans un fossé*).	Se nourrir (*de fruits*).

CENT DIX-SEPTIÈME LEÇON.

L'élève distinguera le sens, propre ou figuré , des mots écrits en italique.

Son courage s'*allume*, ses yeux *pétillent*, son sang *bout*.

Le feu s'*allume*, il *pétille*, l'eau *bout*.

Le vent *enfle* les ballons ; l'orgueil *enfle* les sots.

La fatigue m'a *brisé*; j'ai les os *rompus*.

Le serpent boa *brise* les os de sa proie avant de l'*engloutir*.

Les grands royaumes *engloutissent* les petits états.

Jésus a *bu* jusqu'à la lie son calice d'amertume.

Diogène *buvait* dans le creux de sa main.

L'ivrogne *boit* le sang de ses enfants.

La haine publique se *cache* d'ordinaire sous l'adulation.

Le prévenu se *lava* de l'accusation portée contre lui.

Midas se *lava* dans les eaux du Pactole.

Quand il *sortit* de prison, il *entrait* dans sa vingtième année.

La belette *sortait* de maladie, quand elle *entra* dans un grenier.

L'ambition *perd* l'homme.

J'ai perdu ma bourse.

La rose *orne* le jardin.

La lecture *orne* l'esprit.

Le temps *adoucit* nos peines.

Il faut *couper* le mal dans sa *racine*.

Quand quelqu'un parle, il ne faut pas lui *couper* la parole.

Saint Pierre *coupa* l'oreille à Malchus.

La vanité est *remplie* d'elle-même.

Les hôpitaux sont *remplis* de malades.

Le malheur *flétrit* l'âme.

Le froid *flétrit* les fleurs.

Les langues perverses *sèment* la discorde.

Le cultivateur *sème* pour *récolter*.

Celui qui *sème* le vent *récolte* la tempête.

L'homme ne se *nourrit* pas seulement de pain, mais il se *nourrit* de tout ce qui sort de la bouche de Dieu.

Les cailloux se *polissent* en roulant.

Le temps *use* l'erreur et *polit* la vérité.

Pour *polir* un corps, il faut l'*user*.

La musique *flatte* l'oreille.

Ce malheureux *fondait* en larmes.

La chaleur *fond* la glace.

Le remords *déchire* le cœur.

Les mauvais écoliers *déchirent* leurs livres.

Cet événement a *renversé* tous mes projets.

Suspendez votre jugement, s'il doit avoir de graves conséquences.

Pendant sa royauté d'une heure, Damoclès avait une épée *suspendue* sur sa tête.

Quand on veut *rompre* avec son ami, il faut *découdre* et non pas *déchirer* l'amitié.

Le succès *couvre* la faute.

Newton ne manquait jamais de se *découvrir* quand il prononçait le nom de Dieu.

Nota. Les exercices que viennent de faire les élèves ont suffi sans doute pour leur montrer combien les significations figurées sont usitées dans le langage. Il est presque impossible d'écrire ou de prononcer cinq lignes de suite sans faire usage d'expressions métaphoriques, et ces figures sont employées par tout le monde, depuis l'homme le moins lettré jusqu'au plus savant académicien.

« Je suis persuadé, dit Dumarsais, qu'il se fait plus de figures en un jour de marché à la halle, qu'il ne s'en fait en plusieurs jours d'assemblées académiques. »

En lisant le morceau suivant, dans lequel Massillon a entassé les figures pour ainsi dire les unes sur les autres, on verra quelle force donne au discours cette manière figurée de s'exprimer.

« L'âge et les réflexions guérissent d'ordinaire les autres passions au lieu que l'avarice semble se ranimer et reprendre de nouvelles forces dans la vieillesse. Plus on avance vers ce moment fatal, où tout cet amas sordide doit disparaître et nous être enlevé, plus on s'y attache ; plus la mort approche, plus on couve des yeux son misérable trésor, plus on le regarde comme une précaution nécessaire pour un avenir chimérique. Ainsi, l'âge rajeunit pour ainsi dire cette indigne passion : les années, les maladies, les réflexions, tout l'enfonce plus profondément dans l'âme ; elle se nourrit et s'enflamme par les remèdes mêmes qui guérissent et éteignent toutes les autres. On a vu des hommes, dans une décrépitude où à peine leur restait-il assez de force pour soutenir un cadavre tout près de retomber en poussière, ne conserver, dans la défaillance totale des facultés de leur âme, un reste de sensibilité, et, pour ainsi dire, de signe de vie, que pour cette indigne passion ; elle seule se soutenir, se ranimer sur les débris de tout le reste ; le dernier soupir être encore pour elle ; les inquiétudes des derniers moments la regarder encore ; et l'infortuné qui meurt, jeter encore des regards mourants, qui vont s'éteindre, sur un argent que la mort lui arrache, mais dont elle n'a pu arracher l'amour de son cœur. »

CENT DIX-HUITIÈME LEÇON.

Comme les mots, les phrases ont tantôt un sens propre, tantôt un sens figuré. Si je dis, en me servant d'un exemple déjà employé :

Cet enfant a tracé son nom sur le SABLE ;

*Cet ouvrier grave sur l'or, sur le cuivre, sur l'*AIRAIN, *etc.*;
ces phrases ont une signification propre ; l'esprit y est conforme à la lettre. Il s'agit effectivement d'un enfant qui trace des lettres sur le sable, et d'un ouvrier qui, le burin à la main, grave des caractères sur un métal quelconque.

Mais si je dis :

Nous devons écrire les injures sur le SABLE *et les bienfaits sur* l'AIRAIN, je parle au figuré. Il n'est question ni d'*écriture,* ni de *sable,* ni d'*airain* véritablement. Ce langage signifie que le souvenir d'une offense doit disparaître de notre âme aussi promptement que s'effacent les traces laissées sur le sable, tandis que nous devons au contraire conserver des bienfaits un souvenir aussi inaltérable que les lettres gravées sur l'airain.

C'est ainsi, enfin, que pour exprimer que les lois de Dracon étaient très-*sévères,* on a dit figurément qu'elles étaient écrites avec du *sang.*

L'élève fera passer les phrases suivantes de la signification figu-rée à la signification propre.

La paresse va si lentement que la faim l'atteint bientôt.

Il faut séparer l'ivraie du bon grain.

Pour l'œil perçant le mensonge est diaphane.

Il n'y a pas de roses sans épines.

Plaçons nos bienfaits, ne les semons pas.

Ce sont toujours les meilleurs fruits que les oiseaux becquet-tent les premiers.

L'ennui naquit un jour de l'uniformité.

La calomnie est une arme acérée des deux bouts; celui qui en fait usage place une pointe sur sa propre poitrine, et l'autre sur celle de son ennemi.

La coupe de la vie serait douce jusqu'à la fadeur, s'il n'y tombait pas de temps en temps quelques larmes amères.

Ce ne sont pas les épis qui lèvent le plus la tête qui sont les plus pleins.

Nous apercevons une paille dans l'œil de notre voisin, et nous ne voyons pas la poutre qui est dans le nôtre.

L'eau qui tombe goutte à goutte parvient à creuser la pierre.

Le pain mal acquis remplit la bouche de gravier.

Ne chantons jamais auprès de ceux qui pleurent.

Du milieu des épines on voit souvent naître des roses.

On ne va pas à la gloire par un chemin de fleurs.

C'est un vilain oiseau que celui qui salit son nid.

Les folles dépenses refroidissent la cuisine.

Le paresseux désirerait bien manger l'amande, mais il ne voudrait pas casser le noyau.

L'enthousiasme chez un homme léger est un feu de paille.

Les commensaux des cours doivent tenir plus du saule que du chêne.

Beaucoup de gens savent pêcher en eau trouble.

L'oreiller du méchant est plein d'épines.

L'air qu'on respire sur les tombeaux épure les pensées.

Lorsque le duc d'Anjou, Philippe V, alla prendre possession du trône d'Espagne, Louis XIV dit ces paroles célèbres : *Il n'y a plus de Pyrénées.*

CENT DIX-NEUVIÈME LEÇON.

L'élève fera passer les phrases suivantes de la signification figurée à la signification propre.

Les grandes places sont comme les rochers élevés : les aigles et les reptiles seuls y parviennent.

Après une violente tempête, le moindre flot inspire de l'effroi.

L'encre des diplomates s'efface facilement, quand on ne répand pas dessus un peu de poudre à canon.

Les hommes adroits et légers surnagent comme le liége à toutes les tempêtes.

L'arbre sandal parfume la hache qui l'a frappé.

Si mince qu'il soit, un cheveu fait de l'ombre.

Que la terre est petite à qui la voit des cieux !

Le nom de Dieu est écrit en caractères très-lisibles sur l'aile d'un moucheron.

L'intérêt détourne du chemin de l'honneur.

Dieu mesure le vent à la brebis tondue.

On pousse les hommes faibles où l'on veut en leur montrant de l'autre côté un abîme.

On n'éclaire pas les esprits à la lueur des bûchers.

Laissez asseoir quelqu'un sur vos épaules, il s'assiéra bientôt sur votre tête.

Ce jeune homme a quitté la robe pour l'épée.

Il prit, quitta, reprit la cuirasse et la haire.

Le monde est rempli de grenouilles qui crèvent pour avoir voulu trop s'enfler.

C'est quand ils sont jeunes que l'on peut imprimer aux arbres une bonne direction.

Il faut de bonnes jambes pour porter un jour de fortune.

Un proverbe italien dit en parlant du joueur : Il est venu pour avoir de la laine, et il s'en est retourné tondu.

Cet homme a le bras long.

Morphée avait touché le seuil de ce palais.

La justice est, dit-on, boiteuse.

Les plaisirs sont comme des fondrières recouvertes de gazons fleuris.

Le ciel donne de la pluie et de la rosée à la terre, mais la terre ne renvoie au ciel que de la poussière.

Cet homme est un gibier de potence.

Toutes les fois que vous voyez un homme couvert de galons, il y a auprès un homme couvert de haillons.

L'homme vicieux qui veut changer de vie, doit plutôt couper la corde du vaisseau qui le retient au port, que de s'arrêter à la dénouer.

CHAPITRE NEUVIÈME.

DES PROVERBES.

CENT VINGTIÈME LEÇON.

Le proverbe est une espèce de sentence qui exprime en peu de mots, et généralement sous une forme allégorique, une vérité d'un grand sens. Les proverbes sont aussi anciens que le monde ; Salomon et Confucius en ont composé de fort beaux. Du reste chaque peuple a les siens, et c'est avec raison qu'on les appelle *la sagesse des nations*.

Voici quelques exemples :

1° *Absent le chat, les souris dansent*. Cela veut dire que lorsque le maître n'y est pas, les inférieurs font ce qu'ils veulent.

2° *Donner de l'eau bénite de cour*. C'est-à-dire donner de belles paroles, faire de belles promesses, mais ne rien tenir.

3° *Être sur les épines*. Se dit de quelqu'un qui est impatient de savoir, de faire ou d'obtenir quelque chose.

Remarquons que dans ces trois proverbes, le sens n'est pas du tout celui que semblent indiquer les mots ; les significations sont figurées ; ce sont de véritables allégories.

Il serait difficile d'établir aujourd'hui l'état chronologique de nos proverbes et de remonter à leur origine : les uns sont dus à la plume des écrivains, les autres au bon sens du peuple ; quelques-uns ont une raison historique. Nous ne citerons que le suivant, que nous avons trouvé dans une vieille chronique.

Nous le donnons tel quel, sans rien changer à la naïveté du style.

« *Il ressemble au chien de Nivelle : il s'enfuit quand on l'appelle.* »

Jean de Nivelle était autrement nommé Jean de Montmorency, seigneur de Nivelle, fils du comte de Montmorency. Ce Jean donna un soufflet à son père pour quelque querelle domestique, et le père s'en alla plaindre au roi et à la cour de Parlement. Il fut cité pour y venir répondre à l'accusation de son père, et rendre raison de son attentat; et ne comparaissant point, il fut proclamé et sommé à son de trompette par les carrefours de Paris, suivant la coutume de France contre les contumax. Tant plus on l'appelait, tant plus il se hâtait de courir et de fuir vers la Flandre, où était tout son bien du côté de sa femme. Son forfait étant public, le monde ne parlait de lui qu'avec un extrême dédain et horreur, comme d'un félon et impie. Il n'était plus dans la bouche du peuple, que le *chien de Jean de Nivelle.* Sa fuite précipitée et cette infâme dénomination donnèrent commencement au proverbe, et furent cause qu'on disait, quand quelqu'un fuyait, étant appelé pour quelque sujet que ce fût, et qu'on a toujours dit depuis ce temps-là :

Il fait comme le chien de Jean de Nivelle; il s'enfuit quand on l'appelle. »

L'élève donnera l'explication des proverbes suivants :

Pour un moine l'abbaye ne manque pas.
Tous les chiens qui aboient ne mordent pas.
Adorer le veau d'or.
La peur donne des ailes.
Tirer une plume de l'aile de quelqu'un.
Faire la barbe à quelqu'un.
Il attend que les alouettes lui tombent toutes rôties dans la bouche.
Il a plusieurs cordes à son arc.
Brider l'âne par la queue.
Faire l'âne pour avoir du son.
Rogner les ailes à quelqu'un.
Bâtir des châteaux en Espagne.

Il faut battre le fer tandis qu'il est chaud.
Prendre la balle au bond.
Battre l'eau avec un bâton.
Promettre plus de beurre que de pain.
Jeter son argent par les fenêtres.
Jeter de la poudre aux yeux.
Jeter sa langue aux chiens.
Tirer son épingle du jeu.
Avoir de la peine à joindre les deux bouts.
Vivre au jour le jour.
Il a mangé son pain blanc le premier.
Mettre la charrue devant les bœufs.
C'est la mer à boire.
Le vin est tiré, il faut le boire.
Trouver visage de bois.
La faim chasse le loup du bois.
A bon chat, bon rat.
Les chevaux courent les bénéfices, et les ânes les attrapent.
La poule ne doit pas chanter devant le coq.

CENT VINGT-ET-UNIÈME LEÇON.

L'élève donnera l'explication des proverbes suivants :

Il a pris cela sous son bonnet.
Ce sont deux têtes dans un bonnet.
A propos de bottes.
Rire du bout des dents.
Brûler la chandelle par les deux bouts.
C'est une économie de bouts de chandelles.
Se laisser manger la laine sur le dos.
Avoir une dent contre quelqu'un.
La lame use le fourreau.
Le royaume de France ne peut tomber de lance en quenouille.
Il a une mémoire de lièvre.
Coudre la peau du renard à celle du lion.
C'est le partage du lion.
Comme on fait son lit on se couche.
Loin des yeux, loin du cœur.

Qui se fait brebis, le loup le mange.
Donner la brebis à garder au loup.
Vouloir prendre la lune avec les dents.
Faire un trou à la lune.
Bon chien chasse de race.
Je le mènerai par un chemin où il n'y a pas de pierres.
L'habit ne fait pas le moine.
Qui veut voyager loin ménage sa monture.
A laver la tête d'un nègre on perd sa lessive.
Ménager la chèvre et le chou.
Quand on veut noyer son chien, on dit qu'il a la rage.
Recevoir quelqu'un comme un chien dans un jeu de quilles.
Si le ciel tombait, les alouettes seraient prises.
Prendre la clé des champs.
Il faut placer le clocher au milieu de la paroisse.
Perdre la tramontane.

CENT VINGT-DEUXIÈME LEÇON.

L'élève donnera l'explication des proverbes suivants :

Compter les clous de la porte.
C'est le pot de terre contre le pot de fer.
Petit à petit, l'oiseau fait son nid.
Il nourrit un serpent dans son sein.
Tomber des nues.
Être comme l'oiseau sur la branche.
Des jours filés d'or et de soie.
Attendez-moi sous l'orme.
Un enfonceur de portes ouvertes.
On adore plutôt le soleil levant que le soleil couchant.
Le coup de pied de l'âne.
Couper l'herbe sous le pied à quelqu'un.
Il a craché en l'air, et cela lui est retombé sur le nez.
Pendre la crémaillère.
Après moi le déluge.
Il n'est pas si diable qu'il est noir.
Aller à pas de loup.
Payer en monnaie de singe.

Avoir la langue bien pendue.
Jeter des perles devant des pourceaux.
Parler de la pluie et du beau temps.
S'en mordre les doigts.
Il n'est pire eau que l'eau qui dort.
Il ne trouverait pas de l'eau à la mer.
Chat échaudé craint l'eau froide.
Qui trop embrasse mal étreint.
Il est le bouc émissaire.
C'est la montagne qui enfante une souris.
Nous ne sommes pas ici pour enfiler des perles.
Rompre la paille avec quelqu'un.
Les gros poissons mangent les petits.

<hr>

CENT VINGT-TROISIÈME LEÇON.

L'élève donnera l'explication des proverbes suivants :

Chacun porte sa croix en ce monde.
Mettre les pouces.
Le quart d'heure de Rabelais.
Faire le diable à quatre.
Cet homme sent le fagot.
Paris n'a pas été fait en un jour.
Tomber de fièvre en chaud mal.
Donner du fil à retordre à quelqu'un.
Se chatouiller pour se faire rire.
Tel qui rit vendredi, dimanche pleurera.
Attacher un clou à la roue de la Fortune.
C'est une galère.
La caque sent toujours le hareng.
Les écrits de cet auteur sentent l'huile.
Il n'y a plus d'huile dans la lampe.
C'est le secret de la comédie, c'est le secret de Polichinelle.
C'est la toile de Pénélope.
Chercher une querelle d'Allemand.
Contentement passe richesse.
Faire la mouche du coche.
Ce qui vient par la flûte s'en va par le tambour.

Tirer le diable par la queue.

Il s'est tiré une grosse épine du pied.

Il ne faut qu'avoir du miel, les mouches y viennent bientôt.

Loger le diable dans sa bourse.

Il n'a pas inventé la poudre.

Il fait le bon apôtre.

Jeter le manche après la cognée.

Entre l'arbre et l'écorce il ne faut pas mettre le doigt.

Il vaut mieux laisser son enfant morveux que de lui arracher le nez.

CENT VINGT-QUATRIÈME LEÇON.

L'élève donnera l'explication des proverbes suivants :

Les hommes ne se mesurent pas à l'aune.

Mesurer les autres à son aune.

Il faut tourner sept fois sa langue dans sa bouche avant de parler.

Le loup mourra dans sa peau.

Charbonnier est maître dans sa loge.

Branler dans le manche.

Il a marché sur quelque mauvaise herbe.

Se servir de la patte du chat pour tirer les marrons du feu.

Chaque médaille a son revers.

Brebis qui bêle perd sa goulée.

A cheval donné on ne regarde pas à la dent.

Tant va la cruche à l'eau qu'à la fin elle se brise.

Brûler ses vaisseaux.

Se laisser mener par le nez.

Qui casse les verres les paye.

L'œil du maître engraisse le cheval.

Passez-moi la rhubarbe, je vous passerai le séné.

Sentir le sapin.

Souris qui n'a qu'un trou est bientôt prise.

Tomber de son haut.

Toutes les fois qu'il tonne, le tonnerre ne tombe pas.

Le mal a des ailes.

Avoir la tête près du bonnet.

Le plus embarrassé est celui qui tient la queue de la poêle.
Les tonneaux vides sont ceux qui font le plus de bruit.
Gros-Jean en remontre à son curé.
Il ne faut pas réveiller le chat qui dort.
Nager entre deux eaux.
River le clou à quelqu'un.

CENT VINGT-CINQUIÈME LEÇON.

Ce devoir est le contraire des précédents : nous donnons l'explication, le commentaire ; l'élève en déduira le proverbe.

— Un homme qui a faim n'écoute guère ce qu'on lui dit.

— Il faut s'aider, agir, quand on veut venir à bout de quelque chose.

— Ils ne peuvent vivre d'accord ensemble.

— Plus on a de bien, plus on en veut avoir.

— Il y a plus d'une personne qui porte le même nom.

— Changer, troquer par méprise une chose défectueuse contre une autre plus défectueuse encore.

— Les personnes d'un mérite médiocre ne laissent pas de briller lorsqu'elles se trouvent parmi des ignorants ou des sots.

— Exciter une passion déjà très-vive, très-violente ; aigrir des esprits qui ne le sont déjà que trop.

—Donner plein pouvoir à quelqu'un, l'autoriser à faire tout ce qu'il voudra.

— Dépenser son revenu d'avance.

— Flatterie populaire envers les personnes de petite taille pour faire entendre qu'elles ont souvent plus de mérite que les autres.

— Qui sait parler, qui a une langue s'explique et peut aller partout.

— Larmes hypocrites que répand une personne dans le dessein d'en tromper une autre, comme le crocodile feint, dit-on, de gémir pour attirer sa proie.

— Souvent l'occasion fait faire des choses répréhensibles auxquelles on n'aurait pas songé.

— Quand on poursuit deux affaires à la fois, on s'expose à ne réussir ni dans l'une ni dans l'autre.

— Celui qui revient d'un pays fort éloigné peut raconter tout ce qu'il veut, sans craindre qu'on le démente.

— Se dit lorsqu'un homme survient au moment où on parle de lui.

— Les méchants s'épargnent entre eux.

— Louer et blâmer une même chose, parler pour et contre une personne, être tour à tour d'avis contraires.

— Un homme qui change souvent d'état, de profession, ne s'enrichit point.

— Cela vient trop tard, quand on n'en a plus besoin.

— Tirer, par son adresse et son industrie, de l'argent, des secours, d'où les autres ne pourraient jamais rien obtenir.

CENT VINGT-SIXIÈME LEÇON.

Nous donnons l'explication, l'élève trouvera le proverbe.

— Il n'est homme si sage, si habile, qui ne fasse quelquefois des fautes, qui ne se trompe.

— Pour prononcer dans une affaire, il faut entendre les deux partis.

— Renvoyer tous ses domestiques et en prendre d'autres.

— Se dit en parlant de la peine du talion, qui consistait, chez les Hébreux, à traiter un coupable de la même manière qu'il avait traité les autres.

— Tout ce qui a l'apparence de la richesse, du mérite, n'en a pas toujours la réalité.

— Se dit d'un homme qui gagne beaucoup, qui gagne toujours au jeu, ou qui se tire heureusement des entreprises les plus hasardeuses.

— Venir à bout de deux choses par un seul moyen, profiter de la même occasion pour terminer deux affaires.

— Se dit en parlant de quelqu'un qui, après avoir fait le libertin, devient dévot sur ses vieux jours.

— Cela se dit quand il pleut et qu'il fait soleil en même temps.

— Se dit d'un écolier qui manque d'aller en classe à l'insu de ses parents.

— Prendre le chemin le plus long, selon l'habitude des écoliers qui vont en classe.

— Il faut rendre à chacun ce qui lui est dû.

— Plusieurs petites sommes réunies en font une grosse.

— Il vaut mieux s'adresser au roi qu'à ses ministres, et en général à un homme puissant qu'à ses subalternes.

— Se dit de deux personnes qu'on voit toujours ensemble.

— En général, il ne court point de bruit qui n'ait quelque fondement.

— Un homme vicieux est capable de corrompre toute une société d'hommes vertueux.

— Faire quelque régal, quelque fête extraordinaire pour marquer la joie qu'on a du retour de quelqu'un. (*Songez à l'enfant prodigue.*)

— Faire dire à quelqu'un ce que l'on veut savoir, en le questionnant adroitement.

— C'est le ton, c'est la manière dont on dit les choses qui dénote l'intention de celui qui les dit.

— Tomber d'un malheur dans un pire.

— C'est le baiser d'un hypocrite qui caresse, qui flatte pour mieux tromper.

— Il vaut mieux jouir d'une bonne renommée que d'être riche.

CHAPITRE DIXIÈME.

DE LA FABLE OU ALLÉGORIE.

CENT VINGT-SEPTIÈME LEÇON.

L'*Allégorie* consiste à rendre une pensée au moyen de mots qui, s'ils sont pris à la lettre, signifient tout autre chose que ce qu'on veut leur faire signifier. La *Fable*, renfermant toujours un sens moral sous le sens littéral, n'est autre chose qu'une *Allégorie*.

PREMIER EXEMPLE :

Lorsque La Fontaine raconte qu'un rat dévot s'étant retiré dans un fromage de Hollande, y vivait comme un chanoine dans une riche prébende ; qu'un jour la république des rats, pressée par une extrême disette, vint lui demander quelque léger secours; mais que le solitaire leur répondit d'un ton bénin que les affaires de ce bas monde ne le regardaient plus; qu'un pauvre reclus comme lui n'avait rien à leur donner; qu'il ne pouvait que prier le ciel de les assister; le fabuliste n'a pas dessein assurément de faire croire que la chose soit réellement arrivée. Il sait bien qu'on ne prendra pas ce récit à la lettre; mais il veut faire voir par là que *les personnes retirées du monde ne sont pas toujours secourables :* voilà le sens moral.

DEUXIÈME EXEMPLE :

Un paon perdait ses plumes; un geai accourt et s'en habille du mieux qu'il peut, puis il va faire la roue au milieu des autres paons; mais ceux-ci reconnaissent l'intrus, tombent sur lui à coups de bec, lui arrachent ses plumes d'emprunt et aussi les siennes. Il va se réfugier au milieu de ses pareils, qui achèvent la leçon en le chassant de leur société.

Voici le sens moral :

Il ne faut pas mépriser la condition dans laquelle on est né. L'orgueil finit toujours par tourner à la honte de l'orgueilleux.

TROISIÈME EXEMPLE :

Un renard et un bouc voyageaient de compagnie; ils descendent dans un puits pour se désaltérer; ensuite le renard remonte en se servant des épaules et des cornes de son camarade comme d'une échelle. Quant au bouc, il reste au fond du puits, où il réfléchit aux inconvénients qu'il peut y avoir à *s'engager étourdiment dans une affaire, sans calculer d'avance les moyens d'en sortir heureusement.*

———

L'élève indiquera le sens moral des fables suivantes :

Sur les cornes d'un bœuf revenant du labeur,
   Une fourmi s'était nichée.
   « D'où viens-tu? lui cria sa sœur;
   Et que fais-tu si haut perchée?
— D'où je viens, ma commère? eh! peux-tu l'ignorer?
   Nous venons de labourer. »

———

8.

Un lierre, en serpentant au haut d'une muraille,
Voit un petit rosier, et se rit de sa taille.
L'arbuste lui répond : « Apprends que sans appui
   J'ai pu m'élever par moi-même ;
   Mais toi, dont l'orgueil est extrême,
Tu ramperais encor sans le secours d'autrui. »

___

   Une souris trottant à l'aventure,
Rencontre une tortue et lui dit : « Ta maison,
   Triste prison,
Doit te faire souvent maudire la nature :
Vois d'ici mon palais ; j'y loge avec le roi. »
Notre amphibie alors répond à l'insolente :
« De mon petit réduit je me trouve contente ;
   Il est à moi. »

___

Le lièvre est pris par l'aigle aux serres si cruelles :
« Qu'as-tu fait de tes pieds ? » lui crie un passereau.
Un milan passe, entend, et ravit mon oiseau.
L'autre, vengé, répond : « Qu'as-tu fait de tes ailes ? »

___

LE DINDON ET LA PIE.

   Un gros dindon demandait à Margot :
« Que disait-on de moi l'autre jour au village ?
   — On disait que tu n'es qu'un sot,
   Qui n'a pour soi que son plumage. »

___

Le saule dit un jour à la ronce rampante :
   « Aux passants pourquoi t'accrocher ?
Quel profit, pauvre sotte, en penses-tu tirer ?
   — Aucun, lui répondit la plante ;
   Je ne veux que les déchirer. »

___

Une chandelle un jour disait à la lanterne :
« Pourquoi de ton foyer me faire une prison ?
Ton vilain œil-de-bœuf rend ma lumière terne ;
Ouvre-toi, qu'à mon gré j'éclaire l'horizon. »
La lanterne obéit ; l'autre, qu'y gagne-t-elle ?
Bonsoir ! un coup de vent a soufflé la chandelle.

___

« Que l'orage à son gré bouleverse la terre,
Je sonne, dit la cloche, et jamais je n'ai peur. »
L'imprudente bavarde attira le tonnerre.

———

La renoncule un jour dans un bouquet
    Avec l'œillet se trouva réunie :
Elle eut le lendemain le parfum de l'œillet.

———

« Ma fille, marchez droit, dit l'écrevisse mère ;
Aller à reculons, fi ! cela n'est pas bien (1).
— Ma mère, je ne veux vous contredire en rien ;
Je vous suivrai ; marchez, s'il vous plaît, la première. »

———

LES DEUX SOCS.

Le soc d'une charrue, après un long repos,
S'était couvert de rouille. Il voit passer son frère
    Tout radieux, revenant des travaux.
« Forgé des mêmes bras, de semblable matière,
Lui dit-il, je suis terne, et toi poli, brillant :
Où pris-tu cet éclat, mon frère ? — En travaillant. »

———

Un loup maigre et chétif rencontrant un gros chien :
« Que n'ai-je, lui dit-il, ta graisse et ton corsage ?
Mais ton col est pelé, pourquoi donc ? — Ce n'est rien ;
Mon collier... — Un collier ! Adieu, point d'esclavage. »

———

Une poule pondait des œufs d'or à son maître.
« Dans son corps, se dit-il, est un trésor peut-être. »
Il l'ouvrit : ô douleur ! il n'y trouva plus rien.

════════

CENT VINGT-HUITIÈME LEÇON.

L'élève trouvera la moralité des fables suivantes :

Un enfant s'admirait monté sur une table.
« Je suis grand, » disait-il. Quelqu'un lui répondit :
    « Descendez, vous serez petit. »

———

(1) L'écrevisse nage à reculons.

« Comment! déjà sur le retour?
Ce matin même à peine éclose!
Pauvre fleur! tu ne vis qu'un jour! »
Disait le buisson à la rose.
« Je n'ai pas vécu sans honneur;
Un parfum me métamorphose;
Je laisse après moi bonne odeur;
Puis-je regretter quelque chose? »

LA VIOLETTE ET LE NARCISSE.

« Toi qui rampes à terre, eh! quoi donc, on t'honore!
— Oui, car j'offre humblement mon parfum séducteur,
Et le narcisse qui s'adore
N'a pas un seul adorateur. »

L'étang, fier de sa nappe d'eau
Qu'il déployait dans la prairie,
Traitait de fuyard le ruisseau,
Qui lui fit cette repartie:
« Oui, fainéant, je fuis ton sort,
Quand je m'éloigne de ma source;
De ce limon où ton eau dort,
Je me préserve par ma course. »

Certaine horloge un jour dit au coq du clocher:
« Tourner au moindre vent, quelle tête légère!
— Est-ce à toi, répond l'autre, à me le reprocher?
Marquer d'où le vent souffle est mon unique affaire.
— C'est agir sans savoir. — Toi-même es dans ce cas.
— Comment? — Tu marques l'heure, et tu ne la sais pas. »

Un jour tombe et se brise un mauvais violon:
On le ramasse, on le recolle,
Et de mauvais il devient bon.

Après son repas, un pourceau
Dormait près d'une ruche. Une petite abeille
De son faible aiguillon perce sa tendre peau.

Lors en fureur l'adolescent s'éveille ;
Il s'en prend à la troupe, attaque son palais,
        Et de son grain le renverse ;
Mais sur lui tout à coup l'essaim fond et s'exerce,
Le poursuit et l'accable enfin de mille traits.

Un rustre en son buffet avait mis un fromage,
Lorsque par une fente il aperçoit un rat ;
        Vite il y fait entrer son chat,
        Afin d'empêcher le dommage ;
        Mais notre mitis aux aguets
Mange le rat d'abord et le fromage après.

Un fier coursier marchait sous un riche attelage ;
Un âne l'admirait : « Ah ! que d'or, que d'éclat ! »
Mais voyant qu'il portait cette pompe au combat :
« Tout bien pesé, dit-il, mon bât vaut davantage. »

Le paon, de son plumage étalant les rubis,
Fixait par leur éclat les regards éblouis ;
On admirait encor sa superbe attitude.
        A quatre pas de là
        Le rossignol chanta :
        La cour du paon se change en solitude.

« Soleil, je t'obscurcis, » disait en s'élevant,
Un amas de poussière agité par le vent.
        « Oui, dit le soleil, je l'avoue ;
Mais, le calme venu, tu rentres dans la boue. »

L'ÉGLANTIER.

        « Ces gens ne sont pas très-polis ;
J'offre des fleurs du plus beau coloris ;
        Mon odeur embaume à la ronde,
Et l'on m'évite. — Ami, tes bouquets sont jolis ;
        Mais tu déchires tout le monde. »

CHAPITRE ONZIÈME.

DE L'EMBLÈME ET DU SYMBOLE.

CENT VINGT-NEUVIÈME LEÇON.

Ces mots sont à peu près synonymes. L'emblême et le symbole servent à exprimer au moyen de la peinture une idée quelconque. Au lieu de rendre la chose à l'aide d'un mot, on la représente par un signe, qui en est l'image fidèle. C'est ainsi que le *coq* est le symbole de la *vigilance*, qu'un *sablier*, une *horloge*, un *vieillard armé d'une faux* sont les emblêmes du temps, etc.

Les anciens faisaient un grand usage de ces sortes de figures. Ils avaient symbolisé les villes, les fleuves, les nations, les divinités, les vertus et jusqu'aux vices. L'écriture hiéroglyphique des Égyptiens ne se composait que de signes emblématiques.

L'élève dira de quelles idées les mots suivants sont les symboles.

La rose est le symbole de.....
Le lis est le symbole de.....
La violette est le symbole de.....
L'immortelle est le symbole de.....
L'olivier est le symbole de.....
Le laurier est le symbole de.....
Le pavot est le symbole de (1).....
Le chien est le symbole de.....
Le serpent est le symbole de.....
Le caméléon est le symbole de.....
La colombe est le symbole de.....
Le lion et le chêne sont les symboles de.....
L'abeille et la fourmi sont les symboles de.....

(1) On compte par milliers les graines que l'on trouve dans une seule tête de pavot.

Le paon et le dindon sont les symboles de.....

L'ibis, la cigogne et le pélican sont les symboles de.....

Le roseau est le symbole de.....

Un bandeau, une balance et un glaive sont les attributs de....

La faucille est le symbole de.....

Une corne pleine de fruits, d'épis de blé, etc., est le symbole de.....

Une marotte est le symbole de.....

Le niveau est le symbole de.....

Un collier est le symbole de.....

Un doigt posé sur les lèvres est le symbole de.....

Jésus-Christ nous a donné son corps et son sang sous le symbole de..... et de.....

Deux mains jointes peignent.....

Le cours d'un fleuve est l'emblême de.....

La lyre est l'emblême de.....

La harpe est l'emblême de.....

La musette est l'attribut de.....

Une ancre est le symbole de.....

L'arc-en-ciel est le signe de.....

La croix est le signe de.....

La boule est l'emblême de.....

La poule couvrant ses poussins de ses ailes peint.....

Une femme placée debout sur une roue représente.....

Une figure appuyée sur une urne représente.....

Le thyrse, javelot entouré de pampre, est l'attribut du dieu.....

Le caducée, verge accolée à deux serpents et surmontée de deux ailes, est l'attribut du dieu.. .

Une verge de fer entourée de velours caractérise un homme qui.....

Un roseau peint en chêne est l'image de celui qui...

Les Gaulois représentaient..... par une statue herculéenne de la bouche de laquelle sortaient des chaînes d'or, qui allaient captiver les auditeurs.

A Rome, la.... était représentée sous les traits d'une femme simplement vêtue. Sur la frange de sa tunique on lisait ces mots : *La mort et la vie;* sur son front : *Hiver et été.* De la main droite elle montrait son côté gauche, ouvert jusqu'au cœur; on y lisait : *De près et de loin.*

Qui donc nous amène tous ces mendiants? C'est une vieille

femme laide et noire. Sa robe est de moitié trop courte, et elle n'a pas de bâton, quoiqu'elle trébuche à chaque pas, parce qu'elle ne regarde jamais devant elle : on l'a nommée dame.....

CENT TRENTIÈME LEÇON.

Dans ce devoir, qui est le complément du précédent, nous posons des questions auxquelles l'élève aura à répondre.

Que signifient le bandeau, la balance et le glaive de la Justice ?

Que signifie le javelot du thyrse ?

Que signifient les deux serpents et les deux ailes du caducée ?

Pourquoi les pharmaciens mettent-ils d'ordinaire deux serpents entrelacés sur leur enseigne ?

Que signifient deux épées disposées en croix sur une carte de géographie ?

Que signifie la roue de la Fortune ?

Quelle est la partie du monde dont le chameau est l'emblême ?

Quelle est la partie du monde dont l'éléphant est l'emblême ?

Danaé, princesse d'Argos, était enfermée dans une tour d'airain. Jupiter, changé en pluie d'or, s'introduisit dans la tour. Quel est le sens de cette allégorie ?

Quel est le personnage mythologique qui tient la foudre à la main et qui a un aigle à ses pieds ?

Pharaon dit à Joseph : « Je vis sortir du Nil sept vaches grasses et sept épis pleins, qui furent dévorés par sept vaches maigres et sept épis vides sortis du même fleuve. » Joseph répondit à Pharaon : « Les sept vaches grasses et les sept épis pleins figurent sept années d'abondance ; les sept vaches maigres et les sept épis vides annoncent sept années de stérilité, qui suivront immédiatement les premières. »

Que signifie ce langage allégorique ?

Deux écoliers allaient ensemble de Penafiel à Salamanque. Se sentant altérés, ils s'arrêtèrent au bord d'une fontaine qu'ils rencontrèrent sur leur chemin. Là, tandis qu'ils se délassaient après s'être désaltérés, ils aperçurent par hasard auprès d'eux, sur une pierre à fleur de terre, quelques mots déjà un peu effacés par le temps et par le pied des troupeaux qu'on venait abreuver à cette fontaine. Ils jetèrent de l'eau sur la pierre, pour la laver, et ils y lurent ces paroles : « Ici est enfermée l'âme du licencié Pierre Garcias. » Le plus jeune des écoliers, qui était vif et étourdi, n'eut pas plus tôt achevé de lire cette inscription, qu'il dit, en riant de toute sa force : « Rien n'est plus plaisant : ici est enfermée l'âme... Une âme enfermée!... Je voudrais savoir quel original a pu faire une épitaphe si ridicule. » En achevant ces mots, il se leva pour s'en aller. Son compagnon, plus judicieux, dit en lui-même : « Il y a là-dessous quelque mystère ; je veux demeurer ici pour l'éclaircir. » Il laissa donc partir l'autre ; et, sans perdre de temps, se mit à creuser avec son couteau tout autour de la pierre. Il fit si bien qu'il l'enleva. Il trouva dessous.....

Que trouva-t-il? Quelle pouvait être l'âme de Garcias? l'âme d'un avare?...

L'écolier, ravi de cette découverte, remit la pierre comme elle était auparavant, et reprit le chemin de Salamanque avec l'âme du licencié.

CENT TRENTE-ET UNIÈME LEÇON.

Nous sommes plus fortement frappés par ce que nous voyons que par ce que nous entendons. La langue des signes qui parlent à l'imagination est donc le plus énergique des langages. Quel circuit de mots n'emploierait pas la froide raison pour exprimer ce que Tarquin-le-Superbe peignit par un seul geste? Son fils Sextus, retiré chez les Gabiens, où il avait acquis beaucoup d'autorité, envoie demander à son père les moyens de la conserver. Le député trouve Tarquin dans ses jardins. Celui-ci pour toute réponse se met à abattre des têtes de pavots qui s'élevaient au-dessus des autres. Le jeune prince comprit la réponse de son père, et fit couper la tête à tous ceux dont la richesse et la puissance pouvaient lui porter ombrage.

Dans le devoir suivant, nous donnons le langage symbolique ; l'élève découvrira le sens propre.

— On demandait à un philosophe l'âge du monde : il traça sur le sable un serpent qui se mordait la queue.

— Clodomir avait été tué dans une bataille, laissant son

royaume à ses enfants. Childebert et Clotaire, frères de Clodomir, convoitaient l'héritage de leurs neveux. Ils persuadèrent, sous de faux prétextes, à la reine-mère Clotilde de leur envoyer ces jeunes princes. Mais aussitôt qu'ils les virent en leur pouvoir, ils dépêchèrent à la reine un messager portant des ciseaux et une épée nue, afin qu'elle prononçât par son choix sur le sort de ses petits-fils.

— Un peintre recouvrit d'une toile d'araignée l'ouverture d'un tronc d'église pour donner à comprendre que. . . . .

— Deux armées, l'une beaucoup plus nombreuse que l'autre, étaient en présence et sur le point d'en venir aux mains. Le chef de la première député un ambassadeur au général ennemi pour le sommer, lui et sa petite troupe, de mettre bas les armes. Pour toute réponse celui-ci ordonne à un soldat qui se trouvait près de lui de se percer de son épée : le soldat obéit sur-le-champ sans hésitation ; puis il commande à un second de monter sur une tour et de se précipiter en bas : même obéissance. Alors, se tournant vers l'envoyé : «Voilà ma réponse, dit-il ; allez la rapporter à votre maître. »

— Un Athénien rencontrant un jour Ésope qui jouait avec des enfants, lui reprocha ce passe-temps indigne d'un philosophe. Le Phrygien répondit en lui présentant un arc débandé.

— Lorsque Darius pénétra chez les Scythes à la tête d'une armée considérable, ces peuples lui envoyèrent un oiseau, une grenouille, une souris et cinq flèches. L'ambassadeur remit son présent, et s'en retourna sans rien dire. Cette terrible harangue fut entendue de Darius, qui n'eut rien de plus pressé que de regagner son pays.

— Un homme était enfermé dans une haute tour, incertain de son sort, sur lequel cependant il savait que le roi venait de prononcer. Sa femme prend son fils entre ses bras, et se transporte dans un endroit de la campagne d'où son mari pouvait l'apercevoir. Après avoir regardé pendant quelque temps du côté de la tour et fixé sur elle l'attention du prisonnier, elle ramassa une poignée de terre, et la répandit en croix sur le corps de son fils, qu'elle avait étendu à ses pieds. On oublie les pensées les plus sublimes; mais de pareils traits ne s'effacent point.

— Alexandre, au milieu de ses conquêtes, lisait des lettres secrètes. Éphestion, un de ses généraux, s'approcha et lut avec lui. Le roi toléra cette indiscrétion ; seulement il prit son anneau et il en posa le cachet sur la bouche de son favori.

— Idoménée s'était emparé du pays des Manduriens. Ceux-ci lui envoyèrent deux de leurs plus sages vieillards, qui se présentèrent à Idoménée, tenant dans une main une épée, et dans l'autre une branche d'olivier.

— Pompée ayant été envoyé en Asie en qualité d'ambassadeur, fut pris par le roi des Esclavons, avec lequel Rome était alors en guerre. Celui-ci voulut savoir de lui les secrets du sénat. Pompée, sans autre réponse, mit son doigt sur une lampe ardente, et, par cette action courageuse, donna à comprendre que. . . . .

— Les Portugais s'étant emparés, en 1507, d'Ormus, ville située à l'entrée du golfe Persique, le sophi leur envoya réclamer le tribut que le roi d'Ormus lui payait tous les ans. Albuquerque, le chef des conquérants, se fait aussitôt apporter un grand bassin plein de bombes et de grenades, de lances et de piques, d'épées et de sabres ; puis, s'adressant au ministre du sophi : « Voilà, lui dit-il, le seul tribut qui soit digne d'un roi de Portugal ; allez l'offrir à votre maître. »

CHAPITRE DOUZIEME.

DE LA COMPARAISON.

CENT TRENTE-DEUXIÈME LEÇON.

. La comparaison sert à marquer la ressemblance qui existe entre deux personnes ou entre deux choses. Cette figure orne, éclaire et fortifie le discours. Si je dis :

Ce héros vole au combat.

Cette femme est belle.

Cet homme est léger à la course.

Les idées de *valeur*, de *beauté*, de *légèreté*, ne sont exprimées que faiblement et n'offrent rien d'extraordinaire.

Mais si je dis :

Ce héros vole au combat... COMME UN LION.
Cette femme est belle... COMME UN ASTRE.
Cet homme est léger... COMME UN CERF.

Ces comparaisons du *héros* avec le *lion,* de la *femme* avec un *astre,* de l'*homme* avec le *cerf,* rendent plus sensibles les qualités que je voulais attribuer à chacun de ces individus.

Dans le devoir suivant, l'élève trouvera le second terme de la comparaison.

Malheureux comme. . . . .
Heureux comme. . . . . dans l'eau.
Vivre aussi longtemps que. . . . .
Je m'en lave les mains comme. . . . .
C'est vieux comme. . . . .
Être menteur comme. . . . .
Je serai muet comme. . . . .
Cet homme est faux comme. . . . .
Être gai comme. . . . .
Être innocent comme. . . . . .
Être bossu comme. . . . .
Être droit comme. . . . .
Briller comme. . . . .
Le pauvre malade s'est éteint comme. . . . .
Disparaître comme. . . . .
Laborieux comme. . . . .
Industrieux comme. . . . .
Je me porte comme. . . . .
Vivre sans réflexion comme. . . . .
Entêté comme. . . . .
Il me glissa des mains comme. . . . .
Plein comme. . . . .
Je reçus toute la pluie et rentrai chez moi trempé comme. . . . .
Souffrir comme. . . ., comme. . . . .
Manger comme. . . ., comme. . . . .
Boire comme. . . ., comme. . . . .
Avoir de la barbe comme. . . ., comme. . . . .
Jurer comme. . . ., comme. . . . .
Avoir de l'argent comme. . . ., comme. . . . .
Chanter comme. . . ., comme. . . . .

Rire comme. . . ., comme. . . . .
Ces deux frères se ressemblent comme. . . ., comme. . . . .
Travailler comme. . . . .
Frapper comme. . . . .
Trembler comme. . . . .

CENT TRENTE-TROISIÈME LEÇON.

Dans le devoir suivant, l'élève complétera les comparaisons.

. . . . . comme Job.
. . . . . comme Crésus.
. . . . . comme Ulysse.
. . . . . comme Nestor.
Être . . . . . comme saint Thomas.
. . . . . comme Artaban.
. . . . . comme Socrate.
. . . . . comme Bayard.
. . . . . comme Démosthène.
. . . . . comme un Turc.
. . . . . et . . . . . comme Midas.
. . . . . comme une lionne à qui on a enlevé ses petits.
. . . . . comme le jour.
. . . . . comme de l'eau de roche.
On dit . . . . . comme un rat d'église.
. . . . . comme un âne rouge.
. . . . . comme un moine.
. . . . . comme un coq.
. . . . . comme un renard qu'une poule aurait pris.
Ce jeune homme est. . . . . comme un livre.
Cet enfant est. . . . . comme une image.
. . . . . comme un jour sans pain.
. . . . . comme le marbre.
. . . . . comme une pie.
. . . . . comme du jais.
Il était . . . . . comme la mort.
. . . . . comme le remords.
. . . . . comme un bonnet de nuit.

..... (1) comme la feuille.
..... comme mars, comme marée en carême.
..... comme une âme en peine.
..... comme un champignon.
..... comme une Madeleine.
..... comme une marmotte.
..... comme un cabri.
..... comme un diable dans un bénitier.
..... comme un rossignol.
..... comme une flèche.
..... comme une huître.
..... comme un aveugle qui a perdu son bâton.

CENT TRENTE-QUATRIÈME LEÇON.

L'élève complètera les comparaisons suivantes :

Nota. Ces comparaisons sont ironiques. On y veut faire entendre le contraire de ce que l'on dit. Ce sont des contre-vérités.

Quelques-unes de ces comparaisons seront peut-être trouvées un peu triviales. Cependant elles sont si fréquemment usitées et caractérisent d'une manière si originale et si plaisante notre conversation, que nous ne pouvions nous dispenser d'en parler dans cet ouvrage.

Il est gracieux comme. . . . .
Il est gras comme. . . . .
Il a le cœur tendre comme. . . . .
Il est droit comme. . . . .
Il est fin comme. . . . .
Il est heureux comme. . . . .
Il est adroit de ses mains comme un âne de. . . . .
Ce remède vous fera comme. . . . .
Nager comme. . . . .
Il s'amuse comme. . . . .
Il a de la cervelle comme. . . . .
Il fut reçu comme. . . . .
Il parle français comme. . . . .
Avoir faim comme. . . . . a soif.
On y voit clair comme dans. . . . .

(1) Tous les mots qui restent à trouver sont des verbes.

Il chante comme. . . . .
Il a des mollets comme. . . . .
Aimer une chose comme les. . . . aiment les coups de bâton.
Tu t'y entends comme. . . . .
Ses cheveux frisent comme. . . . .

CENT TRENTE-CINQUIÈME LEÇON.

Dans les comparaisons suivantes, l'élève devra remplacer chaque tiret par le mot que réclame le sens.

L'indifférence est pour les cœurs ce que — est pour la terre.

L'honneur est comme — escarpée et sans bords;
On n'y peut plus rentrer dès qu'on en est dehors.

L'homme est caché tout entier dans l'enfant, comme le chêne dans —.

Celui qui parle sans réfléchir ressemble au chasseur qui tire sans —.

Les préceptes de morale sont comme — : quelque part qu'ils tombent, il y en a toujours quelques-uns qui germent.

L'homme courageux qui résiste aux coups de l'adversité, ressemble — contre lequel viennent se briser les vagues écumantes.

L'indiscret est comme — que tout le monde peut lire.

Le — ressemble au gui, qui se nourrit aux dépens du chêne.

Les conseils du sage sont des — qu'il faut recueillir avec soin.

Les lois sont semblables à des —, qui retiennent les petites mouches et qui ne peuvent arrêter les grosses.

Une vertu dans le cœur d'un enfant est — sur son front.

Le passage d'une génération ne laisse guère plus de traces sur le globe, que celui d'une caravane dans —.

Le mauvais exemple est contagieux comme —.

La poudre enivre comme —.

Un conquérant est un — déterminé qui prend l'univers pour tapis et un million d'hommes pour jetons.

Nos passions sont des — qui nous forcent à leur obéir.

On a comparé le rugissement du lion à —.

La mort n'est pas une chose aussi terrible que nous nous

l'imaginons ; c'est — qui nous épouvante à une certaine distance, mais qui disparaît dès que nous en approchons.

CENT TRENTE-SIXIÈME LEÇON.

L'élève remplacera chaque tiret par le mot que réclame le sens.

Les calomnies ressemblent à —, qui grossissent à mesure qu'elles avancent.

Dieu dit à Abraham : Ta postérité sera aussi nombreuse que —.

La lecture est à l'âme ce que — sont au corps.

Les bavards ressemblent souvent aux —. Ils parlent sans savoir ce qu'ils disent.

Montesquieu comparait ses domestiques à — : Il faut, disait-il, les remonter de temps en temps pour qu'ils aillent.

Ceux qui gouvernent sont comme les — : ils ont beaucoup d'éclat et point de repos.

La terre est comme une grande ruche ; les hommes ressemblent —.

Le — et le —, répétait souvent Sully, voilà les deux mamelles dont la France est alimentée, les vraies mines et trésors du Pérou.

Paul et Virginie étaient comme deux — greffées sur le même tronc.

La vie est une — sur laquelle on navigue ; mourir, c'est arriver au —.

La lèpre est au corps ce que — est à —.

L'univers ressemble à —, dont le centre est partout, la circonférence nulle part.

Une armée — est un corps sans âme.

Les — passent comme les —, qui s'épanouissent le matin et qui le soir sont flétries et foulées aux pieds.

L'avare qui se prive pour ses héritiers ressemble à — qui tourne la broche pour son maître.

Un bon — ressemble à un bon père ; il aime son — comme ses enfants.

Dans l'éducation, le naturel est le sol ; l'instituteur est le — ; les bons avis sont les —.

La parole, comme la —, ne revient plus : regarde donc avant de la lancer si elle n'est ni aiguë, ni empoisonnée.

La cupidité vit au milieu de la société comme un — au sein de la fleur qu'il habite, qu'il ronge et qu'il fait périr.

Le — n'est pas plus pur que le fond de mon cœur.

CENT TRENTE-SEPTIÈME LEÇON.

L'élève achèvera les comparaisons suivantes :

Les faux amis nous quittent en même temps que la fortune; ainsi font les hirondelles, qui —.

La calomnie s'attaque aux meilleures réputations, comme —.

Les voleurs ressemblent aux hiboux : ils —.

Dans les champs, l'ivraie étouffe le bon grain, comme les vices étouffent —.

Les lois ressemblent aux habits : elles gênent un peu, mais —.

Celui qui prend une détermination dans la colère ressemble au navigateur qui —.

Les grandes armées ressemblent à ces nuées de sauterelles qui —.

Le cœur de l'ingrat est semblable à un désert qui boit —.

Les gens qui menacent toujours sans exécuter ressemblent aux chiens qui —.

La plante, lorsqu'on l'a mise en liberté, garde toujours l'inclinaison qu'on l'a forcée à prendre; ainsi l'homme —.

On juge d'un homme par ses actions, comme on juge —.

Celui qui fait du bien en secret ressemble à la violette qui—.

Le sang nourrit et vivifie toutes les parties de notre corps, comme —.

L'affabilité attire les cœurs, comme —.

Celui qui s'arrache volontairement la vie ressemble à la sentinelle qui —.

La mémoire ressemble à un champ : elle ne produit que —.

De même que la cire molle reçoit aisément toutes sortes d'empreintes et de figures, de même un jeune homme —.

Les hypocrites, comme les abeilles, ont le miel à la bouche, et —.

L'oisiveté ressemble à la rouille : elle —.

Les petits esprits ressemblent aux épis vides, qui —.

Plus l'homme rétrécit sa sphère, plus il se garantit du malheur : le limaçon —.

Croire qu'un faible ennemi ne peut nuire, c'est croire qu'une étincelle —.

Les gens grossiers, mais bons, ressemblent aux fruits savoureux en dedans, mais —.

Les hommes retombent toujours dans les mêmes fautes, ils sont faits comme les oiseaux, qui —.

CENT TRENTE-HUITIÈME LEÇON.

Dans ce devoir, nous donnons six parallèles à établir. L'élève remplacera chaque tiret par le mot correspondant à la partie qui est en regard.

NOTA. Le corps du cygne a servi, dit-on, de modèle pour la construction du premier navire. Cela veut dire que le *cou*, l'*estomac*, la *queue*, les *pieds*, les *ailes* du cygne se trouvent reproduits dans un navire par des parties correspondantes, qui, au lieu de s'appeler *cou*, *estomac*, *queue*, *pied*, *aile*, prennent les noms de *proue, etc., etc., etc.*

C'est la recherche de ces appellations qui fait l'objet de ce devoir.

LE CYGNE.	UN VAISSEAU.	
Le corps.	—.	
La queue.	—.	
Les pieds.	—.	
Les ailes.	—.	
UN CERCLE (terme de géométrie.)	UNE ROUE DE VOITURE.	
La circonférence.	—.	
Le centre.	—.	
Le rayon.	—.	
LA VIE DE L'HOMME.	UNE JOURNÉE.	UNE ANNÉE.
La jeunesse.	—.	—.
L'âge mûr.	—.	—.
La vieillesse.	—.	—.
UN ARBRE.	LE CORPS DE L'HOMME.	
Le tissu cellulaire.	—.	
Les petits vaisseaux.	—.	
La sève.	—.	
L'écorce.	—.	

LA RELIGION CHRÉTIENNE.	LA RELIGION MAHOMÉTANE.
Dieu.	—.
Jésus-Christ.	—.
L'Évangile.	—.
Une église.	—.
Un prêtre.	—.
Le carême.	—.
Jérusalem (lieu où les chrétiens vont en pélerinage.)	—.

LES NÈGRES.	LES BLANCS.
Ils ont les cheveux *crépus*.	—.
La peau *noire*.	—.
Les lèvres *grosses*.	—.
Ils sont *esclaves*.	—.
A demi sauvages.	—.
Privés des bienfaits de l'instruction.	—.

CENT TRENTE-NEUVIÈME LEÇON.

L'élève établira des comparaisons entre les mots suivants :

LE CONQUÉRANT.	LE TORRENT.
LA VIOLETTE.	L'HOMME MODESTE.
LE FLEUVE.	LE TEMPS.
LE PAON.	L'ORGUEILLEUX.
LA POULE ET SES POUSSINS.	LA MÈRE ET SES ENFANTS.
L'HIVER.	LA VIEILLÉSSE.
LE SOMMEIL.	LA MORT.
LE JARDINIER.	L'INSTITUTEUR.

NOTA. Ces parallèles doivent être suffisamment développés et avoir une certaine étendue. On fera consister les rapports dans les pensées, dans les phrases plutôt que dans les mots.

Nous allons donner un exemple :

L'ENFANT. LE BOUTON DE ROSE.

Gracieux et frais, le bouton de rose grandit à l'ombre de la rose sa mère ; on voit éclater en lui un air de tendre jeunesse ; déjà apparaissent, à moitié cachés, les trésors qu'il renferme, les riches couleurs, les suaves parfums : faible et charmant comme lui, l'enfant grandit sous l'aile maternelle ; sa beauté naissante, sa candeur aimable annoncent ce qu'il sera un jour ; les chagrins, les alarmes n'ont pas encore flétri son front si pur ; il brille radieux à l'aurore de l'avenir.

CENT QUARANTIÈME LEÇON.

L'élève établira des comparaisons avec les mots suivants :

Nota. Ce devoir diffère du précédent en ce qu'il y a ici *dissemblance* au lieu de *ressemblance*.

LE LABOUREUR DILIGENT.	LE LABOUREUR NÉGLIGENT.
LE CHIEN.	LE CHAT.
LE BON FILS.	LE MAUVAIS FILS.
LE BON ROI.	LE MAUVAIS ROI.
LE JOUR.	LA NUIT.
L'AVARE.	LE PRODIGUE.
LA PAIX.	LA GUERRE.

L'AVARE ET LE PRODIGUE.

L'avare amasse péniblement, et au prix de mille privations, des richesses qu'il cache à tous les yeux dès qu'il les possède, et dont il ne jouira jamais. Le prodigue reçoit, sans en savoir le prix, les biens que la Fortune aveugle lui envoie ; il les dissipe follement, sans compter, et il vit insoucieux du lendemain, jusqu'à ce que sa prodigalité l'ait conduit à la misère.

CHAPITRE TREIZIÈME.

DE LA STRUCTURE DE LA PHRASE.

CENT QUARANTE-ET-UNIÈME LEÇON.

La phrase prend différents noms suivant la forme qu'elle revêt. Elle est *expositive, impérative, exclamative, interrogative.*

DE LA PHRASE EXPOSITIVE.

La phrase est expositive quand elle dit simplement la chose qu'elle exprime, sans interrogation ni commandement. C'est la forme la plus usitée dans le langage. Ex. :

La miséricorde de Dieu est grande.
Le bon pasteur donne sa vie pour ses brebis.

L'élève construira une phrase expositive sur chacun des mots suivants :

L'Océan. — La paresse. — L'imprimerie. — Le blé. — Notre prochain. — La grêle. — Noël. — La mort. — Le feu. — Le renard. — Les aveugles. — La soie. — La prière. — Le liége. — Siècle. — La trompe. — Le chaos. — Chevelure. — Aquatique. — La navigation. — La modestie.

CENT QUARANTE-DEUXIÈME LEÇON.

L'élève fera entrer deux mots donnés dans une phrase expositive.

La présomption, l'ignorance.
Jérémie, Jérusalem.
Paris, grande.
Singe, noix.
Carnaval, folie.
Rose, jardin.
Lune, flambeau.
Lionne, courageusement.
Vautour, proie.
Les métaux, la terre.

NOTA. Pour faire ces deux devoirs ainsi que les deux suivants, les élèves peuvent s'aider de tout ce que leur rappelle leur mémoire. Loin d'être défendues, les réminiscences sont applaudies, car elles témoignent de l'attention que l'on apporte à la lecture.

CENT QUARANTE-TROISIÈME LEÇON.

DE LA PHRASE CITATIVE.

La phrase expositive devient citative quand on rapporte les paroles de quelqu'un. Exemple :

Le hibou dit à l'aigle :

>   .... Mes petits sont mignons,
> Beaux, bien faits, et jolis sur tous leurs compagnons.

L'élève terminera les phrases suivantes en ajoutant ce qui fait l'objet de la citation.

Ne dites point à votre ami : ..., lorsque vous pouvez l'obliger sur-le-champ. Nous nous plaignons souvent des peines de la vie ; ne nous souvient-il plus que Dieu a dit à l'homme : ..... Quand Dieu voulut former la femme, il dit : ... Un mort nous invite à la méditation et semble nous dire : .... Diogène voyant un tireur d'arc maladroit, alla s'asseoir tout près du but, et dit : ... Quand l'empereur Titus avait passé un jour sans trouver l'occasion de faire une bonne action, il disait à ceux qui l'environnaient : .... On demandait à Aristote ce que c'était qu'un ami, il répondit : ... La loi de Moïse disait aux hommes : Vengez-vous ; œil pour œil, dent pour dent ; l'Évangile de Jésus-Christ leur dit : ... Le Créateur a dit à la mer, en lui traçant ses limites : .... Il est bien triste de se dire après avoir perdu la vue : ... Job répondit à sa femme et à ses amis, qui lui reprochaient sa confiance en Dieu après la perte de tous ses biens : ... L'orgueilleux se dit à lui-même : ... Rends les armes, dit Xerxès à Léonidas ; celui-ci répondit : ... Le serpent dit à la femme : Pourquoi ne mangez-vous pas du fruit de cet arbre ? Ève répondit : ... On meurt content quand on peut dire à sa dernière heure : ... La religion chrétienne est tout entière dans ces mots : ...

CENT QUARANTE-QUATRIÈME LEÇON.

DE LA PHRASE IMPÉRATIVE.

La phrase est impérative quand elle exprime le commandement ou la prière. Avec la forme impérative on sous-entend toujours le pronom, sujet du verbe. Ex. :

Mon Dieu, *donne* l'eau aux fontaines.

DE LAMARTINE.

RENDONS *témoignage à la vérité.*
ALLEZ *et ne* PÉCHEZ *plus.*
TRAVAILLE *et* ÉCONOMISE, *tu n'auras besoin de personne.*

L'élève construira vingt phrases ayant la forme impérative.

CENT QUARANTE-CINQUIÈME LEÇON.

DE LA PHRASE EXCLAMATIVE.

La phrase exclamative porte sa définition en elle-même ; elle sert à marquer une exclamation, c'est-à-dire un sentiment vif, profond, subit. C'est le cri naturel d'une âme qui se sent pénétrée de crainte, de surprise, de joie ou de douleur.

La phrase exclamative commence ordinairement par un des adverbes de quantité *que, comme, combien,* ou par le déterminatif *quel,* ou enfin par toute espèce d'interjection. Ex. :

Hélas ! petits moutons, que vous êtes heureux !

Comme il m'a trompé ! Comme il ment !
Que cette journée de printemps est agréable !
Combien le repos est préférable à la gloire !
Quels préceptes que ceux de l'Évangile !

Juste ciel ! tout mon sang dans mes veines se glace.

L'élève composera vingt phrases sur la forme exclamative.

CENT QUARANTE-SIXIÈME LEÇON.

DE LA PHRASE INTERROGATIVE.

La phrase est interrogative quand elle sert à interroger. Ex. :
Que dit-il ?
Comment vous portez-vous ?
Comment nomme-t-on l'arbre dont l'écorce produit le liége ?
Par quel nom désigne-t-on le carême des mahométans ?

Les élèves répondront aux questions suivantes :

Pourquoi le vent du midi nous apporte-t-il toujours de la pluie ?

A qui Dieu a-t-il donné la raison ?

A qui devons-nous faire des excuses ?

Quels sont les défauts et les vices que l'on rencontre le plus ordinairement chez les enfants ?

Quels sont les élèves que le maître doit récompenser ?

Quel est le jour le plus triste pour des écoliers en vacances ?

Pourquoi le maréchal et le serrurier font-ils chauffer le fer qu'ils veulent travailler ?

Pourquoi le jardinier lie-t-il ses pieds de salade ?

Pourquoi ferre-t-on les chevaux ?

Où trouve-t-on les métaux ?

CENT QUARANTE-SEPTIÈME LEÇON.

Les élèves répondront aux questions suivantes :

— Quel est l'animal, demandait le Sphinx, qui marche à quatre pieds le matin, à deux pieds à midi, et à trois pieds le soir ? (Les mots *matin, midi* et *soir* ont ici un sens allégorique.)

— Devons-nous préférer un talent à une vertu ?

— Qui a rendu le plus grand service à l'humanité, Guttemberg, qui a découvert l'imprimerie, ou le moine Roger Bacon, qui a inventé la poudre à canon ?

— Quel est le plus malheureux des hommes ?

— Pourquoi le soleil, qui est si gros, nous paraît-il si petit ?

— Quelles sont les ressources que l'homme trouve dans la nature pour satisfaire ses appétits ?

— Pourquoi l'homme s'est-il construit une habitation ?

— Est-ce le soleil que nous devons remercier des bienfaits de sa lumière et de ses rayons ?

> Toi qu'annonce l'aurore, admirable flambeau,
> Astre toujours le même, astre toujours nouveau,
> Par quel ordre, ô soleil, viens-tu du sein de l'onde,
> Nous rendre les rayons de ta clarté féconde ?
> Tous les jours je t'attends, tu reviens tous les jours ;
> Est-ce moi qui t'appelle et qui règle ton cours ?

CENT QUARANTE-HUITIÈME LEÇON.

Les élèves liront attentivement les leçons suivantes, jusqu'à ce qu'ils se soient rendu très-familières les connaissances qu'elles renferment.

PREMIÈRE QUESTION.

Pourquoi les enfants doivent-ils fuir la société des méchants et rechercher la société des bons?

RÉPONSE. —Parce que les enfants se modellent ordinairement sur ceux qu'ils fréquentent; leur caractère extrêmement mobile les rend facilement accessibles aux influences bonnes ou mauvaises au milieu desquelles ils vivent. Les fréquentations pernicieuses corrompent bientôt le meilleur naturel; mais l'enfant qui n'a vu que de bons exemples ne saurait être un méchant. —Es-tu de l'ambre? disait un sage à un morceau de terre odoriférante qu'il avait ramassée dans un bain : tu me charmes par ton parfum. — Je ne suis qu'une terre grossière, répondit-elle; mais j'ai séjourné quelque temps au milieu d'un bouquet de roses.

2ᵉ QUESTION.

Que pensez-vous de ces enfants qui se moquent de leurs camarades parce qu'ils sont affligés de quelques difformités?

RÉPONSE. — Que ce sont des enfants mal élevés, et, pis que cela, de mauvais cœurs, puisqu'ils trouvent du plaisir à faire de la peine aux autres. On ne doit se moquer de personne, ni reprocher à autrui des infirmités. Y a-t-il grand mérite à vous d'être sains et bien dispos, et avez-vous le droit de tourner en ridicule ceux à qui la nature a refusé des dons qu'elle vous accorda gratuitement? Et puis, ces corps si chétifs, ne peuvent-ils pas renfermer une grande âme, être vivifiés par un puissant génie? Le plus sage d'entre les sages de la Grèce était si contrefait qu'on avait de la peine à reconnaître en lui une forme humaine : ce n'est pas toujours la plus belle vache de l'étable qui donne le meilleur lait, ni l'arbre le plus lisse du verger qui produit les plus beaux fruits.

Sous le règne de Louis XV, un homme d'un mérite rare,

estimé par ses vertus et ses talents militaires, mais qui était petit et tout disgracié de la nature, fut nommé gouverneur du Canada. A son arrivée, les Iroquois, peuplade à demi sauvage, lui envoyèrent des députés pour renouveler leur alliance avec les Français. Le chef de l'ambassade avait préparé un discours dans lequel il employait tout ce que sa langue avait de plus riche et de plus pompeux pour faire l'éloge de la force du corps, de la hauteur de la taille, et de la bonne mine du général, qualités que ces sauvages estiment de préférence.

En apercevant le gouverneur, il sentit que sa harangue ne cadrait point au personnage. Sans se déconcerter, il s'en tira par cette apostrophe, un peu agreste à la vérité, mais pleine d'énergie : « Il faut que tu aies une bien grande âme, puisque avec un si petit corps, le roi, ton maître, t'a jugé digne de sa confiance ! »

3e QUESTION.

Pourquoi les enfants doivent-ils s'instruire?

RÉPONSE. — Pour ne pas rester ignorants toute leur vie. L'ignorance est une maladie qui devient incurable, si on ne la traite pas de bonne heure. Dans la société, l'ignorant est à charge aux autres; seul, il le devient à lui-même.

4e QUESTION.

A-t-on raison de défendre aux enfants de mentir?

RÉPONSE. — Certainement. Le mensonge est un vice odieux. C'est une *lâcheté :* car celui qui ment n'*ose* pas dire la vérité. La bouche qui profère le mensonge est en abomination devant Dieu, a dit Salomon, et celui qui ment n'échappera pas à la justice du Seigneur.

5e QUESTION.

Les enfants peuvent-ils tuer des mouches, arracher les plumes aux oiseaux, mutiler les hannetons, tourmenter les ânes, sous prétexte que ce sont de simples animaux?

RÉPONSE. — Puisque les animaux sont comme nous sensibles à la douleur, il ne faut leur faire subir aucun mauvais traitement. Cette barbarie est toujours la marque d'un mauvais cœur. Un des empereurs romains les plus cruels, Domitien, s'amusait, quand il était jeune, à percer des mouches avec un poinçon (1).

6e QUESTION.

Est-il nécessaire que les enfants jouent?

RÉPONSE. — Oui, quelques heures de récréation sont indispensables aux enfants; mais ils ne doivent pas oublier que le jeu est la récompense accordée à l'application et à la bonne conduite. Ainsi considéré, le plaisir donne du cœur à l'ouvrage et tourne au profit du travail. Ésope comparait l'esprit de l'homme à la corde d'un arc, qui perd de son élasticité si elle reste tendue trop longtemps.

7e QUESTION.

Y aurait-il des inconvénients à ce qu'ils s'amusassent toujours?

RÉPONSE. — Sans doute : il en est des plaisirs comme de certains remèdes, qui n'ont d'effet que s'ils sont pris rarement et en petite quantité. Si les enfants jouaient continuellement, le jeu cesserait d'avoir pour eux l'attrait d'une chose ardemment désirée; en se multipliant, il perdrait ce charme particulier que la rareté donne au plaisir, et, loin d'être un délassement, il ne tarderait pas à leur devenir une fatigue insupportable. Les meilleures choses finissent par être insipides, si l'on n'en use avec modération.

On conte qu'un jardinier, voyant un pâté de lièvre sur la table de son seigneur, se prit à penser et à dire qu'il serait le plus heureux des hommes s'il pouvait s'en nourrir toujours. Le maître, qui l'avait entendu, le prit au mot, et ordonna qu'il ne lui fût plus servi que du pâté de lièvre à tous ses repas. La joie faillit tourner la tête au pauvre homme, qui ne s'était nourri jusque-là que d'ail, de pain noir et de méchants légumes cuits à l'eau et grossièrement accommodés. Mais son ravissement fut de courte durée : le pâté, dont il mangeait quatre fois le jour, finit par le dégoûter tant et si bien, qu'à la fin, n'y pou-

---

(1) Cette méchante action donna lieu à Vibius Priscus, auquel on demandait s'il n'y avait personne avec l'empereur, de répondre : « Pas même une mouche. » Ce mot lui coûta la vie.

vant plus tenir, il court chez son seigneur, protestant que le lièvre était la plus mauvaise nourriture qui se pût imaginer, et qu'il allait se laisser mourir de faim, si on ne lui permettait pas de revenir à son régime accoutumé.

CENT QUARANTE-NEUVIÈME LEÇON.

8ᵉ QUESTION.

Pourquoi Dieu a-t-il placé le sens de l'odorat au-dessus du sens du goût?

RÉPONSE. — Dieu a placé l'odorat près de la bouche, afin que l'homme puisse reconnaître sans efforts et comme d'instinct la nature et la qualité de ses aliments. Preuve admirable de la prévoyance et des attentions délicates d'un ouvrier, qui a tout coordonné pour la perfection de son œuvre.

9ᵉ QUESTION.

Pourquoi a-t-il placé l'œil dans une cavité profonde et l'a-t-il recouvert d'une paupière?

RÉPONSE. — Dieu a placé l'œil dans une cavité et l'a entouré d'os protubérants pour le garantir contre tout accident extérieur. Au moindre signe de danger, la paupière s'abaisse par l'effet d'un mouvement tout-à-fait irréfléchi, que nous ne saurions trop admirer.

10ᵉ QUESTION.

Comment Dieu a-t-il manifesté sa sagesse et sa bonté envers les animaux qui habitent les régions glacées des pôles ?

RÉPONSE. — Il les a revêtus de robes fourrées, de poils épais qui leur permettent de braver les rigueurs d'un long hiver. Quant aux animaux des tropiques, il les a couverts de robes à poil ras, afin de les revêtir à la légère. Celui qui habille les lis des champs, qui mesure le vent à la brebis tondue, qui a placé des plumes jusqu'à l'extrémité des doigts des lagopèdes, destinés à courir sur la neige, a convié toute la nature au partage de ses libéralités.

11ᵉ QUESTION.

Pourquoi Dieu a-t-il donné un long bec et de longs pieds aux oiseaux qui habitent les bords des rivières et les endroits marécageux ?

RÉPONSE. — Le cormoran, le héron, la grue, la cigogne, le flamant, etc., étant destinés à vivre dans la vase, la nature les a pourvus de longues jambes nues pour s'y promener comme sur des échasses, et leur a donné un bec et un cou capables de saisir dans les eaux, ou au fond d'une fange épaisse, les vermisseaux et les poissons qui composent leur nourriture.

12ᵉ QUESTION.

Pourquoi les hirondelles s'en vont-elles en automne?

RÉPONSE. — Parce qu'il n'y a qu'une température douce qui puisse leur convenir ; si elles restaient dans nos contrées, les rigueurs de l'hiver les feraient mourir. Vers l'automne elles se rassemblent en troupes, partent toutes ensemble, traversent les mers et abordent en Afrique, ou se dispersent dans les îles de la Méditerranée. Au printemps suivant, la Providence les renvoie faire en nos climats une guerre acharnée aux cousins, aux chenilles, aux charançons, et à d'autres insectes destructeurs de nos potagers et de nos moissons.

13ᵉ QUESTION.

Pourquoi cultive-t-on la terre ?

RÉPONSE.—Pour la rendre fertile. Dieu l'a frappée de stérilité à cause de l'orgueil et de la désobéissance de l'homme ; ce n'est qu'à force de travail que le laboureur parvient à lui arracher les trésors qu'elle recèle dans son sein. Le paresseux qui néglige de la cultiver n'en obtient que des orties et des ronces.

Un laboureur de l'ancienne Rome récoltait dans un petit champ des moissons abondantes; l'envie murmura : il fut accusé d'enchantement et sommé de comparaître devant l'assemblée du peuple. Le jour du jugement, il amena au Forum sa fille aux bras robustes, ses bœufs vigoureux, ses lourds hoyaux, et ses socs pesants : « Voilà, s'écria-t-il, mes sortiléges ; ajoutez-y mes travaux, mes veilles et mes sueurs, et vous aurez tout le secret de ma magie. »

On comprend que la vérité et l'énergie de ce langage figuré durent le faire absoudre.

14ᵉ QUESTION.

L'or est-il plus précieux que le fer?

RÉPONSE. — L'or est plus rare et plus brillant que le fer, mais le fer est assurément plus précieux, plus utile que l'or. Le fer a une valeur réelle, intrinsèque; l'or n'a guère qu'une valeur purement conventionnelle. « Que fait-on avec l'or? des bijoux, des ornements, des broderies, de belles vaisselles et de beaux vases, dont on pourrait très-facilement se passer, puisqu'ils ne sont pas plus commodes que les assiettes de faïence et les pots de terre dont nous nous servons. Le fer, au contraire, à quoi ne sert-il pas? Le riche comme le pauvre en a un besoin indispensable. Tous les instruments du laboureur, les bêches, les pioches, les socs de charrue, sont en fer. Tous les outils du charpentier, du menuisier, du charron, du tourneur, sont en fer. C'est avec le fer qu'on fait les serrures, les verrous, les gonds et tout ce qui sert à fermer les portes et les fenêtres. Que deviendrait-on, si tout d'un coup on n'avait plus de clous, si l'on n'avait plus d'aiguilles, si l'on n'avait plus de couteaux? et toutes ces choses sont en fer. Lorsque par hasard on a rencontré des peuplades qui n'avaient point de fer, il s'est toujours trouvé que c'étaient les plus misérables des hommes. Ils étaient obligés de faire de mauvaises haches avec des pierres tranchantes; ne pouvant découper la viande, ils la déchiraient en lambeaux. Ils n'avaient pour coudre leurs habits que des arêtes de poisson, et pour armes que des arcs et des sabres d'un bois très-dur. Aussi ne devons-nous pas nous étonner si les peuples qui connaissent le prix du fer et qui n'en ont point, donnent volontiers de l'or pour s'en procurer (1). »

---

(1) M. Jeannel.

CENT CINQUANTIÈME LEÇON.

15ᵉ QUESTION.

A quoi peuvent servir les orages et les volcans?

RÉPONSE. — Les orages purifient l'air. Les volcans sont en communication souterraine avec la mer, qu'ils débarrassent de tous les corps en dissolution qu'elle contient. « La nature, dit Bernardin de Saint-Pierre, purge les eaux par les feux des volcans, comme elle purifie l'air par ceux du tonnerre. »

16ᵉ QUESTION.

De quelle utilité peut être la neige?

RÉPONSE. — La neige est semblable à un grand linceul sous lequel les germes conservent une humidité salutaire. On a remarqué que les moissons étaient moins abondantes et qu'elles étaient ravagées par une multitude d'insectes, quand l'hiver s'écoulait sans qu'une forte couche de neige vînt recouvrir pendant quelque temps nos campagnes.

17ᵉ QUESTION.

Que savez-vous sur la forme, la dimension et le mouvement de la terre?

RÉPONSE. — La terre est une masse ronde comme une boule, enveloppée d'air de tous côtés. Elle a neuf mille lieues de tour. Les montagnes les plus élevées, comparées à cette prodigieuse grosseur, ne sont pas plus qu'une très-petite mouche sur le dôme d'un grand édifice. Dieu, par un des mystères de sa puissance infinie, l'a posée dans l'espace, et, sans que rien la soutienne, il lui a commandé de tourner autour du soleil en pirouettant sur elle-même.

Les Indiens, ne pouvant pas s'imaginer qu'un corps puisse rester ainsi suspendu, ont pris leurs précautions : ils font porter la terre par seize éléphants. Ces éléphants s'appuient sur une immense tortue qui nage dans une mer de lait.

Les anciens, qui s'en rapportaient au témoignage trompeur des yeux, se figuraient la terre plate et ronde à la manière d'un disque. Au-dessous, où régnait une éternelle et profonde obscurité, ils avaient placé les enfers.

18ᵉ QUESTION.

Vous avez dit le *témoignage trompeur des yeux;* nos yeux peuvent donc nous tromper?

RÉPONSE. — Ils nous trompent continuellement sur la grosseur, la distance et même sur la marche des objets. Jeunes, il nous faut apprendre à voir, comme nous apprenons à parler et à marcher.

19ᵉ QUESTION.

La population du globe augmente chaque jour; n'est-il pas à craindre que bientôt la terre ne suffise plus à nourrir cette population toujours croissante?

RÉPONSE. — « La terre peut nourrir cent fois plus d'hommes qu'elle n'en nourrit. Elle ne manque point aux hommes; mais les hommes insensés se manquent à eux-mêmes en négligeant de la cultiver. C'est par leur paresse et par leur désordre qu'ils laissent croître les ronces et les épines en la place des vendanges et des moissons (1). »

Il existe encore aujourd'hui des pays immenses où l'on compte tout au plus un habitant par lieue carrée.

20ᵉ QUESTION.

Pourquoi l'abeille se plonge-t-elle dans le calice des fleurs?

RÉPONSE. — Afin de s'emparer, pour former son miel, des sucs que ces plantes ont distillés pendant la nuit. L'abeille est à l'ouvrage dès l'aurore; elle paraît n'avoir qu'une passion, celle d'enrichir sa ruche. Elle est l'emblême d'une bonne ménagère qui tire parti de toute chose et fait tout servir à la prospérité de sa maison. La nature, qui n'a de secrets que pour celui qui ne l'interroge pas, nous offre partout, jusque dans les insectes, un modèle à imiter et un exemple à suivre. Prévoyant que l'abeille aurait à porter de lourds et utiles fardeaux, elle a voulu multiplier ses forces; elle a muni son dos de quatre ailes, tandis qu'elle n'en a accordé que deux à toutes ces espèces de mouches qui passent leur vie dans une oisiveté continuelle.

---

(1) Fénelon.

21ᵉ QUESTION.

Si le sel cessait tout à coup d'exister, quels sont les inconvénients qui en résulteraient?

Réponse. — Nos aliments n'étant plus assaisonnés, perdraient de leur goût; quelques-uns auraient une fadeur insupportable. Il deviendrait impossible de conserver les viandes. Les terres seraient privées d'un engrais précieux. Enfin, l'eau des mers, ne contenant plus de sel en dissolution, ne tarderait pas à se corrompre et à empester toute la terre. Ainsi, rien d'inutile n'est sorti des mains de Dieu : tout, dans la nature, depuis l'homme jusqu'au brin d'herbe, se lie, s'enchaîne au moyen de mille intermédiaires, dont un seul peut-être ne pourrait pas être détruit impunément. Cette mousse qui végète à nos pieds nourrit des insectes qui périraient si elle cessait d'exister; ceux-ci, à leur tour, servent de pâture à d'autres insectes qui souffriraient de leur destruction; c'est ainsi que de proche en proche des animaux indispensables à notre existence disparaîtraient par l'anéantissement de la plus misérable des plantes.

22ᵉ QUESTION.

Pourquoi pratique-t-on des cheminées aux maisons et des fenêtres aux appartements?

Réponse. — Les cheminées donnent une issue à la fumée, et les fenêtres permettent à la lumière de passer sans que l'air puisse entrer avec elle. Les Romains, si fameux dans l'histoire, n'avaient pas de vitres à leurs fenêtres, et ne connaissaient pas l'usage des cheminées. Les hommes ne sont arrivés que peu à peu à perfectionner les arts et à inventer toutes ces machines merveilleuses que nous admirons aujourd'hui, et dont nous usons sans réflexion. Il fut un temps où ils ne savaient pas construire de maisons, ne connaissaient pas l'usage du fer, mangeaient les glands des forêts parce qu'ils ignoraient la culture du blé, entretenaient le feu jour et nuit faute de savoir le retrouver, se couvraient de la peau velue des animaux, conservaient le vin dans des outres de cuir, marchaient pieds nus sur la terre, un temps enfin où ils avaient moins de bien-être matériel que les oiseaux et les castors. Mais aujourd'hui l'homme a tout conquis par la puissance de son génie; le maçon, le charpentier, le tisserand, le tailleur, le boulanger, le vêtissent, le nourrissent, l'abritent et travaillent à lui procurer des commodités de toutes sortes. Le cheval, dompté par lui et devenu l'esclave de ses volontés, le transporte à son gré d'un bout de la terre à l'autre ; le bœuf fait servir sa force et le poids de sa masse à cultiver ses champs pour lui préparer de riches moissons. Dociles à sa voix, la vapeur et les vents se sont pour ainsi dire attelés à son char pour le porter aux extrémités du globe ; et mille autres merveilles que l'homme a accomplies par l'observation, le raisonnement et l'expérience.

NOTA. Ce chapitre de questions, tout à la fois attrayantes et instructives, est inépuisable. Notre intention est de l'enrichir à chaque nouvelle édition, et d'en faire par la suite un véritable code d'éducation morale.

NARRATIONS FRANÇAISES.

SOMMAIRES.

1. Le Laboureur et ses Enfants.

(Vers à traduire en prose.)

Travaillez, prenez de la peine :
C'est le fonds qui manque le moins.
Un riche laboureur, sentant sa mort prochaine,
Fit venir ses enfants, leur parla sans témoins.
Gardez-vous, leur dit-il, de vendre l'héritage
 Que nous ont laissé nos parents :
 Un trésor est caché dedans.
Je ne sais pas l'endroit ; mais un peu de courage
Vous le fera trouver ; vous en viendrez à bout.
Remuez votre champ dès qu'on aura fait l'août :
Creusez, fouillez, bêchez, ne laissez nulle place
 Où la main ne passe et repasse.
Le père mort, les fils vous retournent le champ,
Deçà, delà, partout, si bien qu'au bout de l'an
 Il en rapporta davantage.
D'argent, point de caché. Mais le père fut sage
 De leur montrer, avant sa mort,
 Que le travail est un trésor.

2. L'Enfant espiègle.

Grave magistrat dînant avec des amis.... Son fils encore tout jeune va pour s'asseoir à la grande table. Son père lui dira qu'il n'a pas encore assez de barbe au menton... L'enfant humilié se retirera à une petite table où sa mère lui fera servir de bons morceaux... Un gros chat affriandé viendra se poser auprès de l'enfant... Celui-ci, voyant les belles moustaches de son commensal, le chassera et lui dira...

3. La Jeune Fille.

Jeune fille coquettement parée se rendant à l'église par un beau dimanche de printemps : elle marchera sur la pointe des pieds, fera valoir tous les avantages de sa toilette, non sans chercher à deviner l'effet qu'elle croira produire. « Quelle fraîcheur! quel éclat! » diront quelques voisins. Et la petite vaniteuse de remercier par une révérence. Sourires des voisins, qui lui expliqueront sa méprise : ce n'est pas elle qu'ils admirent, mais la belle rose dont elle est parée.

4. Les Écoliers et le Petit Marchand de gâteaux.

Petit marchand de gâteaux passant devant une classe à l'heure de la récréation. Il tremblera pour ses brioches et ses pâtés. Il essayera de fuir, mais les écoliers l'entoureront et feront mine de livrer un assaut à sa boutique. Défense héroïque ; après de longs débats et quelques coups de poing, notre héros se dégagera et s'échappera à toutes jambes, n'ayant rien perdu. Dans sa fuite, la plus belle tartelette de sa corbeille tombera à son insu. Un écolier, l'un de ses plus ardents persécuteurs, se jettera sur cette proie, qu'il se hâtera de restituer saine et sauve au colporteur.

Cette bonne action récompensée par un témoin de cette scène, qui achettera toute la boutique du petit pâtissier, et...

5. Enfant. — Papillon. — Ruisseau.

L'élève composera lui-même une narration, un récit dans lequel les trois mots ci-dessus joueront le principal rôle.

---

6. Un Bon Conseil.

Le père de Livorno, savant du seizième siècle, pauvre, mais gai et spirituel. Voyageant en Toscane, il arrive sur le bord d'une rivière : point de pont... batelier à quelque distance ; mais le père n'a point d'argent... « Mon ami, dit-il au batelier, passez-moi, et je vous donnerai un bon conseil... » Le batelier consent... Conseil du père Livorno : « Si vous ne passez jamais que de pauvres gens comme moi, vous ne ferez pas de sitôt fortune. » Désappointement du batelier.

---

7. Le Vieux Coq et les Voleurs.

Des voleurs, la nuit, un poulailler. Main-basse sur poulardes et chapons gras. Étonnement d'un coq vieux et maigre, épargné jusqu'alors par les maraudeurs ; il pensera que c'est à cause de son mérite. Il se rengorgera et fera valoir son utilité dans la ferme : c'est lui qui chaque matin réveille... — « Ah ! c'est toi qui..., répliquera un voleur, c'est toi qui abréges... » Et il lui tordra le cou.

Moralité : A quoi nous pousse la vanité, et à quoi aboutit-elle souvent ?

---

8. L'Enfant et le Chardonneret.

Joli chardonneret pris par un enfant dans des filets. L'enfant ravi encagera le petit prisonnier et lui prodiguera tous ses soins; il lui donnera le grain le plus beau, le biscuit le plus.... l'eau la plus... Un jour, porte de la cage laissée ouverte par inadvertance, et le chardonneret de prendre la clé des champs. Doux reproches adressés par l'enfant au fugitif. Il lui rappellera toutes les douceurs dont il a joui : morceaux de sucre, cage magnifique, etc., etc.; puis l'invitera à rentrer dans sa cage. Réponse du chardonneret : il logeait dans un palais doré, mais ce palais était une prison; et il possède actuellement un bien plus précieux que toutes les friandises et toutes les caresses : il est libre.

Moralité : Elle roulera sur le prix inappréciable de la liberté.

---

9. Le Petit Berger menteur.

Au loup! au loup! criera Colas; et bergers d'accourir... de loup point... Colas se moquera des dupes : Le loup, c'était moi, dira-t-il. Dépit des bergers d'avoir été joués par un enfant.

Jour de fête au village... Un vrai loup se jettera sur le troupeau de Colas... A moi!... au secours!... Mais les bergers riront et continueront leurs danses... Le loup emportera une brebis après avoir blessé l'enfant, qui s'en retournera tout sanglant au village.

Moralité : Le menteur...

---

10. Le Jeune Chien.

Jeune chien voulant apprendre le langage de l'homme, à l'imitation du perroquet. Malgré ses efforts il ne saura dire que *oui*. Et encore comment prononcera-t-il cette particule! Inconvénient d'une science imparfaite : notre philologue injustement accusé d'avoir étranglé un poulet. Il est traduit en justice. Question du juge sur son nom ... sa réponse ... question renouvelée sévèrement ... même réponse. Le juge qualifiera son impuissance d'obstination, et passera à la question capitale sur le crime qui lui est imputé : « Avez-vous, *oui* ou *non*, étranglé... ? » Réponse malheureuse, dans laquelle le juge verra un *aveu*. Condamnation; peine infligée.

11. Le Pinson.

Jeune pinson essayant ses ailes. Il doit quitter le nid paternel et se choisir un asile. La jeunesse est présomptueuse : il avisera d'abord le chêne le plus élevé de la forêt : il y trônera en roi ; et, de là, sifflera tous les pinsons d'alentour. Orgueil puni : le nid et le chêne écrasés par la foudre, en l'absence du jeune présomptueux. Sa surprise à son retour ; pas même de débris de son habitation. Ses réflexions sur le danger d'une place trop élevée.

Instruit par l'expérience, il sacrifiera son amour-propre à sa tranquillité dans le choix d'une autre demeure ; encore sous le coup de la frayeur, il ira se loger à fleur de terre, et s'y croira bien en sûreté. Inconvénients de ce nouvel asile : insectes, poussière, etc. Il le quittera pour un arbrisseau, où enfin il vivra content et paisible.

Moralité : Avantages de la médiocrité.

----

12. L'Araignée et l'Abeille.

Araignée immobile dans sa retraite ; sa surprise de voir une abeille aller et venir sans cesse ; elle lui demandera à quoi elle s'occupe si diligemment. Réponse de l'abeille : Elle cherche sa nourriture sur... — Elle est bien bonne ! L'araignée, à sa place, avec ses ressources, ne se donnerait pas tant de peine ; elle ferait la guerre aux insectes. Elle n'a point de dard, point d'ailes, et pourtant dans ses piéges que de victimes dont le sang la nourrit et lui permet de vivre oisive ! — Scélérate ! s'écriera l'abeille, n'as-tu pas honte de...? Pour elle, sans nuire à personne, elle sait se pourvoir et se rendre utile ; aussi amour de l'homme, asile toujours préparé, tandis qu'à la vue de l'araignée, l'homme...

(Faire parler l'araignée et l'abeille.)

13. La Pluie.

Marchand se rendant à une ville voisine. Il sera à cheval...
valise garnie... Pluie torrentielle. Plaintes et murmures élevés
jusqu'à Dieu... Bois à traverser ; au milieu, des voleurs.....
« Arrête ! »... cheval éperonné... Les carabines des voleurs
toutes chargées ; mais poudre mouillée, salut du marchand.

Actions de grâces rendues à la Providence. Le marchand re-
connaîtra le tort de ses murmures ; car, dira-t-il, par un beau
temps, poudre enflammée... perte certaine. Pardon demandé à
Dieu, dont les desseins sont impénétrables.

---

14. Le Cheval et son Maître.

L'ingratitude, vice méprisable.
Tribunal institué à Athènes contre les ingrats. Rareté des
procès en pareille matière, le juge se retire chez lui, et place
à sa porte une sonnette à l'usage des plaignants... Long silence
de la sonnette... L'herbe croît à l'entour de la corde et s'y en-
lace... Un jour pourtant la sonnette s'agite d'une manière
étrange... Le juge court à sa porte... Vieux cheval décrépit à
l'œil morne... En paissant l'herbe, il tire innocemment la
corde... Enquête. Réponse des voisins... Le cheval appartient
à un maître ingrat, qui a chassé du râtelier son vieux serviteur
pour n'avoir pas à nourrir une bouche inutile. Le maître
appelé, sévèrement repris et condamné à subvenir aux frais
d'entretien de l'animal, qui a usé sa vie à son service.

---

15. Les Deux Moineaux.

Année de disette... Deux moineaux tourmentés par la faim.
Le plus exténué exhorte son frère à réunir ses forces pour aller
chercher quelque nourriture... Son désir de le voir revenir bientôt... Ses craintes de mourir d'inanition. Promesses et départ

du plus fort. La fortune lui sourira : cerisier couvert de fruits. Comme il sera heureux en pensant que son frère et lui vont être sauvés ! Il voltigera de branche en branche, se rassasiera ; puis, le soleil déclinant, il songera à son ami. Mais, se dira-t-il, encore quelques cerises, et je... Cependant la nuit arrivera, et avec elle le sommeil... Son réveil dès l'aurore, son empressement à... Il fendra l'air de ses ailes... il est trop tard... mort de son compagnon !

Moralité : La promesse faite à un ami malheureux...

---

16. Nid. — Petit Berger. — Chute. — Bosse au front.

Composer un récit avec les mots ci-dessus.

---

17. Le Loup à l'agonie.

Le loup, sur le point de mourir... Il se reportera par la pensée aux divers actes de sa vie. Aveu qu'il a péché ; conscience troublée par la mort de ce pauvre petit agneau... Mais n'y a-t-il pas de plus grands pécheurs que lui ? S'il a fait du mal, il... Preuves à l'appui : 1° Mouton isolé venant bêler et se jeter près de lui, et qu'il eut la générosité d'épargner. 2° Railleries d'une certaine brebis, sa patience à supporter cet outrage ; il avait faim et l'insolente était sans défense.

Un renard, son confesseur, attestera ces faits, il s'en rappellera toutes les circonstances, ajoutant méchamment que c'était au temps de l'*os* extrait du gosier du loup par la commère cigogne.

---

18. Les Singes et les Bonnets de coton.

Il y a des animaux imitateurs, le singe, par exemple. Étendez-vous un peu sur cette idée.

Colporteur, marchand de bonnets de coton, traversant vers l'heure de midi un bois peuplé de singes. Notre homme fatigué s'arrêtera au pied d'un marronnier, se coiffera d'un bonnet de coton et s'endormira. Sa balle pillée par les singes pendant son sommeil. Réveil du marchand. Stupéfaction : balle entièrement vide. Bruit dans les arbres… Qu'aperçoit-il?… Comment notre homme rentrera-t-il en possession de sa marchandise ? Pierres lancées aux singes, qui ripostent avec des marrons. Désespoir, colère du marchand. Son bonnet arraché, roulé et lancé à terre… au même instant, pluie de bonnets de coton.

19. Origine d'Arlequin.

Arlequin, charmant enfant, doué des plus heureuses qualités de l'esprit et du cœur, né à Bergame, en Italie. Ses jeunes condisciples, loin de s'offenser de sa supériorité et de ses succès, chercheront toutes les occasions de lui faire plaisir.

Habitude de donner un habit neuf aux enfants à l'époque du carnaval. Chaque écolier vantera son costume à l'approche du jour tant désiré. Ce grave entretien occupera toutes les récréations. Le seul Arlequin ne peut se passer cette fantaisie : ses parents sont trop pauvres. A cette nouvelle, affliction de tous les écoliers : Arlequin est si bon, si aimé! Idée lumineuse : chacun apportera un morceau enlevé à son riche costume. Leur confusion à la vue de tous ces morceaux disparates. Arlequin les rassurera; il sera fier de cet habit, dont chaque pièce a tant de valeur à ses yeux. Le grand jour arrivé, il endossera son costume bariolé, se coiffera d'un feutre gris orné d'une queue de lapin, et, armé d'un sabre de bois, parcourra toute la ville émerveillée. Depuis ce temps, costume d'Arlequin devenu populaire.

20. Le Fermier et son Fils.

Un fermier avait un fils menteur : il l'emmène un jour à la ville. Chemin faisant, rencontre d'un chien de fort belle taille. Admiration du père. Il n'est pas déjà si gros, repart le menteur ;

et alors il conte à son père qu'il en a vu un, la veille, qui était aussi gros qu'un cheval. — Cela n'est pas étonnant, on voit des choses si extraordinaires ; et à son tour il raconte à l'enfant qu'il faut traverser un pont avant d'entrer dans la ville ; sur le pont est une statue de la Vérité qui brise la tête de ceux qui passent devant elle après avoir menti. Terreur de l'enfant ; il revient peu à peu sur ce qu'il a dit : le chien n'était que gros comme un âne... un petit âne... A l'approche du pont caché encore à ses yeux par un bouquet d'arbres, il s'arrêtera et avouera enfin à son père qu'il a menti.

Leçon du père : la Vérité, c'est Dieu, qui punit tôt ou tard les menteurs.

21. Le Coq, l'Ane et le Lion.

Dans un même champ, un coq, un âne et un lion : le coq pour trouver quelques grains, l'âne pour..., le lion... A défaut d'autre proie, le lion se contentera de l'âne. Il ira pour se jeter sur le pauvre baudet, quand les cris aigus du coq l'effrayeront et le feront fuir (on sait qu'en effet le chant du coq épouvante le roi des animaux). Témoin de cette frayeur, le roussin se croira très-redoutable et se figurera qu'on a peur de lui. Dans son aveuglement, il poursuivra le lion, le traitera de lâche, le provoquera au combat. Mais le lion n'entendant plus la voix du coq... Le sot animal étranglé.

Moralité : Dire à quoi conduit l'arrogance jointe à la stupidité.

22. L'Écolier chéri.

Un bon maître enseignant à ses nombreux écoliers *la charité et la crainte de Dieu...* Préférence accordée à l'un des écoliers... Ceux-ci en demanderont la cause à leur maître... Pour toute réponse, le maître leur donnera à chacun un petit oiseau, et leur recommandera d'aller dans un endroit où nul regard ne puisse pénétrer, et d'étrangler les oiseaux.

Les écoliers obéiront... L'élève préféré reviendra seul avec son oiseau vivant... On lui en demandera le motif.... Il n'a pu trouver d'endroit assez secret pour commettre une mauvaise action.

Moralité du maître : L'œil de Dieu est ouvert partout : l'écolier est préféré parce qu'il comprend mieux que ses condisciples *la charité et la crainte de Dieu.*

---

23. Le Grand-père et le Petit-fils.

Pauvre vieillard tout décrépit, tête branlante.... (*Continuez cette peinture de la vieillesse.*) Il deviendra un objet de dégoût pour son fils et pour sa bru, qui lui interdiront leur table. Le pauvre vieux, relégué dans un coin, jettera de temps en temps les yeux sur... Un jour il laissera échapper de ses mains tremblantes et cassera l'assiette qui contiendra ses aliments... Colère de la bru ; elle ne lui donnera plus qu'une écuelle de bois.

Le fils de ces gens ingrats, âgé de quatre ans, témoin de ce qui se passe, s'amusera à fabriquer une petite auge avec des morceaux de bois. Son père l'interrogera : « Que fais-tu là ? — C'est pour donner à manger à papa et à maman quand ils seront vieux et que je serai... » répondra naïvement l'enfant.

Repentir des deux jeunes gens à cette réponse ; leurs torts envers leur vieux père réparés.

---

24. Le Chameau, le Singe et le Chien.

Roi ayant trois fils et désirant se choisir un successeur parmi eux... Il veut éprouver leur caractère... stratagème... Il leur offre dans sa ménagerie l'animal que chacun aimera le mieux. — L'aîné demande un chien, parce que ce chien est caressant et lui obéit au moindre signe... Réflexions du roi... Ce chien représente les flatteurs souples aux volontés du maître. — Le second prince choisit un singe, parce qu'il est très-amusant... Réflexions du roi... Les hommes les plus estimables ne sont pas ceux qui ne cherchent qu'à amuser leur maître. — Le troisième prince choisit un chameau... raison de sa préférence... Le roi charmé donne à ce troisième fils son royaume, parce qu'il a montré qu'il sait préférer les gens utiles aux...

---

25. Les Mouches et les Araignées.

L'élève mettra en scène un jeune prince qui demande à son gouverneur pourquoi Dieu a créé tant de choses qui sont nuisibles aux hommes... les mouches et les araignées, par exemple.

Sage réponse du précepteur... Il ne faut pas se hâter de condamner ce que l'on ne comprend pas au premier abord... C'est à une mouche et à une araignée que le père du jeune prince doit la vie. Surprise de l'enfant ; explication demandée au gouverneur.

En montant sur le trône, le roi avait des compétiteurs qui cherchaient à le faire périr... Une nuit d'été, le roi réveillé par une mouche... bruit dans la chambre... assassin... il est arrêté.

L'année suivante, révolte... le roi contraint de fuir se réfugie dans une caverne... une araignée en tapisse l'entrée, de sa toile, pendant la nuit... Le lendemain les soldats envoyés à la poursuite du roi ne peuvent croire qu'il soit entré dans la caverne et passent leur chemin. — Moralité.

---

26. Le Chien du Berger.

Jeune roi de Perse vivant dans la mollesse et abandonnant les soins du gouvernement à un grand-vizir indigne de sa confiance. Le ministre s'entendait avec les fonctionnaires publics pour faire peser sur les peuples un odieux despotisme. Tableau rapide d'un État mal gouverné : dilapidations des gouverneurs, mécontentement des troupes, commencement de révolte... Embarras du jeune prince. Promenade dans la campagne ; il aperçoit un berger pendant son chien ; surprise du roi. « Pourquoi... — Réponse du berger : Son chien s'entendait avec un loup pour décimer le troupeau. Les paroles du berger seront une allusion à la conduite du vizir infidèle. Le roi, éclairé par ce trait, fera pendre son ministre... l'ordre se rétablira dans le royaume.

---

27. Enfant. — Aveugle. — Bâton.

Narration à composer avec ces mots.

---

28. Le Souhait de Midas.

(Sujet mythologique.)

Voyage de Bacchus et de son attirail en Phrygie... son père nourricier Silène s'arrêtera à une fontaine où le roi Midas, pour l'attirer, aura fait verser un vin délicieux... Les pâtres phrygiens conduiront le vieux Silène couronné de fleurs au palais de Midas, qui le comblera d'honneurs. Bacchus, reconnaissant, promettra d'exaucer un souhait de Midas. Vœu insensé : « Que tout ce que je touche se change en or à l'instant même ! » — Désir satisfait... L'élève racontera les diverses expériences que le roi fera pour s'assurer de la réalité de ce privilége... il saisira une branche de chêne... cueillera une pomme... coupera des épis de blé... touchera les portes de son palais. — Ravissement de Midas. Arrivera le moment de se mettre à table. Série d'inconvénients auxquels n'avait point songé Midas. Il meurt de faim au milieu de l'abondance. Bacchus, supplié par lui, viendra à son aide, et lui conseillera d'aller se plonger dans le Pactole. — Depuis lors le Pactole...

---

29. Les Oreilles de Midas.

(Sujet mythologique.)

Le dieu Pan, fier de sa flûte, défie la lyre d'Apollon. Midas, roi de Phrygie, choisi pour juge de la lutte, décerne le prix à Pan. Apollon change les oreilles grossières de Midas en oreilles

d'âne... Soins de Midas pour cacher cette difformité... son
barbier s'en aperçoit... Promesses et menaces pour s'assurer
de sa discrétion... Le barbier, ne pouvant contenir son secret,
va dans un lieu écarté, fait un trou dans la terre, et y appli-
quant la bouche, dit : « Midas, le roi Midas, a des oreilles d'âne.»
Il ferme le trou et croit avoir enseveli son secret ; mais au bout
de quelques mois, des roseaux surgissent en cet endroit ; ils
sèchent, et quand le vent vient les agiter, on les entend répéter
entre eux...

------

30. Le Kan et le Derviche.

Kan d'une tribu tartare à la chasse. Il rencontre un derviche
qui proposait, chemin faisant, un bon conseil, au prix de cent
pièces d'or. Le kan passe le marché et le derviche livre son
conseil : « *N'entreprends jamais rien sans y avoir d'abord
mûrement réfléchi.* » Rires moqueurs des courtisans. Le kan
leur représente qu'ils ont tort de mépriser le conseil du derviche ; cette maxime, quoique très-commune...; et, comme il en
apprécie lui-même la valeur, il la fait graver en lettres d'or sur
les murs de son palais.

A quelque temps de là, un gouverneur ambitieux gagne le
médecin du kan, qui s'engage à faire périr son maître, en le
saignant avec une lancette empoisonnée.

Près d'accomplir son crime, le médecin lit sur la muraille
l'inscription salutaire ; il rejette la lancette empoisonnée et en
prend une autre. Cette action et le trouble du médecin n'échappent pas au kan : il contraint le coupable à avouer son projet
criminel.

Grâce accordée au médecin en faveur de son repentir ; condamnation du gouverneur ; récompense brillante accordée au
derviche.

------

31. Le Loup et le Renard.

Renard forcé de se mettre sous le patronage d'un loup, plus fort que lui. Le loup ordonnera en despote.

Chaque jour le renard entendra l'invariable injonction : «Renard rouge, trouve-moi quelque chose à manger, ou je te mange. »

Le premier jour, le renard dira qu'il connaît une métairie renfermant une jolie paire d'agneaux ; ordre donné au renard d'en aller voler un ; le loup, insatiable dans sa gloutonnerie, s'en ira pour chercher l'autre : on le surprendra et il sera rossé. A ses reproches le renard répondra : « Pourquoi n'es-tu jamais rassasié ? »

Le deuxième jour, nouvel ordre du loup. Le renard ira voler six gâteaux dans une ferme. Le loup qui les trouvera bons, voudra avoir les autres : nouvelle mésaventure. Nouveaux reproches ; même réponse du renard.

Le troisième jour, le renard conduira son compère dans une cave où se trouveront des viandes salées en abondance. Le loup se gorgera de nourriture ; le renard mangera avec précaution, et ira de temps en temps visiter le soupirail, prétextant qu'il observe si personne ne vient. Le loup deviendra bientôt rond comme un tonneau ; le renard fera un tapage infernal. Arrivée du maître et de ses gens ; le renard s'échappera par le soupirail ; le loup ne pourra plus passer et sera tué sur place.

---

32. Les Trois Frères.

Un homme avait trois fils et une seule maison à leur laisser en héritage. Il les exhortera à se choisir une profession, promettant la maison à celui qui se distinguera le plus dans son métier.

Départ des fils. L'aîné se fera maréchal-ferrant, le cadet barbier, le plus jeune professeur d'escrime. Tous trois recevront une éducation parfaite : le maréchal ne ferrant que les chevaux du roi, le barbier ne rasant que de grands seigneurs, l'élève spadassin recevant de terribles bottes. Chacun comptera bien sur la maison. Au bout d'un certain temps, retour au foyer paternel.

Promenade proposée par le père, pour donner chemin faisant à ses fils l'occasion de déployer leurs talents. Un lièvre passera : le barbier s'élancera à sa poursuite, le savonnera, le rasera et le frisera sans l'arrêter ni le blesser. Admiration du père.

Viendra un cheval au pas de course. Le maréchal-ferrant le suivra avec agilité, le déferrera et lui attachera quatre fers neufs. Le père en extase balancera dans son choix.

Tout à coup, grande pluie. Le père et les deux habiles artistes s'enfuiront au plus vite. Le professeur d'escrime restera en plein champ, et à l'aide de son épée qu'il fera voltiger activement au-dessus de sa tête, il se procurera un abri improvisé, et arrivera intact au logis.

A qui le père donnera-t-il la maison ?

---

33. La Piété filiale.

Il y a trois cents ans, un riche marchand mourut, laissant une fortune considérable. Il n'avait qu'un fils, parti, jeune encore, pour les Indes, auprès d'un oncle. Le jeune homme en revenant en Europe avait essuyé un naufrage ; il n'avait pas péri ; mais on ne savait ce qu'il était devenu.

Le marchand mourra donc sans revoir son fils... Héritage confié par le père à un ami dévoué, avec recommandation de... Au bout d'un an, un jeune homme se présentera, puis un second, puis un troisième, pour recueillir la succession. Tous trois diront avoir perdu leurs papiers dans le naufrage. Le dépositaire, certain que sur les trois prétendants il y a au moins deux imposteurs, usera du stratagème suivant : arc remis aux rivaux, portrait du père proposé pour but. Le point désigné sera marqué sur le cœur même de l'image. Le premier jeune homme approchera du but ; le second le percera ; le troisième, fondant en larmes, refusera de commettre même l'apparence d'un parricide sur un portrait vénéré. — Le juge éclairé par ce mouvement de piété filiale...

---

34. Les Trois Filous.

Paysan monté sur son âne et conduisant à la foire une chèvre qui suit l'âne, une clochette au cou. Trois filous se concertent pour dépouiller le pauvre homme. Le premier gage qu'il lui enlèvera sa chèvre sans qu'il s'en aperçoive ; le second, son âne, et qu'il en sera bien aise ; le troisième, ses habits, et qu'il le remerciera. (*On fera parler les voleurs.*)

Les voleurs se mettent à l'œuvre : 1° La clochette détachée adroitement du cou de la chèvre, et attachée à la queue de l'âne ; le paysan s'apercevra trop tard du vol commis à son préjudice. Il s'informera auprès des passants.—2° Apparition du second voleur ; il indiquera au paysan affligé la prétendue direction du ravisseur, et s'offrira de garder l'âne, qu'il entraînera par un chemin détourné. Retour du paysan après de vaines fatigues ; nouveau désappointement. Il continue sa route. — 3° Le dernier des larrons se poste près d'un puits sur les pas du pauvre homme consterné par les deux vols précédents, et feint dans un dialogue que l'élève composera, d'avoir laissé tomber dans le puits une cassette de diamants destinés au calife. Il sera pendu comme ravisseur. Conseil du paysan : le puits n'est pas profond. — Réponse du voleur : il craint l'eau ; dix pièces d'or offertes au paysan s'il veut descendre dans le puits. Celui-ci accepte avec empressement, ôte ses habits, et est dupe pour la troisième fois.

---

35. Le Petit Moqueur.

Bon tonnelier vivant dans un village de la Champagne et ayant trois fils du plus heureux naturel, mais tous trois disgra-

ciés de la nature : l'un est bossu, l'autre borgne, le troisième
boiteux.

Au château habite un riche monsieur dont le fils Rodolphe,
âgé de dix ans, est paresseux, fat, moqueur. Quand il passe
près de la boutique du tonnelier, il ne désigne les trois enfants
de l'artisan que par les sobriquets de *Chameau*, de *Cyclope*
et de *Vulcain*. Ceux-ci se font expliquer auprès du maître
d'école la valeur de ces insultes....

Or, peu de temps après, Rodolphe pêchant à la ligne, saute
de bateau en bateau et tombe dans la rivière.... Heureusement
le bossu est témoin de l'accident : il se jette à l'eau et ramène,
grâce à sa bosse, l'imprudent sur le rivage.... Vous voyez, monsieur, dira-t-il à Rodolphe, qu'une bosse est bonne à quelque
chose.

Peu de jours après, nouvel incident. Rodolphe court dans
une prairie après des papillons, et ne s'aperçoit pas qu'il va se
jeter dans un piége à renards.... La voix du borgne l'arrête....
Vous voyez, monsieur, que mon seul œil peut donner un bon
avis aux deux vôtres.

Une autre fois, Rodolphe harcelle un chien fort méchant....
Le chien s'élance sur lui, mais un coup de bâton, lancé à temps,
écarte l'animal.... Le bâton n'était autre chose que la béquille
du boiteux.... Bien vous a pris, monsieur, que je fusse boiteux.

Rodolphe reconnaît ses torts. La dernière scène s'était passée
dans la cour du tonnelier.... Il embrasse les trois enfants et
leur demande pardon de son injustice, en leur promettant de
n'être plus moqueur.

---

36. Jeune Fille. — Fête de sa Mère. — Rose.

Rédiger un sujet de narration avec ces trois mots.

---

37. Les Sybarites.

Sybaris, ville de Lucanie, bâtie par les Achéens. Les richesses corrompent les Sybarites, et leur nom passe en proverbe..... Tableau de la mollesse des Sybarites : oisiveté, jeux, spectacles, récompenses décernées aux cuisiniers habiles, invitations de festins adressées un an à l'avance pour en mieux faire les apprêts, coqs bannis à cause de.... artisans écartés de la ville.... Exemples de mollesse : un Sybarite suait à grosses gouttes en voyant un esclave fendre du bois; un autre n'avait pu dormir parce qu'une des feuilles de rose qui jonchaient sa couche s'était pliée en deux.

Quelle différence avec les Spartiates!...

Guerre avec les Crotoniates : ce peuple était commandé par Milon, cet athlète qui... On est en présence : les chevaux des Sybarites, habitués à une musique efféminée, se cabrent et sautent en cadence en entendant.... Déroute complète des Sybarites ; leur ville détruite.

---

38. Le Diamant au plus vertueux.

Un père riche et âgé partage ses biens entre ses trois fils. Il lui reste un diamant, qu'il destinera à celui de ses enfants qui se sera le plus distingué, dans le délai de trois mois, par une action noble et généreuse. Retour des trois fils au terme du temps fixé.

Récit du 1er : — Un étranger lui a confié sa fortune sans exiger de lui aucune reconnaissance. La confiance du dépositaire n'a pas été trompée. Réflexions du père sur la valeur de cette action.... *Justice.*

Récit du 2e : — En voyageant, il a vu un pauvre enfant qui se noyait dans un lac : il l'a sauvé au risque de perdre la vie. Remarques du père... *Générosité* et *humanité*. Il a fait là ce que notre titre d'homme nous oblige...

Récit du 3e : — En passant près d'un précipice, il a vu son ennemi imprudemment endormi sur le bord de l'abîme... il l'a généreusement éveillé. Admiration du père : ce trait est un acte de *vertu* et d'*héroïsme*... A qui le diamant?

Dans tout le cours de ce sujet, langage direct entre le père et ses fils.

39. Le Dernier des Fitz-Gérald.

Au premier rang des familles du comté de Leicester, en Angleterre, brillait jadis celle de Fitz-Gérald, marquis de Kildare, descendant en ligne directe de Bryen-Boirive, roi d'Irlande, qui, au neuvième siècle, avait eu la gloire d'arracher ce pays à la tyrannique domination des Danois, et d'y rendre à la religion chrétienne toute sa splendeur. Malheureusement cette illustre race, chère aux populations, allait s'éteindre... le marquis de Kildare avait six filles, mais pas de garçons... Neuvaine... Un fils naît au marquis.

Il y avait alors au château un orang-outang apprivoisé, que le marquis employait souvent comme domestique à cause de son intelligence et de son adresse... Le singe s'éprend d'une vive affection pour l'enfant, et l'enfant en grandissant répond par son amitié au dévoûment de l'animal...

Une nuit, incendie terrible au château construit, comme toutes les maisons du pays, en bois... affluence des paysans... le marquis et ses filles sauvés... on court à la chambre de l'enfant... sa mère est évanouie au pied du berceau vide, on l'emporte... le château s'écroule dans les flammes... désespoir général... tout à coup un cri part d'un toit respecté par l'incendie... le singe y est perché tenant l'enfant dans ses bras... Le singe avait vu le commencement de l'incendie, avait pénétré dans la chambre de l'enfant, et l'avait emporté de toit en toit jusqu'à ce qu'il fût hors de portée du sinistre... On aide au singe à descendre avec son précieux fardeau.

Depuis ce temps, la famille de Fitz-Gérald ajouta le singe à ses armoiries.

---

40. Le Milan et la Corneille.

Mendiant traversant une forêt et réfléchissant à la bonté et à la toute-puissance de la Providence. Un milan apparaît dans les airs et s'abat sur un nid abandonné... Jeune corneille encore sans plumes, recevant de l'oiseau de proie la nourriture que ses parents lui refusent. Admiration du mendiant... Que la Providence est bonne! Elle ne dédaigne pas de prendre soin... et moi, homme, la plus parfaite des créatures... Ces réflexions faites, le mendiant se couche au pied d'un chêne et attend une nourriture providentielle; le reste du jour, le lendemain.... mais vainement. Vers le soir, le milan revient vers sa protégée, et la voyant capable de voler et de se nourrir elle-même, il lui dit... Les paroles du milan sont une leçon pour le mendiant. Il se lève, et va à la ferme voisine demander du travail.

---

41. La Pelote.

Un Génie donnera une pelote à un enfant, et lui dira qu'elle représente le fil de ses jours. Tant qu'il sera content de son sort, il pourra, en ne touchant pas à la pelote, prolonger son heureuse position. S'il n'en est pas content, il n'aura qu'à dévider une partie du fil pour avancer aussitôt dans la vie.

L'enfant veut échapper à la surveillance des domestiques : il se donne dix ans; on le confie à un précepteur dont la tutelle lui devient à charge... L'enfant se hâte d'être jeune homme... Il s'ennuie bientôt de la liberté et des plaisirs... Le voilà marié et père d'enfants charmants... Heureux le temps où j'établirai mes enfants! se dit-il. Il tire encore le peloton et devient grand-papa. Inconvénients de la vieillesse... mais il était devenu avare du fil... *Plutôt souffrir que mourir...* Enfin, vaincu par ses douleurs, il achève la pelote. Il n'avait vécu que deux mois depuis la visite du Génie. Réflexions.

———

42. L'Arabe et son Cheval.

Un Arabe et sa tribu s'en retournant chargés de butin. Rencontre des cavaliers du pacha d'Acre, qui fondent sur eux : tués, blessés, prisonniers emmenés à Acre. — L'Arabe blessé, séparé de son cheval, et attaché sur un chameau.

Campement dans les montagnes du Japhad, le soir du second jour. — Insomnie de l'Arabe, causée par la douleur; hennissement de son cheval. Désir d'aller une fois encore dire...; mais ses jambes sont liées par une courroie; néanmoins il se traînera jusqu'à ce fidèle compagnon. « Pauvre ami (1), que deviendra-t-il chez les Turcs? plus de lait de chameau.... plus d'orge mangée dans la main... plus de liberté au désert... » — Entraves du cheval coupées, sa liberté! mais l'instinct du noble coursier lui révèle la captivité de son maître blessé et enchaîné... il l'emportera à ses tentes, où il expirera de fatigue en déposant ce précieux fardeau aux pieds...

Douleur de la tribu. — L'intelligent animal chanté par les poètes arabes. — Son souvenir et son nom encore aujourd'hui à Jéricho.

———

43. Les Trois Amis.

Un homme aura trois amis ; pour deux de ces amis, il ressentira une vive affection, et n'éprouvera presque que de l'indifférence pour le troisième.

L'homme aux trois amis accusé injustement d'un crime ; mais le cas est embrouillé et la condamnation certaine, à moins

———

(1) Tout le monde connaît l'amitié de l'Arabe pour son cheval.

que l'accusé ne trouve quelqu'un, un honnête homme, qui veuille le cautionner et répondre de sa probité.

Appel fait à ses deux amis de prédilection.

Son premier ami s'excusera : des affaires, la gravité du cas, le courroux du juge, enfin ces mille et une raisons par lesquelles on cherche, en pareille circonstance, à colorer un refus.

Deuxième ami. C'est un homme bon, mais faible. Il s'attendrira sur son sort, il l'accompagnera en pleurant ; mais arrivé devant les juges, il se trouble et s'enfuit.

Désespoir de l'accusé. Il se croit perdu. Tout à coup, voix éloquente dans l'auditoire : c'est son troisième ami, celui... Il l'avait précédé au tribunal... Fausseté de l'accusation éloquemment démontrée, les juges convaincus, innocence reconnue et proclamée.

Chacun de nous a trois sortes d'amis en ce monde :

1° L'argent. A quoi nous sert-il à l'heure de la mort ?

2° Nos parents et nos amis : comment se comportent-ils à notre égard, quand nous allons à notre dernière demeure ?

3° Nos bonnes actions, que nous avions souvent oubliées pendant notre vie. Quel rôle jouent-elles alors ?

---

44. Les Trois Mineurs.

(Légende.)

Trois mineurs, bons pères et bons chrétiens, travaillant dans une montagne du Kuttenberg, en Bohême. Chaque matin, ils font leur prière avant de se mettre au travail.

Un jour, oubli de leur religieuse coutume ; la terre s'écroule... les voilà enfermés vivants dans la mine ; ils adressent une dernière prière au ciel... Apparition du Génie de la montagne, qui touche leur dernier morceau de pain, et verse un peu d'huile dans leur lampe. Disparition miraculeuse du Génie dans une galerie toute resplendissante de...

Le pain et l'huile durèrent sept ans, au bout desquels les mineurs s'écrièrent, l'un : qu'il voudrait revoir la lumière du jour ! il mourrait content ! — Le second : qu'il voudrait revoir un instant sa femme et ses enfants ! être encore une seule fois à table au milieu d'eux ! — Le troisième : qu'il voudrait vivre un an seulement au milieu de sa famille ! — La montagne s'ouvre de nouveau… Souhaits exaucés aussitôt… Le premier mineur rend l'âme en revoyant le soleil. — Le deuxième n'est d'abord pas reconnu par sa femme ; mais il coupe sa longue barbe, lave son visage et jouit un moment des embrassements de sa famille. Il meurt à sa dernière bouchée. — Le troisième vécut un an avec sa femme et ses enfants, et mourut au terme qu'il avait fixé dans sa prière.

Morale aux petits enfants mise dans la bouche des bonnes femmes du Kuttenberg pendant les longues soirées d'hiver.

---

45. L'Enfant de chœur.

Un mot sur les ravages du choléra de 1832.

Ouvrier de Rouen et sa femme tous deux atteints de l'épidémie en même temps… Agitation de la femme agonisante… Enfin, elle fait approcher de son lit un jeune enfant qui passait pour le sien, et lui avoue que, désirant jadis avoir un fils, et le ciel ne lui en accordant pas, elle l'a volé sur une place, au moment où sa bonne s'était écartée un instant.—La femme attache ensuite au cou de l'enfant un collier d'ambre jaune qu'il portait quand elle le vola, et lui recommande de le tenir toujours en évidence, comme seul moyen de retrouver sa véritable mère.

Des voisins se chargent pour quelques jours de l'enfant, mais l'abandonnent bientôt… Le pauvre petit, délaissé, se dirige vers l'église Saint-Martin… Un brave ecclésiastique, touché de ses pleurs, l'interroge, apprend son histoire, le recueille chez lui et lui enseigne à chanter au chœur les louanges de Dieu.

Un jour de grande fête, la voix pure et harmonieuse de l'enfant entonne le *O salutaris*... Une dame en l'entendant relève la tête... Elle aperçoit le collier d'ambre, pousse un cri et s'évanouit...

Quelques instants après l'enfant était dans les bras de sa mère.

---

46. La Fuite du Collége.

L'élève peindra la tristesse d'un écolier de retour au collége après de longues et bonnes vacances... Édouard a toujours les larmes aux yeux... Il compare les douceurs de la maison paternelle à la sujétion de la vie commune... Il n'a plus de joie, plus d'appétit ; et comme sa bonne mère ne veut pas qu'il tombe malade, il faut qu'il quitte le collége... Après ce faux raisonnement, Édouard s'échappe et gagne les champs.... Oh ! comme il se sent revivre en respirant l'air de la liberté ! il n'est plus malade.... mais à mesure qu'il approche de la maison paternelle ses idées changent ; l'image d'un père inflexible se présente à son esprit.... mais il est trop avancé pour reculer, se dit-il.... Il entre dans un bois ; il s'égare.... Nuit ; orage.... frayeur de l'enfant. Clairière au milieu du bois. Chêne au pied duquel se laisse tomber Édouard. Ses réflexions. Comme il regrette alors le collége et son petit lit dans le grand dortoir ! Voix lointaines, torches, hommes à figures sinistres.... Voici des voleurs ! pense Édouard, et il monte tremblant sur le chêne.... Les voleurs (car Édouard avait deviné juste) s'arrêtent au pied de l'arbre et allument du feu pour préparer leur souper.... Tonneau plein de vin ; mouton.... La fumée monte vers le feuillage.... Édouard suffoqué éternue avec bruit.... Il y a quelqu'un là-haut, s'écrie l'un des voleurs, et il dirige son fusil vers le feuillage.... Édouard demande grâce ; on lui ordonne de descendre.... Les voleurs parlent de le tuer.... Terreur de l'écolier ; il s'évanouit... Quand il revient à lui, il est enfermé dans le tonneau.... Les voleurs s'éloignent et rient aux éclats.... Nouvelles réflexions. Désespoir du prisonnier.... Renard attiré par les restes du repas.... Queue de l'animal introduite dans la bonde et saisie par Édouard. Le renard effrayé entraîne tout, prison et prisonnier.... Le tonneau, heurté contre les arbres , se brise.... Édouard se trouve près de la maison paternelle. ... Il raconte ses aventures. Attendrissement de la mère. Réprimande du père. Édouard repentant est reconduit sur-le-champ au collége.

---

47. Le Tonneau.

(Légende.)

L'élève racontera qu'il y avait à Strasbourg un tonnelier nommé Rudulf, riche et laborieux, mais ambitieux et avare.

Un jour qu'il achèvera un tonneau à la porte de son chantier, passera une pauvre femme épuisée par la fatigue d'une longue route...

Suivra un dialogue entre la femme et le tonnelier. Elle lui demandera de l'eau pour étancher sa soif : Rudulf repoussera durement la prière de l'infortunée : sa maison n'est pas une hôtellerie. Il insultera même à sa misère. La mendiante prendra alors le ton d'un être surnaturel outragé , et condamnera cet homme inhumain à remplir d'eau le tonneau qu'il vient d'achever. Celui-ci, mû par une force d'en haut, portera vers le Rhin son tonneau, qu'il essayera de remplir en le plongeant dans le fleuve. Vains efforts ! L'eau... Stupeur de Rudulf; il quittera le pays sans rien dire, sans embrasser même.... et s'en ira à la recherche d'autres fleuves où il puisse.... Insuccès. La malédiction de la mendiante l'accompagnera partout. Désespéré, il fera enfin un retour sur lui-même, et adressera au ciel une fervente prière : ses regrets du passé, promesses pour l'avenir. Une larme tombera de ses yeux dans le tonneau, et cette larme de repentir suffira....

---

48. Les Deux Voisins.

Deux hommes vivaient de leur travail, voisins l'un de l'autre, et ayant tous deux une femme et plusieurs petits enfants.

L'un d'eux se tourmente sans cesse en songeant à l'avenir. S'il vient à mourir, que deviendra sa pauvre famille?

L'autre est bien assailli par la même idée, mais il la chasse et espère en la Providence.

Le premier de ces deux hommes étant aux champs, voit deux nids placés côte à côte, et dans chaque nid plusieurs petits encore sans plumes. Et comme l'une des mères apportait la becquée à ses petits, elle est surprise par un vautour... Le pauvre homme songe à sa famille; il est triste le reste du jour: la nuit, il ne dort point.

Le lendemain, il retourne plein d'anxiété au buisson... aucun des petits oiseaux n'avait péri... Il se met à l'écart; il observe... touchante sollicitude de la seconde mère pour les oiseaux orphelins : elle les nourrit comme les siens.

Le soir le premier des deux voisins raconte à l'autre ce qu'il a vu. Sages conseils de celui-ci : Pourquoi s'inquiéter inutilement? Si l'un des deux pères meurt, l'autre remplira à l'égard de la famille délaissée le devoir dont le charitable oiseau leur a donné l'exemple. — S'ils meurent tous deux, la Providence ne veillera-t-elle pas sur leurs enfants?

---

49. Monsieur de Crac,

VOYAGEUR.

M. de Crac raconte lui-même ses aventures. L'élève imitera, mais sans affectation, le ton du charlatan qui veut en imposer à ses auditeurs. Cette remarque s'applique aux sujets dont M. de Crac est le héros. Voyage de M. de Crac dans la Courlande, neige épaisse, forte gelée... M. de Crac est à cheval. La nuit vient... pas de village, pas de maison dans le voisinage...

M. de Crac attache son cheval à une espèce de tige d'arbre dont
la pointe sort de la neige... il se couche enveloppé dans son
manteau... quelle surprise à son réveil...! il se trouve dans un
cimetière... pas de cheval... gémissements dans les airs... Le
cheval est accroché par la bride à la flèche d'un clocher... Comment cela? M. de Crac tire un coup de pistolet dans la bride du
cheval et l'animal tombe à terre sans accident. Arrivée dans
une forêt... magnifique renard noir... M. de Crac aura la four-
rure sans l'endommager, et voici comme... Le renard se trouve
près d'un tronc d'arbre... M. de Crac charge son fusil avec un
clou et tire... le renard est cloué par la queue au tronc... inci-
sion faite au front du renard... coups de fouet administrés à la
pauvre bête, qui se dégage de sa peau et l'abandonne à l'ingénieux M. de Crac.

---

50. Monsieur de Crac,

MARIN.

Vous serez surpris, messieurs, quand vous saurez que j'ai
commencé mon voyage maritime par le mont Etna... Éruption
volcanique... M. de Crac saute à pieds joints dans le cratère...
sensations fantastiques... M. de Crac se trouve dans la demeure des Cyclopes... Les Cyclopes en dispute depuis trois se-
maines, cause des mugissements de l'Etna... fort mauvais accueil de Vulcain à M. de Crac: il le précipite dans un gouffre
sans fond... quand notre voyageur revient à lui, il se trouve
sur un navire hollandais à bord duquel on l'avait hissé... il
avait traversé la terre dans sa chute et était tombé dans la mer
du Sud... conseil à ce sujet aux voyageurs qui désirent écono-
miser le temps et voir merveilles... Tempête... apparition d'un
poisson immense... il engloutit le vaisseau dans sa gueule...
excursion dans le ventre de l'animal... dix mille compagnons
d'infortune tous vivants... on tient conseil... deux mâts assu-
jettis au bout l'un de l'autre, sont placés en travers de la

gueule du monstre qui ne peut plus la refermer... Les navires sortent heureusement de cette horrible captivité au nombre de trente-cinq... La flotte reconnaît la mer Caspienne... comment se trouvait-on dans cette mer qui ne communique avec l'Océan par aucun canal connu ? Probablement le poisson avait-il pris un chemin souterrain. Retour en France par la Hongrie... cinq hommes pendus par les pieds pour avoir menti à leur retour de voyage... Belle moralité de M. de Crac à ce sujet...

FIN DE LA PARTIE DE L'ÉLÈVE.

TABLE DES MATIÈRES.

FIN DE LA TABLE DES MATIÈRES.

Paris.—Typographie de Mme Ve Doudey-Dupré, rue Saint-Louis, 46, au Marais.

9 782014 462821